ERICH HEINTEL

EINFÜHRUNG
IN DIE SPRACHPHILOSOPHIE

1975
WISSENSCHAFTLICHE BUCHGESELLSCHAFT
DARMSTADT

Bestellnummer: 4852

2., unveränderte Auflage
© 1972 by Wissenschaftliche Buchgesellschaft, Darmstadt
Druck und Einband: Wissenschaftliche Buchgesellschaft, Darmstadt
Printed in Germany
Schrift: Linotype Garamond, 9/11

ISBN 3-534-04852-0

INHALTSVERZEICHNIS

VORWORT

Es gehört zu den charakteristischen Zügen der Gegenwart, daß sich heute die Philosophie in einem Maße mit der Sprache beschäftigt wie nie zuvor in ihrer bisherigen Geschichte. Bei dieser Tatsache darf man freilich nicht übersehen, daß sich die philosophischen Grundpositionen trotz dieser gemeinsamen Orientierung an der Sprache deutlich voneinander unterscheiden, ja sogar gerade von den jeweiligen Auffassungen der Sprache her gegenseitig distanzieren. Es wäre möglich, im Rahmen dieser Auffassungen den Reichtum des philosophischen Denkens unserer Tage zu entfalten. Dabei könnte sich wohl auch herausstellen, daß in ihnen häufig alte und längstbekannte fundamentalphilosophische Ansätze in aufgefrischter Adjustierung mit dem Anspruch des Neuen hervortreten und den Eindruck erwecken, daß Philosophie erst im „modernen" Sprachdenken zu einem einigermaßen haltbaren und kritischen Selbstbewußtsein gelangt sei.

Ein derart auf traditionelle Grundpositionen zurückverweisender Unterschied ist in der Gegenwart jedenfalls derjenige von analytischen und nichtanalytischen Ausprägungen der Sprachphilosophie. Der analytischen Sprachphilosophie ist damit zunächst freilich nur negativ eine „nichtanalytische" Sprachphilosophie gegenübergestellt worden; das deshalb, weil die nichtanalytische Sprachphilosophie sich wiederum in eine Reihe von Positionen aufgliedern läßt, für die man nicht so ohne weiteres eine gemeinsame Kennzeichnung vorzunehmen vermöchte. Da nun über die analytische Sprachphilosophie Rudolf Freundlich (15 a) in der gleichen Reihe eine eigene Arbeit (als ›Einführung in die Semantik‹) veröffentlicht wird, läßt sich die Aufgabe der hier vorliegenden Einführung so formulieren, daß sie die verschiedenen Richtungen der nichtanalytischen Sprachphilosophie vorzustellen hat. Die Schwierigkeiten dieser Aufgabe bestehen darin, daß diese Vorstellung gewissermaßen zu einer Einführung in die Philosophie selbst wird. Eigentlich müßte sie die Kenntnis der fundamentalen Positionen der Tradition voraussetzen dürfen. Das aber kann gerade in einer Einführung nicht geschehen. Es ergibt sich so die Forderung, an jene fundamentalen Positionen so weit heranzuführen, als es zum Verständnis der Hauptprobleme der Sprachphilosophie unbedingt nötig ist.

Wir gehen in unseren Betrachtungen von dem Problem der „Vermittlung" aus. An ihm zeigt sich der vielleicht wesentlichste Unterschied der traditionellen zur analytischen Sprachphilosophie. Doch dienen dieser Abgrenzung auch die Ausführungen über Husserl, Heidegger und den „überzeichenmäßigen Charakter" der Sprache. Vor der Weiterführung der sprachphilosophischen Thematik sind dann einige fundamentalphilosophische Besinnungen und das Eingehen auf die philosophische Position Humboldts (und seines letzten Interpreten Liebrucks) notwendig. Im Zusammenhang damit kommen wir auf die „Dreistrahligkeit der semantischen Relation" und auf das dialektische Gesamtgefüge der Sprache zu sprechen. Hierauf soll eine Unterscheidung der Sprachphilosophie von der Sprachwissenschaft und der Sprachpsychologie formuliert und zur Diskussion gestellt werden. — Alle Sprachphilosophie hat jeweils auf ihre Art einen sprachkritischen Zug. Wir müssen uns daher mit der „Sprachkritik" und den damit zusammenhängenden Themen der natürlichen Sprache, der Metasprache und des „sprachlichen Weltbildes" beschäftigen. Durch diese Themen werden wir auf die Frage nach dem Verhältnis von transzendentaler und hermeneutischer Sprachphilosophie geführt. Auch die von der Sprache her durch Hamann an Kant vollzogene Kritik muß in diesem Zusammenhang erwähnt werden. Nach der nun folgenden Erörterung einiger gegenwärtiger Positionen des Denkens „am Leitfaden der Sprache" wird eine Reihe weiterer einschlägiger Lehrstücke im Rahmen des Universalienproblems und der Frage nach dem Unterschied von Mensch und Tier („Tiersprache") behandelt. Eine kurze Zusammenfassung der Erörterungen am Begriff des Menschen bildet den Abschluß der vorliegenden Einführung.

Ich werde in den folgenden Ausführungen Gedankengänge und zum Teil auch Formulierungen heranziehen, die aus meinen einschlägigen Arbeiten (Literaturverzeichnis 28—31, 107—112 b) stammen. Besonders sei hier ein allgemeiner Hinweis auf das Werk: Die beiden Labyrinthe der Philosophie, Systematische Betrachtungen zur Fundamentalphilosophie des abendländischen Denkens, Bd. 1, 1968, gestattet.

Die in Klammern den Zitaten (mit oder ohne Nennung des Autors) beigefügten Zahlen beziehen sich auf die betreffenden Werke des Literaturverzeichnisses. Mehrere Titel desselben Autors stehen in der Regel in zeitlicher Reihenfolge. Die in Klammern nach einem S. angeführten

Zahlen beziehen sich auf die Seitenzahlen der jeweils zitierten Arbeiten. In Klammern angefügte Seitenzahlangaben allein sowie Kapitelangaben beziehen sich auf die betreffenden Seiten bzw. Kapitel der vorliegenden Einführung selbst. „Klassische" Denker unserer Tradition (wie z. B. Plato oder Aristoteles, Kant oder Hegel) werden im Literaturverzeichnis nicht genannt. Zitate dieser Philosophen werden unmittelbar im Text nachgewiesen.

Bei einheitlicher Durchnumerierung ist das Literaturverzeichnis in zwei Hauptgruppen gegliedert: die erste enthält grundlegende und historische Arbeiten sowie Sammelwerke, die zweite die übrige einschlägige Literatur. In dieser zweiten Gruppe befindet sich auch eine Reihe von Monographien zu Denkern der Gegenwart, z. B. zu Heidegger. Die noch unausgetragene Thematik dieser Arbeiten legte es nahe, sie nicht unter die historischen Bezüge einzureihen. Innerhalb der beiden Gruppen besteht alphabetische Reihenfolge. Das Literaturverzeichnis enthält natürlich nur eine Auswahl der kaum mehr zu überblickenden einschlägigen Veröffentlichungen. Dabei wurden besonders auch Schriften herangezogen, die weitere bibliographische Hinweise enthalten. Grundlegende bzw. zur Einführung und zur Weiterbildung besonders geeignete Arbeiten sind durch einen Pfeil → zwischen der laufenden Nummer des Literaturverzeichnisses und dem Titel gekennzeichnet. Schließlich ist noch zu bemerken, daß bei der Erörterung bestimmter Fragen nicht alle möglichen Bezüge zur Literatur hergestellt werden konnten. Zuletzt ergäbe sich nämlich bei einem solchen Vorgehen die Nennung aller grundlegenden und einer Reihe anderer Schriften einschließlich aller Sammelwerke des Literaturverzeichnisses bei so gut wie allen behandelten Themen. Es war daher in dieser Hinsicht eine verhältnismäßig willkürliche bzw. zufällige Auswahl der Bezüge nicht zu vermeiden. Ich bitte um das Verständnis der auf diese Weise jeweils nicht eigens genannten Autoren.

Wien, im Februar 1970   Erich Heintel

1. EINLEITUNG

Im Sinne der im Vorwort umschriebenen Aufgabe dieser Einführung seien zunächst und zur vorläufigen Abgrenzung von der analytischen Sprachphilosophie (der logischen Analyse und der linguistischen Analyse im engeren Sinn) folgende Bemerkungen gestattet. Die analytische Sprachphilosophie betrachtet Sprache in der Regel als ein Gegebenes unter vielen anderen Gegebenheiten, die für die Wissenschaft und die Philosophie interessant sind; dieses Gegebene wird auf bestimmte Bedürfnisse des Menschen überhaupt, der Wissenschaft im besonderen hin untersucht, vor allem aber auch geprüft, ob es für die jeweiligen Zwecke ein brauchbares „Instrument" (Werkzeug) darstelle. In diesem Sinne hat alle analytische Sprachphilosophie einen Zug von Mißtrauen gegen die „natürliche" Sprache, die für die Anforderungen der Wissenschaft, besonders der „exakten" Naturwissenschaften, nicht jene Eindeutigkeit aufweise, die für diese Anforderungen als wünschenswert, ja als notwendig erscheinen mag. Insofern hat alle analytische Philosophie einen besonderen „sprachkritischen" Zug, den ihr — über ihre Orientierung an den genannten Wissenschaften hinaus — das Vorbild der Mathematik nahelegt. Sie neigt dazu, „künstliche", „formalisierte" Sprachen herauszuarbeiten; umgekehrt wird dann das, was Wissenschaft heißen soll, von diesen Sprachen her zu definieren versucht. Niemand wird die Bedeutung derartiger Bemühungen herabsetzen wollen, allein schon deshalb nicht, weil diese Art der Sprachphilosophie im Rahmen der Wissenschaftlichkeit unserer Tage gerade durch ihre enge Bindung an die neuzeitliche Naturwissenschaft Aufgaben erfüllt, die sich unausweichlich stellen. Eine andere Frage ist es jedoch, ob damit erstens (extensiv) der Raum dessen, was Sprachphilosophie heißen kann, schon in allen seinen Richtungen erforscht, zweitens (intensiv) ob damit die Bedeutung der Sprache in fundamentalphilosophischer Hinsicht und in bezug auf das von der philosophischen Tradition her ebenso ermöglichte wie unübergehbare Problembewußtsein der Gegenwart ausreichend begriffen ist.

Wenn Hegel an einer berühmten Stelle seiner ›Phänomenologie des Geistes‹ (Werke, Glockner, II S. 81 ff.) „sinnliche Gewißheit" und

„Sprache" einander gegenübergestellt und die Sprache als das „Wahrhaftere" bezeichnet, dann würdigt er die Sprache in bezug auf ihre *transzendentale* (vgl. 4. Kapitel) Funktion im Sinne der kantischen Fragestellung („Wie ist Erfahrung möglich?") und bezieht sich auf das, was im Rahmen dieses transzendentalen Ansatzes „Vermittlung" heißt. Er führt in diesem Zusammenhang aus, daß das, was unmittelbar „bekannt" ist, deshalb noch nicht „erkannt" ist. Daher ist aber auch schon alles Analysieren ein Hinausgehen über das unmittelbar Bekannte: „Das Analysieren einer Vorstellung, wie es sonst getrieben worden, war schon nichts anderes als das Aufheben der Form ihres Bekanntseins [in der Gewißheit unmittelbaren Gegebenseins]." (Ebd. S. 33) Alles unmittelbar Gegebene hat die Vermittlung außer sich und ist insofern nicht erkannt ohne jenes „Subjekt" (bei Kant: „transzendentales Ich"), das die Vermittlung *nicht* außer sich hat, sondern diese selbst ist. (Ebd. S. 34) Hegel kommt auf die vermittelnde Funktion des Erkennens und damit auch der im formulierten Erkennen immer schon vorausgesetzten Sprache an einer anderen aufschlußreichen Stelle seiner ›Phänomenologie‹ zu sprechen, an der er zeigt, daß Erkennen (Sprache) ebensowenig als Werkzeug wie als bloß passives Medium gedacht werden kann: wird nämlich das Erkennen als Werkzeug verstanden, „so fällt sogleich auf, daß die Anwendung eines Werkzeugs auf eine Sache sie vielmehr nicht läßt, wie sie für sich ist, sondern eine Formierung und Veränderung mit ihr vornimmt. Oder ist das Erkennen nicht Werkzeug unserer Tätigkeit, sondern gewissermaßen ein passives Medium, durch welches hindurch das Licht der Wahrheit an uns gelangt, so erhalten wir auch so sie nicht, wie sie an sich ist, sondern wie sie durch und in diesem Medium ist. Wir gebrauchen in beiden Fällen ein Mittel, welches unmittelbar das Gegenteil seines Zwecks hervorbringt ..." (Ebd. S. 67 f.) Hegel hat klar erkannt, daß dort, wo von Vermittlung (Sprache) die Rede ist, die traditionelle Terminologie der Gegenüberstellung von Spontaneität (Werkzeuggebrauch) und Rezeptivität (Medium) nicht möglich ist. Es ist für ihn in beiden Fällen widersinnig, daß wir eben überhaupt in einer äußerlichen Gegenüberstellung Vermittlung als bloßes „Mittel" betrachten. „Es scheint zwar, daß diesem Übelstande durch Kenntnis der Wirkungsweise des Werkzeugs [bzw. der Beschaffenheit des Mediums] abzuhelfen steht; denn sie macht es möglich, den Teil, welcher in der Vorstellung, die wir durch das Werkzeug [bzw. das Medium] ... erhalten, dem Werkzeuge [bzw. dem Medium] angehört, im Resultate abzuziehen und so das Wahre rein zu erhalten. Allein diese Verbesserung würde uns in der Tat nur dahin zurückbringen, wo wir vorher waren. Wenn wir von einem formierten [bzw. durch das Medium angeeigneten] Dinge das wieder wegnehmen, was das Werkzeug [bzw. das Medium] daran getan hat, so ist uns das Ding ... gerade wieder soviel als vor dieser, somit überflüssigen Bemühung." Sofern nun Sprache mit Vermittlung zu tun hat, sind die sprachphilosophischen Konsequenzen dieser Ausführungen Hegels ohne weiteres ersichtlich. Sie wurden in der einschlägigen Sekundärliteratur auch durchaus berücksichtigt und herausgestellt, so z. B. in treffenden Formulierungen in Th. Bodammers (3, S. 20 f.) Monographie zur Sprachdeutung Hegels (vgl. 12. 47. 50. 65. 107. 162). Wenn nämlich bei Hegel Sprache als Vermittlung begriffen ist, dann jedenfalls nicht „in dem Sinn, als seien ‚Mensch' und ‚Welt' je für sich wesentlich selbständige Größen, zwischen denen dann durch die ‚Mittel' der Sprache zudem auch noch eine Beziehung hergestellt werden kann. Vielmehr steht das menschliche Bewußtsein in seiner ersten sprachlichen Organisiertheit noch gar nicht der Welt ausdrücklich ... ‚gegenüber', sondern das Bewußtsein gestaltet sich in der Sprache allererst zur Welt. Die Sprache ist primär für Hegel gerade nicht lediglich ein Instrument, das dem Menschen dazu dient, sich mit einer irgendwie bereits vorgegebenen ‚stummen' Welt oder Natur theoretisch auseinanderzusetzen. Die namenlosen ‚Dinge' der Welt werden mit den Mitteln der Sprache nicht einfach theoretisch ... ‚behandelt'; sie sind vielmehr ohne Sprache ebenso wenig überhaupt als ‚Dinge' für den Menschen da, wie die Welt als eine ‚Welt'. Die Sprache ‚vermittelt', wenn man so sagen will, zunächst nur in dem Sinn zwischen dem Menschen und seiner Welt, daß sie diese seine Welt überhaupt erst als eine solche für ihn erstehen läßt. In diesem Sinne ist die ‚Welt' immer schon sprachlich vermittelte Welt. Erst auf einer zweiten Betrachtungsebene läßt sich von der Sprache auch noch behaupten, sie ‚vermittle' den Menschen auch in der Weise mit der Welt, daß sie ihm theoretisches Werkzeug in der Auseinandersetzung mit der — allerdings selbst immer schon sprachlich konstituierten — Welt ist." In den Schlußwendungen des zitierten Satzes kommen sehr schön die verschiedenen Sinnebenen (Sprache als Konstitution von Welt: Sprache als Werkzeug in der schon sprachlich konstituierten Welt) zum Ausdruck.

Schon hier aber ist außerdem die Problematik zu notieren, die darin besteht, daß wir mit der Sprache über die Sprache reden, und zwar

auch dann, wenn die so angesprochene Sprache als „ursprüngliche"
Vermittlungsinstanz selbst gerade nicht als ein vorhandener „Gegenstand" (als „gegebenes" Werkzeug in der bereits sprachlich konstituierten Welt) gedacht werden kann. Wäre dieser eigentümliche Zirkel
im Ansatz der (transzendentalen) Sprachphilosophie ein nicht zu be-
wältigendes Hindernis des Sprechens, dann wäre das einzige Resultat
der Untersuchung die Einsicht in die Unmöglichkeit einer derartigen
Rede. Manche Sprachphilosophen kommen dieser Konsequenz in der
Tat auch sehr nahe. Schelling (Werke, Schröter, V. S. 494) meint zu
dieser Situation folgendes: „Wie manche überhaupt das voraus-
setzungslose Anfangen sich vorstellen, müßten sie auch das Denken
selbst nicht voraussetzen, und z. B. auch erst die Sprache, in der sie
sich ausdrücken, deduciren; da dieß aber selbst nicht ohne Sprache
geschehen könnte, bliebe nur das Verstummen, dem sich einige durch
Unbehülflichkeit und Kaumvernehmlichkeit der Sprache wirklich an-
zunähern suchen, und der Anfang müßte zugleich auch das Ende seyn."
Es wird sich zeigen, daß dieser Ansatzzirkel der (transzendentalen)
Sprachphilosophie der fundamentalphilosophisch bedeutsame Anlaß
dafür ist, in mehrfacher Weise von dem „Wunder" der Sprache zu
sprechen, zu deren „Wesen" es gehört, in der bestimmten Gegenständlichkeit nicht aufgehen zu können, in der sie jeweils als ein Gegebenes
in der (doch selbst wiederum sprachlich vermittelten) Welt vorgefunden
und ausgesagt wird. Das Überspringen des sprachlichen Zirkels in der
Vermittlungsproblematik bzw. die begreifliche Tendenz, das „Wunder" der Sprache in seinem die Rationalität strapazierenden Charakter
loszuwerden, hat nun seit jeher die Reflexion in Alternativen ver-
strickt, die in radikalen Gegenüberstellungen den Raum abgrenzen,
in dem Sprache für den Menschen zum Gegenstand seiner Betrachtungen wird, nämlich zwischen Irrationalität schlechthin und der Bestimmung in trivialen Beziehungen, die für dieses Wunder blind geworden sind. Schon bei den Griechen wird dieser Interpretationsraum
eröffnet: die im Bewußtsein des „Volkes" (34, S. 16 ff.) verankerte
„mythische" Denkform, die im Wort das Ding zu wissen und zu haben
glaubt und zu „Namenzauber" und „Wortmagie" neigt, steht die
philosophische Aufklärung gegenüber, die für den seither nicht aus-
gestorbenen Konventionalismus als letztes Wort der Sprachphilosophie
eintritt. An ihrer Spitze steht Demokrit: „Aus den ursprünglich jeden
Sinn, Bedeutung und Ordnung entbehrenden Lauten haben die Menschen durch allmähliche Artikulation die sprachlichen Ausdrücke ge-

macht." (34, S. 16 f.) Von Anfang an bestimmen in unserer Tradition so die Reflexion auf die Sprache Aberglaube und praktikable Plattheit.

Diese grundsätzlichen Positionen finden auch im späteren Verlauf der Geschichte immer wieder charakteristische Ausprägungen, von denen einige paradigmatisch bedeutsame Spielarten genannt seien: so steht der säkularisierten und nur zu häufig platten Auffassung der Sprache als eines bestimmten Werkzeugs zu bestimmten Zwecken im Rationalismus und Empirismus der neuzeitlichen Aufklärung die dem „schöpferischen Worte" getreue Mystik gegenüber, die jedoch häufig ihrer Tiefe nicht Herr zu werden vermag, in schwerfälliger Hartnäckigkeit mehr ausdrückt als „redet" und sich selbst in ihren Motiven nicht ausreichend durchschaut, so daß sie immer wieder in Magie und seltsame Hypostasierungen ihrer Sehnsucht verfällt. Wie schon in der antiken Gegenüberstellung von natürlicher und vom Menschen gemachter Sprache (φύσει : θέσει) geht es dabei immer um die Frage nach dem Verhältnis von Sein und Sprache, wobei freilich diese Gegenüberstellung zuletzt in ein unauflösbares ontologisches Dilemma verfällt. In vereinfachender Schematisierung lassen sich auch hier die erwähnten grundsätzlichen Positionen als Versuche kennzeichnen, die fixierte Spannung: Sein — Sprache loszuwerden, entweder in einer mehr formalistisch-szientifischen oder in einer mehr inhaltlich-mystischen „Lösung" des Problems. Im ersten Falle strebt man, vom Vorbild der Mathematik geleitet, schon damals zu künstlichen Sprachen hohen Exaktheitsgrades (Leibniz als Vorläufer der Logistik), mit denen man in der weiteren Entwicklung freilich alles eigentlich sprachliche Risiko (inhaltliche Aussage) der Alltagssprache und den Einzelwissenschaften überläßt. Auf diese Weise hat man tatsächlich die Seinsproblematik eliminiert, doch ist man mit ihr zugleich das Sein selber losgeworden.

Im zweiten Falle dagegen wird eine „Ursprache" („Natursprache", „adamitische Sprache" im Sinne J. Böhmes und mancher Romantiker) angenommen, in der in paradiesischer Einfältigkeit und Unschuld Sprache und Sein zusammenfallen und kein Raum für Zweifel, Irrtum und Schuld bleibt. Hier tritt die Sehnsucht, über den Sündenfall des Erkennens zurück ins Paradies zu gelangen, in sprachphilosophischen Wendungen in Erscheinung.

An sich konnte in unserer Tradition schon vom christlichen Logosbegriff her („Im Anfang war das Wort") niemals der Zusammenhang von Sprache als „Urschöpfung von Sinn", Weltschöpfung und Menschwerdung übersehen werden. Ist doch die Schöpfung selbst jedenfalls

nicht auf dieselbe Weise zu erklären wie das Werden und Vergehen in
ihr, d. h. als innerweltlicher Vorgang. Daher ist der Schöpfungsakt
Gottes nicht als empirisches Ereignis faßbar, sondern nur als Offenbarung seiner selbst im Logos, in einem Akt, der uns (von der die
Geschichte erfüllenden Offenbarung Gottes abgesehen) nur in seinem
Resultat, der fertigen Schöpfung, faßbar ist. Im Ringen um die den-
kerische Bewältigung dieses vom Glauben getragenen besonderen „Verhältnisses", nämlich Gottes und der Welt, und seiner Auswirkung für
die Stellung des Menschen im All zwischen Transzendenz und Immanenz, bleibt der Geist wach auch für die Besonderheit und Einzig-
artigkeit der in der Sprache verwirklichten „Sinnbeziehung" im
Unterschied zu allen Realbeziehungen in der Erfahrung, mag diese
besondere Beziehung auch nur im Gleichnis, und zwar in dem höchsten
zur Verfügung stehenden Gleichnis ausgesprochen werden. Umgekehrt
hat Nikolaus Cusanus die „Beziehung zwischen Gott und Welt und
dem menschlichen Geist . . . durch die Beziehung zwischen ‚Darstellung'
und ‚Dargestelltem', zwischen einem sprachlich-gedanklichen Symbol
und seiner Bedeutung" zu erläutern versucht. Die Beziehung von „Sinn
und Laut . . . als Koinzidenz von ‚Einheit' und ‚Anderheit'" schien
ihm dabei noch am geeignetsten, das „Verhältnis von Gott zur Welt"
(8, S. 11 ff.) zu beleuchten. Diese Vergleichung von Gott als „Sinn
des Seins" mit dem Verhältnis von „Sinn und Laut" ist jedenfalls in
negativer Hinsicht nicht ohne Bedeutung als ein Ausdruck für die in
Erfahrungsverhältnissen unfaßbare, zuletzt daher auch „genetisch"
unerklärbare „Sinnwerdung des zunächst Sinnlosen" in der Sprache.
Der Mensch aber, als das sprachbegabte Wesen, „wächst" schon für
den Cusaner „durch sein Vermögen, Zeichen zu bilden und Zeichen
als solche zu verstehen, über die Tierwelt hinaus". Ihre besondere
Ausprägung erfährt — in wiederum paradigmatisch bedeutsamer
Weise — unsere Problematik im neuesten Empirismus (logischen Empirismus, Neopositivismus). In ihm tritt nämlich häufig die ihm eigentümliche Aporie von „Logik und Erfahrung" in typisch sprachphilosophischer Ausprägung in Erscheinung. An sich aber hat auch diese
Problematik schon Plato beschäftigt. J. Derbolav (10) hat in einem
schönen Aufsatz über Platos ›Kratylos‹ diese Tatsache aufgezeigt. Er
spricht von der Aufhebung der Sprache in den „Grenzsituationen des
Wirklichkeitsverlustes und des Sprachverzichts". Für den Herakliteer
Kratylos „läßt sich im steten Fluß der Dinge mit Sicherheit nur eine
Erkenntnis einbringen, daß jeder Begriff den ihm zukommenden

Namen hat (οἰκεῖος λόγος), oder moderner ausgedrückt, daß er mit sich selber identisch ist: Ich (Kratylos) bin Kratylos. Die einzig sinnvollen Sätze sind demnach entweder Tautologien oder bloß hinweisende Lautgesten". Tautologien sagen freilich „stets, was ‚ist‘, d. h. was im Fluß der Dinge Gültigkeit und Bestand hat: die Identität eines Sprachsymbols mit sich selber". Man verwirklicht zwar damit im Rahmen der Erkenntnis das „Postulat höchster Allgemeingültigkeit", aber auf Kosten des „Postulats möglichster Wirklichkeitsnähe". „Das ist der Standpunkt des platonischen Kratylos. Oder aber man sucht um jeden Preis den Wirklichkeitsgehalt der Erkenntnis zu bewahren, dann gelangt man zur stummen Geste des hinweisenden Fingers: diese Konsequenz soll der historische Kratylos gezogen haben. In den hier angedeuteten antipodischen Positionen formulieren sich aber im Grunde nur die Grenzsituationen aller Sprachrealität: der Wirklichkeitsverlust einer rein konventionalistischen Formalsprache auf der einen und der Sprachverzicht des distanzlosen Haftens am unmittelbaren Sinneseindruck auf der anderen Seite."

An L. Wittgenstein (78. 79) zeigt sich freilich, daß die im „Wunder der Sprache" angezeigte Vermittlungsproblematik sich auch aus der modernen analytischen Sprachphilosophie nicht ausschließen läßt. Zwar hat einerseits sowohl der frühe wie der späte Wittgenstein die traditionelle Philosophie abgelehnt, doch zeigt andererseits gerade seine Entwicklung, wie nach dem (von ihm selbst als undurchführbar eingesehenen) Versuch, Philosophie auf eine bestimmte (zuletzt an Mathematik und Physik orientierte) Sprache einzuschränken, eine andere Auffassung von Sprachphilosophie hervortritt, die alles Sprechen im wesentlichen auf die jeweilige konkrete Sprachsituation der bestimmten Sprachgemeinschaften und den in ihnen legitimierten Sprachgebrauch bezieht. Nimmt man diese Entwicklung Wittgensteins ernst, dann scheint sich mir weiterhin zu ergeben, daß an die Stelle einer wesentlich an exakter Analyse orientierten Sprachkritik eine Auffassung zu treten hätte, die Sprache, insbesondere auch im Rahmen der Philosophie, universeller und grundsätzlicher zu würdigen vermag, als es die Analyse — wie immer verstandener Sprachgegebenheiten — imstande ist. Davon wird immer wieder und des näheren in dieser Einführung die Rede sein. Hier soll nur gesagt werden, daß der späte Wittgenstein in seinem die eigene Vergangenheit distanzierenden Ansatz Möglichkeiten einer Sprachphilosophie erkennen läßt, die über die analytische Sprachphilosophie überhaupt und über das, was Wittgenstein selbst geleistet hat, hinausweisen. Es geht hier eben um den „transzendentalen" Aspekt der Sprachphilosophie, der aller positivistischen und neopositivistischen Sprachanalyse so große Schwierigkeiten bereitet.

Zu den zunächst negativ zusammengenommenen „nichtanalytischen" Richtungen der Sprachphilosophie läßt sich abschließend sagen: da für sie Sprache niemals ein bloßes „Werkzeug" für bestimmte Verwendungen, insbesondere der Wissenschaft ist, sondern jeweils in engem Zusammenhang mit fundamentalphilosophischen Fragen der Tradition bzw. ihrer Überwindung in einem trotzdem über sie vermittelten Neuansatz des Denkens steht, haben alle nichtanalytischen Richtungen der Sprachphilosophie jeweils auf ihre Weise (im weitesten Wortsinn verstanden: „transzendentale") Voraussetzungsprobleme, die über die Verwendung von Sprache als einem vorhandenen „Instrument", ja über alle Analyse von Sprach„gegebenheiten" hinausführen. Im deutschen Sprachraum beziehen sich diese Richtungen der Sprachphilosophie weitgehend und häufig auf Hamann, Herder und besonders Wilhelm v. Humboldt zurück, wobei freilich schon die Interpretation dieser sprachphilosophischen „Kirchenväter" die grundsätzlichen Unterschiede der jeweiligen Positionen zum Ausdruck bringt. Leider kam es in der großen Zeit deutschen Denkens zu keinem eigentlichen Gespräch zwischen der systematischen Philosophie (Kant, deutscher Idealismus) und der Sprachbesinnung der genannten „Kirchenväter". In dem auf Hegel folgenden und mit Nietzsche (in der europäischen Philosophie) geschichtsmächtig werdenden Traditionsverlust treten zunächst die eigentlich sprachphilosophischen Motive im Denken Hamanns, Herders und Humboldts zurück, was nicht heißt, daß sie überhaupt aus dem Bewußtsein der Sprachforschung (Schmidt, 64) entschwanden. Doch hat sich zunächst Humboldts bedeutende geschichtliche Wirkung im wesentlichen auf das sprachwissenschaftliche Gebiet im Sinne einzelwissenschaftlicher Behandlung der Thematik (Linguistik, Sprachpsychologie) erstreckt, nicht aber in der Richtung auf die ihn selbst sehr beschäftigende Fundamentalproblematik der Sprachphilosophie überhaupt. Seine vom Grundsätzlichen her belastete und unausgeglichene Gesamtansicht von Sprache wurde so von der nachfolgenden Sprachphilosophie einfach dadurch „zur Wissenschaft erhoben", daß man in seltsamer Problemnivellierung alles angeblich „Spekulative" auszuschalten suchte, obwohl man es — freilich ungeklärt — auf Schritt und Tritt bei den eigenen Untersuchungen voraussetzte. In diesem Sinne lobt der Marty-Schüler und wackere Kämpe gegen alle in seiner Terminologie „romantische" Sprachphilosophie, O. Funke, den „Empiriker", nicht aber den „Philosophen" Humboldt und bemerkt freudig, daß er sich hier sogar mit dem eifrigen „Vorkämpfer Humboldts", nämlich mit Steinthal, trifft, der Humboldt ebenfalls an einem „zerstörenden Widerspruch leiden und den Leser mit ihm leiden" läßt und das „Geniale in Humboldt auf seine historischen Einzelforschungen" (17, S. 54 f.) beschränkt. Epigone und Gegner wissen eben mit dem, was sie „mitleidend" vergebens zu erwerben bzw. ablehnend zu bekämpfen suchen, nichts anzufangen.

Auch in bezug auf Herders Ursprungschrift (›Abhandlung über den Ursprung der Sprache‹, Preisschrift von 1769, gedruckt 1772, in 2. Ausgabe 1789) mußte man über ihre Bedeutung im Sinne einzelwissenschaftlicher Anregungen hinaus ihre eigentlichen philosophischen Motive herausstellen. So betont K. Ulmer (70), daß die Abhandlung „in der Geschichte dieser Frage eine entscheidende Stellung einnimmt, weil in ihr alle Dimensionen der Frage verbunden und in einer Weise zusammengefaßt sind, daß darin sowohl die geschichtlich vorangegangenen Möglichkeiten in einer bestimmten Weise mit eingegangen sind, als auch die nachfolgenden Fragestellungen sich darin vorgezeichnet finden". Jedenfalls beinhaltet die Frage nach dem Ursprung bei Herder auch diejenige nach dem „zeitlosen Sprachursprung", seine Schrift ist damit, über die genetische Problematik im speziellen Sinn hinaus, „auf die prinzipiellen Wesensgrundlagen und Wesensgehalte der Sprache hin orientiert" (ebd. S. 270), wenn wir auch eine klare Trennung der Problemebenen nur zu häufig vermissen. Diese Vermischung der Problemebenen hat es der nachfolgenden einzelwissenschaftlichen Sprachforschung leichtgemacht, die philosophisch fundamentalen Probleme zu eliminieren und Herder nur im Sinne ihres eigenen Fragens als „Vorläufer" zu betrachten. In diesem Sinne war seine Schrift dann nur insofern interessant, als sie einige einprägsame Wendungen für schöne Zitate zu liefern vermochte.

Wenn wir nach Humboldt und Herder — in Umkehrung der historischen Reihenfolge — an dieser Stelle auch noch auf Hamann zu sprechen kommen, dann müssen wir feststellen, daß es auch ihm zunächst so ergangen ist wie seinen sprachphilosophischen Nachfahren. Den analogen Beleg erbringt für ihn die sonst so ausgezeichnete und gründliche Arbeit von R. Unger (71, S. 226—228, S. 186). Hamanns Lehre, daß „Vernunft Sprache (Logos) ist" und daß wir „ohne Sprache

keine Vernunft hätten", hat für Unger nur Sinn, sofern sie eine Vor-
wegnahme der psychologisch-einzelwissenschaftlichen Problematik ist,
daß nämlich „ohne Sprache keine Ausbildung der Vernunft, des den
Menschen über das Tier erhebenden intellektuellen Lebens möglich sei".
Doch wächst sofort gegen die Geltung dieser seiner Deutung sein
„Mißtrauen" und zugleich dasjenige „gegen die Verständlichkeit und
Klarheit von Hamanns Auffassung des Verhältnisses von Vernunft
und Sprache" überhaupt, wenn er die bei dem „Magus im Norden"
in theologischem Gewande auftretende philosophische Fundamentalproblematik der Sprache zitieren muß, und zwar: „Sprache, die Mutter
der Vernunft und Offenbarung, ihr A und Ω", oder „Sprache, welche
die Deipara unserer Vernunft ist". Der Satz gar: „Ohne Wort keine
Vernunft, — keine Welt, hier ist die Quelle von Schöpfung und Re-
gierung", entzieht sich für Unger „jeder rationalen Auslegung". Er
hat damit von seinem Standpunkt aus nicht unrecht, denn mit der
Annahme, daß die „Ursprungsfrage" bei der Sprache nur einen einzelwissenschaftlichen, also biologisch- bzw. psychologisch-genetischen oder
historisch-genetischen Sinn habe, kann man bei den Zitaten Hamanns
(deren Inhalt im übrigen weitgehend die Zustimmung Herders und
Humboldts besessen hat) nur in Verlegenheit geraten. Wie sehr die
mangelnde Kommunikation zwischen Sprachbesinnung und Transzendentalphilosophie, später zwischen Sprachwissenschaft und Philosophie
überhaupt, verhängnisvoll geworden ist, läßt sich in diesem Zusammenhang durch den Hinweis aufzeigen, daß die Problematik
Kants, der zufolge ohne kategoriale Vermittlung keine Erfahrung,
d. h. aber auch keine Erfahrungsgegenstände, keine gegenständliche
„Welt" als möglich gedacht werden kann, gar nicht so weit entfernt
ist von dem Satze Hamanns: „Ohne Wort keine Vernunft — keine
Welt." Läßt man alle — zum Teil rein sprachlichen — Mißverständnisse
zwischen den Parteien beiseite, dann kann man kurz sagen, daß die
grundsätzlichen Formulierungen Hamanns, Herders und Humboldts
gar nichts anderes besagen als die sprachphilosophische Fassung der
transzendentalphilosophischen Fundamentalproblematik, die — richtig
verstanden — freilich über die historisch vorliegende Gestalt des Transzendentalismus Kants hinausweist.

In seinem ›Beitrag zu einer noch nicht geschriebenen Geschichte der
neuzeitlichen Sprachphilosophie‹ (1, S. 17) unterscheidet K. O. Apel
vier Traditionsströme, die zur eigentlichen Sprachphilosophie der
Neuzeit hinführen, und zwar das Sprachdenken des sogenannten Hu-

manismus, die mit dem abendländischen Humanismus etwa gleich-
altrige Sprachkritik des Ockhamschen Nominalismus, die deutsche
Logosmystik und schließlich die vor allem bei Leibniz entfaltete
„Zeichenkunst" der „mathesis universalis". Auch diese Traditionsströme ordnen sich zwischen den Polen ein, die wir zur Eingrenzung
der sprachphilosophischen Bemühungen des europäischen Denkens angegeben haben. Im Sinne dieser Einführung müßte man freilich als einen
der Traditionsströme auch noch den fundamentalphilosophischen Transzendentalismus der neuzeitlichen systematischen Philosophie hinzu-
nehmen. Auch wenn seine Vertreter gewöhnlich keine eigentlichen
sprachphilosophischen Werke hinterlassen haben, so lag doch aus rein
systematischen Gründen ihrem Philosophieren ein Zug zur Sprache
nahe: ist doch Transzendentalität konkret nur in sprachlicher Vermittlung. So ist z. B. das Gespräch zwischen Hamann und Kant zu
unserem Thema nicht ohne diese geschichtliche Voraussetzung denkbar.
Dabei ist Apel durchaus recht zu geben, daß die übersprungene Problematik der Erschlossenheit der Welt „in einem immer schon sprachlich artikulierten Medium des Sinnallgemeinen, auch durch Kants
kategoriale Synthesis a priori der Erscheinungswelt nicht ‚wieder-
geholt' wurde, da Kant in seiner Einschätzung der Sprache wie zuvor
schon Descartes und Leibniz vom nominalistischen Zeichenbegriff der
Sprache abhängig blieb und daher das Problem der apriorischen Synthesis der Erscheinungswelt nicht — wie von Hamann und Herder
mehr oder weniger deutlich gefordert — als ein Problem der sprachlichen Weltkonstitution konkretisieren konnte" (ebd. S. 19). Freilich
ist hier zu berücksichtigen, daß bei dem von Kant kommenden Hegel
die Dinge sich schon ganz anders verhalten, außerdem aber, daß auch
die erwähnten Bemühungen von Hamann und Herder (später auch
von Humboldt) ohne Gegenüberstellung zur neuzeitlichen Tradition
der Philosophie und zu Kant nicht so profiliert werden können, wie
sie es verdienen. Läßt man nämlich diese Bezugnahme außer acht,
dann werden diese Initiatoren neuzeitlicher Sprachphilosophie notwendig nur einzelwissenschaftlich interpretiert, wie wir es eben kennengelernt haben. Apel stellt sich folgende Frage: „Sollte vielleicht die
geschichtliche Mission des spätmittelalterlichen Nominalismus, das
sprachbefangene (z. B. weitgehend begriffsrealistische) Weltgehäuse der
Hochscholastik im Interesse empirischer Sachforschung aufzubrechen,
für die gesamte wissenschaftlich (genauer: szientifisch) orientierte Philosophie der Neuzeit eine Verdeckung der transzendentalhermeneu-

tischen (d. h. für das Weltverständnis a priori konstitutiven) Funktion
der Sprache zur Folge gehabt haben?" (Ebenda) Die so verstandene
geschichtliche Mission des Nominalismus hat nun in der Tat zu einer
Entwicklung geführt, in der es nicht nur zu einer Verdeckung der
transzendentalhermeneutischen Funktion der Sprache, sondern mit ihr
zu einer Verdunklung des fundamentalphilosophischen Problem-
bewußtseins überhaupt gekommen ist; daher ist wohl das Schicksal
aller nichtanalytischen Sprachphilosophie von demjenigen der europäischen Fundamentalphilosophie nicht zu trennen.

2. VON HUSSERLS BEDEUTUNGSANALYSE
ZU HEIDEGGERS „SAGE" (JASPERS)

Eine besondere Stellung nimmt in der Diskussion der Gegenwart Martin Heidegger ein. Dagegen ist der Bezug der „phänomenologischen" Schule zur Sprachphilosophie nicht eindeutig anzugeben, vor allem deshalb nicht, weil diese in verschiedenen Zeiten ihrer Entwicklung, aber auch in gleichzeitigen Ausprägungen sowohl mehr analytisch (Erbe der Brentanoschule und des frühen Husserl) als auch mehr transzendental fundierte Positionen (Erbe des späten Husserl, Einfluß Heideggers) aufzuweisen hat.

Doch ist die Entwicklung der Sprachphilosophie im Rahmen der phänomenologischen Schule, von der auch Heidegger ausging, sehr aufschlußreich, wenn man sie von ihrer Ausgangssituation bis zur späten Position Heideggers verfolgt. An ihrem Anfang stehen Analysen, die zunächst mit der transzendentalen Fragestellung der Sprachphilosophie nichts zu tun haben, vielmehr Bemühungen nahestehen, die sich auch in der modernen Wissenschaftstheorie (analytischen Sprachphilosophie) aufweisen lassen. Weiterhin aber wird für Husserl die Sprache im Rahmen der transzendentalen „Leistungen" des Ich zu einem der Grundprobleme der „Phänomenologie". Bei Heidegger aber führt das Bedenken des Redens mit der Sprache über die Sprache zur Aufgabe der Sprachphilosophie als Philosophie. Er möchte das Denken auf den Weg zu einer „neuen Erfahrung" dessen, was Sprache ist, führen, für die vorausgesetzt wird, daß Sprache in der Ursprünglichkeit ihrer „Sage" nicht selbst ausgesagt werden könne. Zwar hat auch für Heidegger die Sprache in bestimmter Hinsicht eine transzendentale Funktion, insofern nämlich auch nach ihm „kein Ding sei wo das Wort gebricht" (wie er mit Stefan George sagt). Doch wäre gerade diese Erfahrung der Sprache nicht eigentlich zur Rede zu bringen, sondern am ehesten in einer Weise beredten „Schweigens" sichtbar zu machen. Der Bericht über die Entwicklung der Sprachphilosophie von Husserl zu Heidegger ist deshalb auch für eine Einführung in sie aufschlußreich, weil er die transzendentale Sprachphilosophie im Gesamtraum ihres Anliegens von der Grenze gegen eine analytische Einstellung auf der einen Seite bis zur Aufgabe vermittelnder Rede auf der anderen Seite charakterisiert. (1. 1a. 1b. 14a. 27. 38. 57. 64a. 81. 85. 88. 89. 114. 115. 116. 127. 128. 129. 133. 135. 140. 143. 156. 158. 159. 161. 184)

Husserl hat die „in der gegenwärtigen Philosophie in verschiedenen Schulen so feierlich geübte Inthronisation der Sprache als des geeigneten Gegenstandes alles Philosophierens" (Orth, S. 229) nicht mitgemacht. Daher findet sich bei ihm auch bezüglich der Sprachphilosophie keine „ausdrückliche Thematisierung mittels einer Abhandlung oder eines Buches" (ebd. S. 85). Von seiner Ausgangsposition her bestimmt nämlich Husserl sein Verhältnis zur Sprache von logischen und wissenschaftstheoretischen Erwägungen her, die in der natürlichen Sprache ein höchst unvollkommenes Hilfsmittel sehen und vom Primat des Denkens (der gedanklichen Begründung) über die Sprache bestimmt sind. (116, S. 50 f.) Das Bewußtsein bezieht sich für Husserl über die Bedeutung „intentional" auf den Gegenstand. Der Sinn von „Bedeutung" steht auf diese Weise im Zentrum der Bemühungen Husserls um die Sprache, wobei ursprünglich die schon erwähnten logischen und wissenschaftstheoretischen Bezüge im Vordergrund stehen. Zum Unterschied von anderen Intentionen faßt die Bedeutung „vor allem das sprachliche und das prädikative Meinen und insofern ist sie logisch relevant" (57, S. 207). Der transzendentale Aspekt der Thematik ergibt sich von diesen Betrachtungen her insofern, als das „Intentionsgefüge Sprache" als ein „Moment" der „transzendentalen Subjektivität" erkannt wird, das mit dem „ego — cogito — cogitatum" als „ego — dico — dictum" die gleiche Grundstruktur aufweist. (Ebd. S. 229 f.) Bei aller Subtilität weiterer Unterscheidungen ergibt sich von hier aus die „führende Rolle der Sprache für die Selbstauslegung des Bewußtseins ... Wenn man diese Beziehung von Sprache und Bewußtsein berücksichtigt, dann ist die prinzipielle Auslegung des Bewußtseins zugleich die Auslegung des Sprachlichen, oder anders gesagt, die Auslegung des Sprachlichen ist Philosophie selbst". (Ebenda) Bei alledem ist klar, daß sich für die phänomenologische Schule im Rückbezug auf Husserl recht verschiedene Möglichkeiten sprachphilosophischer Arbeit ergeben. —

Auch Hülsmann bestätigt die Auffassung, daß Husserl „weder eine systematische Theorie der Sprache ausgeführt noch eine Phänomenologie der Sprache geschrieben hat" (116, S. 242). Dennoch dürfe die Philosophie Husserls „in bestimmtem Sinn als Ausgangspunkt der sprachphilosophischen Position genommen werden" (ebenda). Unter diesen Aspekten gibt Hülsmann (116, S. 20—27) einen Überblick über „das Thema Sprache im Werk Husserls". Die der Entwicklung der Philosophie Husserls parallellaufenden Bemühungen um die Sprache sieht er genauso wie Orth und betrachtet sie von ihrem logischen und wissenschaftstheoretischen Ausgangspunkt bis zum Problem der Vermittlung, das für Husserl und die Phänomenologie freilich eine besondere Schwierigkeit mit sich bringt. Von Husserls Ausgangsposition her sei es „zu verstehen, daß der steigende Einfluß historisch [hermeneutisch] orientierter Sprachtheorie die Bedeutung Husserls vernachlässigt und ihn oft nicht einmal erwähnt, zum anderen, daß die neopositivistische und psychologische Sprachtheorie sich gerade den Themen zuwendet, die hier vergessen sind oder nicht eigentlich entfaltet werden . . .". Doch treten bei Husserl bald mit der Aufnahme der Konstitutionsproblematik Fragen auf, die seinen frühen Ansatz sprengen bzw. wesentliche Modifikationen dieses Ansatzes verlangen. „Die Bedeutung als Sphäre strenger Identität und der Ausdruck als intentionaler Akt erzwingen die Frage nach der Beziehung und Bezogenheit beider aufeinander . . . Eines wird dabei sehr deutlich. Das statische Modell dynamisiert sich. Der reine Zuordnungscharakter, das gleichsam korrelative Grundmodell, gerät in Bewegung, indem die Frage der Konstituierung sich stellt. Die strenge Isolierung von Gegenstandswelt und Bedeutungssphäre verliert sich . . . So ergibt sich allmählich ein weiteres Verhältnis und ein anderes Modell, das dem Gedanken der Konstituierung gerechter wird." Als Prinzip tritt nun „die transzendentale Egoität" hervor, „die sowohl strukturell als auch ursprünglich die Sphäre zeugender, konstituierender, leistender Intentionalität ist". Hülsmann schließt seinen Überblick über das Thema Sprache bei Husserl mit dem Hinweis, daß die Sprachtheorie Husserls im Entwicklungsgang seines Philosophierens „sich stetig bereichert und auch ändert, ohne dabei den ihr vom Anfang her gesetzten Horizont zu verlassen oder preiszugeben. Die Sprachtheorie bleibt im weiteren philosophischen Horizont Zeugnis phänomenologischer, transzendentaler und egoischer Philosophie".

Hülsmann beschäftigt sich im weiteren aber auch mit den für die Sprachphilosophie interessanten Aporien der phänomenologischen Methode. Im Grund handelt es sich dabei um eine einzige Aporie, die sich in einer Fragestellung analog zu derjenigen formuliert, „die das Ich betrifft, das sowohl als natürliches wie auch als transzendentales eine

Identität mit sich hat, zugleich aber sich von sich selber [als natürlichem und empirisch gegebenem ‚mundanem' Ich] zu distanzieren
vermag in der Weise, daß es sich selber in die Klammer setzt" (116,
S. 31). Im Sinn dieser Analogie formuliert Hülsmann (ebenda) die
folgende sprachphilosophisch bedeutsame Problematik der Phänomenologie bei Husserl in ihrer transzendentalen Wendung: Muß nämlich „nicht das Verlassen der natürlichen Welt, die Ausschaltung der
mundanen Einstellung, auch die Sprache und das Sprechen betreffen?
Sprechakt und Sprache im Ganzen, gehören sie beide zum mundanen
oder zum transzendentalen Bereich? Ist die Sprache und das Sprechen
nicht ebenso zu reduzieren? Zum anderen, muß nicht mit Recht im
Sprechen eben dieses Transmundane seinen Ausdruck gewinnen?" Die
Antwort auf diese Fragen erfolgt (ebenda) wiederum aus der Analogie
von „Ich" und Sprache: „Ego-cogito-cogitatum besagt dann: ich-
spreche-Sprache; oder auch: ich-sage-etwas. In all diesen Formen ist
die Struktur der Sprache erfaßt, was auch weiter nicht verwundert,
denkt man die notwendige Korrelation von Denken und Sprechen.
Dieses Schema ist auffaßbar als die genetische Form, in der sich der
Prozeß ereignet, dessen Resultat die Sprache ist und den die Sprache
als solchem auch immer zugleich umfaßt. Indem das Ego als Sprechender, als transzendental Sprechender, den Akt des Sprechens (Bedeutens-
Ausdrückens) vollzieht, geschieht Sprache." Damit aber wird nun für
Husserl Sprache als Vermittlung in durchaus ähnlicher Weise zum
Problem, wie wir es schon in Hegels ›Phänomenologie‹ (S. 1 f.) vor-
gefunden haben. Hülsmann (ebd. S. 56 f.) zitiert Husserl selbst: „Eine
viel erörterte Schwierigkeit, welche die Möglichkeit jeder immanenten
Deskription psychischer Akte und, in naheliegender Übertragung, die
Möglichkeit einer phänomenologischen Wesenslehre prinzipiell zu be-
drohen scheint, besteht darin, daß im Übergang vom naiven Vollzug
der Akte in die Einstellung der Reflexion, bzw. in den Vollzug der
ihr zugehörigen Akte, sich die ersteren Akte notwendig verändern.
Wie ist Art und Umfang dieser Veränderung richtig zu bewerten,
ja wie können wir von ihr — sei es als Faktum oder als Wesens-
notwendigkeit — überhaupt etwas wissen?" Damit haben wir mit
Hülsmann und Husserl selbst die wesentliche Aporie der phänomenologischen Methode erreicht. Sie ist „als aktive Veränderung der see-
lischen Innerlichkeit die Gegenthese zu ihrem Anspruch, die hin-
nehmende, hinschauende Wissensbetrachtung zu sein" (ebenda).
Sprachphilosophisch formuliert sich — wie Hülsmann (ebenda S. 59)

wiederum mit Husserl selbst feststellt — diese „entscheidende phänomenologische Schwierigkeit" dadurch, daß Sprache notwendig in allen
ihren transzendentalen Erörterungen eine Doppelrolle spielen muß,
dadurch, daß Phänomenologie „fast alle die Begriffe, auf deren Klärung sie abzielt, in der Darstellung selbst verwenden muß". In diesem
Sinne vollzieht sich nach Hülsmann in der phänomenologischen Deskription „die sprachliche Aufhebung der Naivität von der Reflexion
her . . . die Sprache ist einmal die naive Sprache als vorgefundene und
gegebene, sie ist aber als diese in die phänomenologische Sphäre erhoben. Damit ist sie nicht mehr sie selbst. Sie steht . . . in der Klammer.
Die Sprache ist im selben Wort und als dasselbe Wort in sich reflexiv
gemacht, gleichsam mit einem zweiten Vorzeichen versehen, neu
geladen. Durch den Gesamtzusammenhang wird dieses Wort im Prozeß
der Klärung anders. Es ist selbst im Übergang. Das Wort selber wird
prozessual — selbst Übergang. Wird die Sprache selbst Übergang,
so daß sie es ist, in der und mit der sich die phänomenologische
Wandlung vollzieht, so wird deutlich, daß die Phänomenologie ein
sprachliches Geschehen selbst ist, in dem das Logische die Logik im
Phänomen, in ihrem Erscheinen sich zu sich selbst bringt. Die Sprache
ist die Sphäre der Vermittlung".

Hülsmann hat damit in einer weiterführenden Interpretation
Husserls die Grundaporie der Phänomenologie an diejenige Fragestellung herangebracht, die unter dem Titel ›Sprache und Vermittlung‹
am Anfang der vorliegenden Einführung steht. In ihr wird das Sprechen
von der Sprache in bestimmter Weise zum sprachphilosophischen
Grundanliegen selbst. Wie sehr dieser zuletzt dialektische Sachverhalt
alle transzendentalen Positionen der Sprachphilosophie in Schwierigkeiten führt, hat ganz allgemein R. Reininger (150, S. 31) ausgesprochen. Er schreibt: „Das Durchstoßen durch die Metaphorik der
Sprache ist eine der wesentlichsten Aufgaben der Philosophie. Ihre
Tragik ist, daß sie sich selbst wieder nur in kategorial geformten
Sätzen auszudrücken vermag, die auch ihrerseits wieder ein solches
Durchblicken erfordern. Der Schleier der Maja läßt sich nicht endgültig heben, er kann nur als Schleier erkannt werden. Das bedingt
aber, daß auch die Sätze der Transzendentalphilosophie nicht allzu
massiv ‚wörtlich' genommen werden dürfen, sondern mit zarten
Händen angefaßt sein wollen, sonst besteht auch in ihr die Gefahr,
dem Zauber der Worte zu unterliegen." Wir nähern uns mit diesem
Zitat Heidegger.

W. Anz zeigt in seinem aufschlußreichen Aufsatz über ›Die Stellung der Sprache bei Heidegger‹ sehr schön, wie sich schon in ›Sein und Zeit‹ die Position Heideggers von Husserl her verstehen, aber auch in ihrer Andersartigkeit bestimmen läßt. Noch steht in dieser Zeit die transzendentale Konstitutionsleistung der Sprache dem späteren Sprachverständnis Heideggers im Wege. Anz (1a, S. 309) knüpft seine Hinweise an die „Analyse des Existentials der Rede" in ›Sein und Zeit‹: „Wenn wir in einer Hermeneutik des Daseins dem folgen, was das Dasein als geworfener Entwurf von sich her zu verstehen gibt, gelangen wir an den Ort, wo Sprache als Rede zu Hause ist. Was sich zu verstehen gibt, ist, weil gegliedert, auch immer sprachlich artikulierbar und mitteilbar. ‚Das Bedeutungsganze der Verständlichkeit kommt zu Worte. Den Bedeutungen wachsen Worte zu.' [Sein und Zeit, S. 161] Sofern das Bedeutungsganze im Entwerfen des seinsverstehenden Daseins gründet, ist es das Seinsverstehen selbst, das sich in das Wort bringt. Auf es und seine Konstitutionsleistung und nicht auf die Sprache selbst ist die phänomenologische Ausweisung zuerst gerichtet ... Die Sprache ist noch nicht die Stelle, an der Sein sich lichtet und uns in Gebrauch nimmt. Denken artikuliert sich sprachlich; aber die spätere Umkehrung: Denken gibt es nur im Elemente der Sprache und soweit ihr Sagen reicht, ist noch nicht möglich. Die transzendentale Subjektivität steht der Konsequenz der Entfaltung von Zeit als Zeitigung im Wege." An diesem Zitat läßt sich ein Überblick über das Ganze der Sprachphilosophie Heideggers gewinnen, besonders auch in der Richtung auf die Distanzierung der transzendentalen Konstitutions- und Vermittlungsproblematik durch den späteren Heidegger. Diese Distanzierung der transzendentalen Sprachphilosophie durch Heidegger liegt nicht in der Linie analytischer Sprachphilosophie; vielmehr formuliert sich in ihr im Zeichen des Sagens der Sprache eine sprachphilosophische Position, die den Anspruch stellt, nicht nur die Wissenschaftlichkeit der analytischen Sprachphilosophie, sondern auch diejenige der traditionellen Philosophie hinter sich zu lassen und zu überwinden. In diesem Anspruch liegt freilich auch die ganze Problematik des Denkens Heideggers einschließlich seines Bedenkens der Sprache.

Jedenfalls unterscheidet Heidegger seinen Weg zu einer „neuen Erfahrung" der Sprache nicht nur von der einzelwissenschaftlichen, sondern auch von der philosophischen Erforschung der Sprache. Daher ist für ihn, mit der Sprache eine Erfahrung zu machen, „etwas anderes als sich Kenntnisse über die Sprache beschaffen. Solche Kenntnisse werden uns durch die Sprachwissenschaft, durch die Linguistik und die Philologie der verschiedenen Sprachen, durch die Psychologie und die Sprachphilosophie bereitgestellt und ständig bis ins Unübersehbare gefördert." (27, S. 160 f.) Die Gleichstellung von einzelwissenschaftlicher und philosophischer Sprachforschung erreicht Heidegger dadurch, daß er die Sprachphilosophie als eine Weise des metaphysischen Denkens (insbesondere auch) auf „Metalinguistik" festlegt. Dabei handelt es sich freilich um eine zwar optisch wirksame, sachlich aber nivellierende Charakterisierung der traditionellen Sprachphilosophie. Jedenfalls schreibt Heidegger so: „Neuerdings zielt die wissenschaftliche und philosophische Erforschung der Sprache immer entschiedener auf die Herstellung dessen ab, was man die ‚Metasprache' nennt. Die wissenschaftliche Philosophie, die auf eine Herstellung dieser Übersprache ausgeht, versteht sich folgerichtig als Metalinguistik. Das klingt wie Metaphysik, klingt nicht nur so, ist auch so; denn die Metalinguistik ist die Metaphysik der durchgängigen Technifizierung aller Sprachen zum allein funktionierenden interplanetarischen Informationsinstrument. Metasprache und Sputnik, Metalinguistik und Raketentechnik sind das Selbe." (Ebd. S. 160) Auf diese Weise wird die Sprachphilosophie als „Übersprache" zu einer besonderen Art von „Hinterwelt" und ein Reden von ihr auf diese Weise weder wissenschaftlich noch philosophisch vertretbar. Es ist klar, daß dann manches „dafür spricht, daß das Wesen der Sprache es gerade verweigert, zur Sprache zu kommen, nämlich zu der Sprache, in der wir über die Sprache Aussagen machen. Wenn die Sprache überall ihr Wesen in diesem Sinne verweigert, dann gehört diese Verweigerung zum Wesen der Sprache" (ebd. S. 186). Freilich folgen derartige Sätze im Grunde nur aus der Analogie von (im Sinne Hegels) „schlechter" Metaphysik und Metalinguistik. Das Reden über die Sprache gerät damit in die „Gespenstermetaphysik". Es ist seltsam, daß Heidegger gerade im Zusammenhang seines Bedenkens der Sprache die traditionelle Philosophie als ein Erkennen in der Art eines bloßen „Vorstellens" bestimmt, in einer Annahme, die von Plato bis Hegel stets bekämpft wurde. Soll man in der Tat schon dadurch in einen ausgezeichneten Bereich besonderer Erfahrung geraten? Heidegger jedenfalls schreibt: „Daß wir das Sprachwesen nicht wissen können — nach dem überlieferten, aus dem Erkennen als Vorstellen bestimmten Begriff des Wissens — ist freilich kein Mangel, sondern der Vorzug, durch den wir in einen ausgezeichneten Bereich vorgezogen sind, in jenen, darin wir, die zum Sprechen der Sprache Gebrauchten, als die Sterblichen wohnen." (Ebd. S. 266)

Von dem so bestimmten „Vorzug" her gelangt nun Heidegger über alle wissenschaftlichen Zusammenhänge hinaus auf den besonderen Weg seines Sprachdenkens. Es kommt zu folgender Gegenüberstellung: „Fassen wir, was jetzt zu sagen versucht sei, als eine Folge von Aussagen über die Sprache, dann bleibt es bei einer Kette unbewiesener, wissenschaftlich unbeweisbarer Behauptungen. Erfahren wir dagegen den Weg zur Sprache aus dem, was sich unterwegs mit dem Weg begibt, dann könnte eine Vermutung erwachen, in der uns fortan die Sprache befremdend anmutet." (Ebd. S. 241) Zwar hat auch die „wissenschaftliche und die philosophische Erforschung der Sprachen und der Sprache ... ihr besonderes Recht ... [und] gibt jederzeit auf ihre Weise Nutzbares zu lernen. Aber eines sind die wissenschaftlichen und philosophischen Kenntnisse über die Sprache, ein anderes ist eine Erfahrung, die wir mit der Sprache machen. Ob der Versuch, uns vor die Möglichkeit einer solchen Erfahrung zu bringen, glückt, wie weit das vielleicht Geglückte bei jedem einzelnen unter uns reicht, dies hat niemand von uns in der Hand." (Ebd. S. 160 f.)

Von solchen Voraussetzungen her erhält der folgende reichlich allgemeine und auch temperierte Satz fast so etwas wie Argumentationskraft. Er lautet: „Ein Sprechen *über* die Sprache macht sie fast unausweichlich zu einem Gegenstand." (Ebd. S. 149) Damit aber entschwindet nach Heidegger ihr Wesen, da wir uns auf diese Weise über die Sprache gestellt haben, „statt *von* ihr zu hören" (ebenda). In diesem Zusammenhang kommt Heidegger auf den „hermeneutischen Zirkel" zu sprechen, mit dem auch wir uns (10. Kapitel) genauer beschäftigen werden. Zwar distanziert sich Heidegger von der „stets vordergründig" bleibenden Rede von einem Zirkel und damit von der eigenen früheren Position, doch hat gerade dieser Ansatz Heideggers vielfach Bedeutung für die Sprachphilosophie (z. B. bei H. G. Gadamer und K. O. Apel) gewonnen. An der zitierten Stelle findet Heidegger den Zirkel im Verhältnis von vorausgesetztem Wesen der Sprache und dem voraussetzungslosen Hören auf sie. Sein japanischer Gast meint: „Ein Gespräch von der Sprache muß von ihrem Wesen gerufen sein. Wie vermag es dergleichen, ohne selber erst auf ein Hören sich einzulassen, das sogleich ins Wesen reicht?" Heidegger antwortet darauf: „Dieses seltsame Verhältnis nannte ich einmal den hermeneutischen

Zirkel." (Ebd. S. 149 f.) Jetzt freilich will Heidegger eine Darstellung des hermeneutischen Bezugs „ebenso entschieden vermeiden wie ein Sprechen *über* die Sprache" (ebd. S. 151).

Auch nach I. Bock findet sich in ›Sein und Zeit‹ eine phänomenologische Untersuchung der Sprache im Sinne eines Existentials des Daseins. Insofern aber — so stellt sie mit K. O. Apel (88, S. 69) fest — „ist" nun Sprache überhaupt nicht, da ja nur Seiendes „ist", sondern sie „zeitigt" sich, wie das Sein selbst, sie gehört zum Sein und seiner Geschichte. Schon damit ist eigentlich jener Raum eröffnet, „innerhalb dessen der Mensch dem Sein und seinem Anspruch zu entsprechen vermag" (ebd. S. 49). Doch ist bis in die von I. Bock als „Übergangsstufe" bezeichnete Zeit von Heideggers ›Brief über den Humanismus‹ (ebd. S. 16) ein gewisser Einfluß Husserls noch feststellbar, wie der Satz in eckiger Klammer in dem folgenden Heidegger-Zitat (S. 74) mit Recht zum Ausdruck bringt: „Die Sprache ist in ihrem Wesen nicht Äußerung eines Organismus, auch nicht Ausdruck eines Lebewesens. Sie läßt sich daher auch nie vom Zeichencharakter her, vielleicht *nicht einmal aus dem Bedeutungscharakter* [bis hier wirkt er also so stark nach, daß er gleichsam nur zögernd aufgegeben wird!] wesensgerecht denken. Sprache ist lichtend verbergende Ankunft des Seins selbst ... immer wenn Sein sich lichtet, geschieht Sprache, indem das Ankommen des Seins vom Denken im Sagen zur Sprache gebracht wird. Damit ist die Sprache in der Lichtung des Seins selbst verankert. Erst so ist sie überhaupt und ist zugleich als geschichtlich ... In dieser *Übergangsstufe* sucht Heidegger nicht mehr die Weisen zu fassen, in denen das Sein vom Dasein her sich in der Sprache aussagt. Er kennzeichnet die Sprache vielmehr als Zuspruch des Seins, der im Geschehen der Unverborgenheit menschliches Sprechen erst ermöglicht. Der Dichtung wird neben dem Denken eine Sonderstellung zugewiesen, weil sie aus der Nähe zur Sprache auch eine besondere Nähe zum Sein gewährt, das sich in ihr immer erneut zuschickt." (Ebenda) Schließlich wird auf dem Denkweg Heideggers auch diese Übergangsstufe verlassen: Im „Ereignis" wird die bisherige Position überholt und die ganze Problematik „noch einmal ursprünglich zu denken versucht" (ebenda).

Ohne Zweifel sieht Heidegger selbst die Sache ebenso. Er schreibt in bezug auf das Ereignis: „Heute, da kaum und halb Gedachtes sogleich auch schon in irgendeine Form der Veröffentlichung gejagt wird, mag es vielen unglaubwürdig erscheinen, daß der Verfasser seit mehr denn fünfundzwanzig Jahren das Wort Ereignis für die hier gedachte Sache in seinen Manuskripten gebraucht. Diese Sache, obzwar in sich einfach, bleibt vorerst schwer zu denken, weil das Denken sich zuvor dessen entwöhnen muß, in die Meinung zu verfallen, hier werde ‚das Sein' als Ereignis gedacht. Aber das Ereignis ist wesenhaft anders, weil reicher als jede mögliche metaphysische Bestimmung des Seins. Dagegen läßt sich das Sein hinsichtlich seiner Wesensherkunft aus dem Ereignis denken." (27, S. 260)

Bei dieser Bedenklichkeit der Sache ist es verständlich, daß Heidegger meint, daß er sich in „ ‚Sein und Zeit' . . . zu früh und zu weit vorgewagt habe" (ebd. S. 93). Heidegger beginnt mit diesem Hinweis in dem Gespräch mit einem Japaner einen Überblick über die Entwicklung seines Sprachdenkens. (Ebd. S. 93–100) Hier ist vor allem wiederum von der Hermeneutik und ihren theologischen Wurzeln die Rede. Der japanische Gesprächspartner vermag Heideggers Bemühungen verständnisvoll entgegenzukommen indem er ausführt, daß es ihn nicht befremde, „wenn ein Gespräch das eigentlich Gemeinte im Unbestimmten läßt, es sogar ins Unbestimmbare zurückbirgt". (Ebd. S. 100)

Im Ganzen nimmt — wie gesagt — Heideggers Sprachphilosophie eine Sonderstellung ein, die der Sonderstellung dieses Denkers in der Gegenwart überhaupt entspricht. Daß er jedoch im Sinne unserer Einteilung der nichtanalytischen Sprachphilosophie zuzurechnen ist, daran kann kein Zweifel bestehen. W. Anz betont Heideggers Sonderstellung dadurch, daß er ihn sowohl zu der an Humboldt anknüpfenden Tradition der Sprachphilosophie wie zum analytischen Sprachdenken in Gegensatz stellt. Nach ihm bleiben „die Erforschung des Zusammenhanges von menschlichem Geist und Sprachgestalt bei Herder und Humboldt und ebenso die technisch-szientifische Sprachauffassung etwa bei Carnap — so verschieden, ja ihrer Absicht nach entgegengesetzt sie sein mögen — alle im Bereich der Sprache als Ausdruck: Ein ideelles Wesen (Geist, Vernunft, Bewußtsein) verwirklicht sich, indem es die flüchtigste Materie, den Laut, stimmlich artikuliert, geistig und logisch durchformt und das so Geformte als Mittel seiner Äußerung gebraucht." (1a, S. 305) Diese Auffassung folgt Heidegger selbst. Heidegger wirft Humboldts Wendung von der Sprache als Energea (vgl. 7. Kapitel) vor, daß sie ganz „ungriechisch im Sinne von Leibnizens Monadologie" Energea verstehe als die Tätigkeit des Subjektes. Man könnte freilich gegen diese Auffassung bei Humboldt auch Stellen zitieren, durch die sich eine andere Richtung der Interpretation ergäbe. Wir werden solche Stellen noch kennenlernen. Heidegger bestreitet nicht die Bedeutung Humboldts für die Sprachphilosophie. Auch nach ihm bestimmt seine Abhandlung ›Über die Verschiedenheit des menschlichen Sprachbaues und ihren Einfluß auf die geistige Entwicklung des Menschengeschlechtes‹ seit ihrem Erscheinen im Jahre 1836 „im Für und Wider, genannt oder verschwiegen, die gesamte nachfolgende Sprachwissenschaft und Sprachphilosophie bis zum heutigen Tag" (27, S. 246).

Heidegger selbst aber faßt Humboldt von seiner Interpretation her zu sehr in der Linie der linguistischen Forschung von der Sprache als „Weltansicht" auf und meint deshalb, daß Humboldts Weg zur Sprache nicht eigentlich „von der Sprache als der Sprache her bestimmt ist" (ebd. S. 248), weshalb das von ihm begriffene „Wesen der Sprache ... nicht auch schon das Sprachwesen" (ebd. S. 249) in Sicht bringt. W. Anz formuliert in diesem Sinne das „Problem Heideggers" folgendermaßen: „Indem die Wissenschaften die Sprache als ein gegenständlich Vorliegendes untersuchen, haben sie *denkend* den Ort verlassen, an dem es ursprünglich Sprache gibt. Die philosophische Bedeutung der unaufhebbaren Sprachgebundenheit alles Denkens ist im Reden über die Sprache nicht mitbedacht." (1a, S. 305) Ich meine freilich, daß das Problem Heideggers dasjenige aller nichtanalytischen Sprachphilosophie ist. Auch dort, wo sie Heideggers Weg nicht mitmachen kann. Nach W. Anz jedenfalls kommt im Sprechen über die Sprache „der Grundbezug des Menschen zur Sprache" im Sinne Heideggers „nicht in die Auslegung. Von ihm gilt: Weil wir von dem, was ist und geschieht, angegangen sind und in Anspruch genommen werden, vermögen wir darauf zu hören, es zu nennen, ins Wort zu bringen. Die mit diesem Sprechen geschehene Offenbarkeit von Seiendem ist nicht unsere Hervorbringung; sie ist ein Geschehen, in das wir eingelassen sind". (Ebd. S. 306; s. Näheres auch unter 88, S. 23. 34f. 37f. 49ff.) Auch für Heidegger ist der Mensch nur von der Sprache her Mensch, dies freilich, „insofern er dem Zuspruch der Sprache zugesagt, für die Sprache, sie zu sprechen, gebraucht ist" (27, S. 196). Man kann daher das menschliche Sprechen nicht „lediglich als die Verlautbarung des Inneren im Menschen" betrachten. Hält man nämlich „das so vorgestellte Sprechen für die Sprache selbst, dann kann das Wesen der Sprache immer nur als Ausdruck und Tätigkeit des Menschen erscheinen. Das menschliche Sprechen ruht aber als Sprechen der Sterblichen nicht in sich. Das Sprechen der Sterblichen beruht im Verhältnis zum Sprechen der Sprache." (Ebd. S. 31)

Insofern kann eben die Sprache selbst „nichts Sprachliches" als Gegenstand sein. Von hier aus will Heidegger die Wendung von der Sprache als dem „Haus des Seins" (ebd. S. 114) verstanden wissen. Der schon erwähnte japanische Gesprächspartner meint, daß diese Wendung „an das Wesen der Sprache rührt, ohne es zu verletzen" (ebd. S. 112). Eine sehr schöne Interpretation, die jedenfalls auch insofern zu Recht besteht, als der späte Heidegger in gleicher Behutsamkeit von der Sprache wie vom Sein redet: „Das Walten des Wortes blitzt auf als die Bedingnis des Dinges zum Ding. Das Wort hebt an zu leuchten als die Versammlung, die Anwesendes erst in sein Anwesen bringt. Das älteste Wort für das so gedachte Walten des Wortes, für das Sagen, heißt Λόγος: die Sage, die zeigend Seiendes in sein *es ist* erscheinen läßt. Das selbe Wort Λόγος ist aber als Wort für das Sagen zugleich das Wort für das Sein, d. h. für das Anwesen des Anwesenden. Sage und Sein, Wort und Ding gehören in einer verhüllten, kaum bedachten und unausdenkbaren Weise zueinander." (Ebd. S. 237) Daher gibt es auch erst dort, wo es Sprache gibt, die Gefahr des „Seinsverlustes. Es ist . . . die Aporie im Sein selbst, als Geschehen von Entbergen und Verbergen, die das Denken nötigt, ‚aus der Sprache her' den Bezug von Sagen und Sein in seiner ursprünglichen Wahrheit zu denken." (Ebd. S. 314) Die Schwierigkeiten einer solchen sprachphilosophischen Position, sich selbst auszusprechen, sind nicht geringe. Sogar W. Anz fragt vorsichtig, ob in ihr „das Moment der Vernunft in unserem Sprechen nicht über Gebühr zurückgedrängt" (1 a, S. 318) erscheint. Ich selbst habe im gleichen Sinne Heideggers „Seinsvergessenheit" gegenüber von „Logosvergessenheit" gesprochen. O. Pöggeler (143, S. 298) wiederum verlangt im Sinne des Hinweises Heideggers, da die abendländischen Sprachen metaphysisch und onto-theologisch sich ausgeprägt haben, daß nur unter der Voraussetzung, daß sich die Sprache „in der Erörterung der Überlieferung, im Hören auf das Ungedachte des Überlieferten gewandelt [hat] . . . der Versuch gemacht werden kann, in dieser Sprache das genannte Entsprechen [nämlich dem Ereignis von Unverborgenheit und Welt] zur Sprache kommen zu lassen." Die Möglichkeit dieses Versuches wird von Pöggeler nur durch negative Abhebungen näher umschrieben. Er fragt: „Welchem λόγος folgt nun ein Denken, in dem das Sein in seinem Wesen als das Ereignis der Unverborgenheit und damit als Anwesen und Abwesen zugleich erfahren ist?" (ebd. S. 275 f.) und fährt dann ebd. folgendermaßen fort: „Dieses Denken kann nicht mehr der Logik folgen, da es das Seiende nicht mehr auf jenes Ständige hinstellt, worauf man immer zurückkommen kann. Es darf aber auch nicht zu einer Über-Logik greifen wollen, da diese Über-Logik, die ‚Dialektik', sich auch nur von der überlieferten Logik her versteht (und sei es auch dadurch, daß sie, wie Hegel es tut, den Widerspruch nicht ausschließt, sondern fordert). Das Denken der Wahrheit des Seins darf schließlich nicht ins Unlogische ausweichen, ohnmächtig die Logik fliehen und sich in ein pseudodichterisches Sagen flüchten. Vor allem kann dieses Denken nicht die Alogik proklamieren, da auch diese sich nur von der Logik her, aus dem bloßen Gegensatz zu ihr, versteht." Was aber bleibt dann für die ursprüngliche Sage übrig? „Das Denken der Wahrheit des Seins muß sich aus seiner eigenen Sache verstehen. Seine Aufgabe ist es, dem Anwesen wie dem Abwesen im Sein, dem Entbergen wie dem Verbergen zu entsprechen, von der schon geschehenen Entbergung herzukommen und einzukehren in deren Verborgenes — nicht, um die Verbergung endgültig zu beseitigen, sondern um sie zu hüten als das, was je und je die Entbergung in seiner Unerschöpflichkeit birgt. Das Denken der Wahrheit des Seins hat seinen Grundzug in jenem Schweigen, das die Verbergung eigens Verbergung sein läßt. Das Denken redet nicht von dem einen, um von dem, wovon man nicht in strenger Weise reden kann, zu schweigen; vielmehr ist sein Schweigen beredt, seine Rede schweigend, d. h. die Entbergung der Verbergung als des alles bergenden Geheimnisses. Die ‚Logik' des Denkens der Wahrheit des Seins ist die Erschweigung ... Heidegger will nicht dadurch von der Sprache wegflüchten, daß er sie von einem Anderen her zu erklären sucht (zumal dieses Andere doch auch sprachlich vermittelt ist!). Heidegger möchte vielmehr die Sprache *als die Sprache* zur Sprache bringen. Dabei geht auch er aus vom Sprechen. Er denkt das Sprechen (zusammen mit dem Schweigen) als Sagen, das Sagen gemäß dem ursprünglichen Sinn des Wortes als ‚zeigen, erscheinen-, sehen-, und hören-lassen'. ... Die Sprache kommt als Sage und d. h. als Zeige und somit als Weise des Ereignens nur zum Sprechen des Menschen, wenn dieses Sprechen das ‚Wesen' der Sprache zu ‚erschweigen' vermag — nicht über die Sprache wie über etwas Vorhandenes eine Aussage macht, sondern ‚von der Sprache' her deren Wesen als ein geschichtlich sich zusprechendes erfährt." (Ebd. S. 276—279) Wir sind damit bei dem „beredten Schweigen" angelangt. Heidegger überhöht es gelegentlich auch noch durch ein „schweigendes Schweigen". Ihm, dem schweigenden Schweigen entsprechend, müßte das Gespräch von der Sprache „einen eigenen Charakter haben, demgemäß mehr geschwiegen als geredet würde. Geschwiegen vor allem über das Schweigen . . ., weil das Reden und Schreiben über das Schweigen das verderblichste Gerede veranlaßt . . . Wer vermöchte es, einfach vom Schweigen zu schweigen? Dies müßte das eigentliche Sagen sein . . . und das stete Vorspiel zum eigentlichen Gespräch von der Sprache bleiben. Ob wir so nicht das Unmögliche versuchen?" (27, S. 152) Die das Zitat abschließende Frage scheint keine unbegründete zu sein. Dem Verständnis des japanischen Gesprächspartners kommt sie freilich insofern entgegen, als er meint, daß für die Japaner ein „Geheimnis erst dann ein Geheimnis ist, wenn nicht einmal dies zum Vorschein kommt, *daß* ein Geheimnis waltet". Für dieses Geheimnis fehlt nun freilich notwendig „das Wort, d. h. jenes Sagen, das es vermöchte, das Wesen der Sprache — zur Sprache zu bringen" (ebd. S. 236). Es fragt sich freilich, ob damit nicht doch über dieses Geheimnis etwas gesagt ist, zumal es im gleichen Zusammenhang wiederum als die „Bedingnis des Dinges" und insofern als ein gewissermaßen „transzendentales" Ereignis erscheint. Heidegger meint: „Einer kann sprechen, spricht endlos, und alles ist nichtssagend. Dagegen schweigt jemand, er spricht nicht und kann im Nichtsprechen viel sagen." (Ebd. S. 252) Nur ist es dem Schweigen so schwer anzusehen, ob es viel sagt oder nicht auch nichtssagend ist.

Mit alledem ist nun in der Tat die Position Humboldts im Sinne der Interpretation Heideggers überwunden. Sprache kann nicht mehr als Tätigkeit des Menschen gedacht werden. Die Schwierigkeit des so beschriebenen „Weges zur Sprache" bedarf freilich kaum weiterer Hinweise. Von B. Liebrucks her könnte man hier fragen, ob die von Pöggeler an Heidegger herausgestellte Weise des „beredten Schweigens" nicht geradezu notwendig den Schritt zur Dialektik fordert? Auch wir werden uns in dieser Einführung sowohl mit der Dialektik (6. Kapitel) wie mit dem „beredten Schweigen" (S. 104 f.) noch beschäftigen.

K. Jaspers trifft sich von seiner Philosophie des „Umgreifenden" her gelegentlich mit Heidegger, doch steht er Humboldt näher als dieser. Er läßt „unsere geistige Bewußtheit in der Sprache beschlossen" (39, S. 416) sein. Ihre „Grenze" aber wird nicht nur dem „Vorsprachlichen und immer Sprachlosen" (Schweigen als Mangel) gegenüber, sondern auch gegenüber dem „alle Sprache in sich bergenden Übersprachlichen des Seins selbst im erfüllenden Schweigen" (ebenda) betont. Jaspers faßt von dieser seiner Position her die Sprache ebenso auf als das „unerläßliche Medium der Mitteilung" wie als die „Unentrinnbarkeit des Irrens" (ebd. S. 395). Das Wissen um die Sprache gehört für ihn zu den Grundlagen philosophischen Bewußtseins. Nur die Philosophie vermag ein adäquates Wissen von der Sprache zu erwerben, denn „so mannigfach das empirische Wissen von Sprachen ist, so endlos ihre besonderen Erscheinungen sind, mit diesem Wissen ist kein Wissen vom Wesen der Sprache gegeben. ... Sprache ist nicht nur empirischer Tatbestand, sondern ein Umgreifendes, aus dem wir nicht heraustreten, wenn wir es in seiner Erscheinung im Besonderen untersuchen (sie ist die Erscheinung des Umgreifenden des Bewußtseins überhaupt, in dem alles andere Umgreifende hell wird). Dieses Umgreifende ist nur zu charakterisieren durch Umschreibungen und durch Betonen der Grundphänomene der Sprache." (Ebd. S. 396; s. a. S. 340 f.) Diese Charakterisierung erfolgt durch den Hinweis, daß Sprache unlösbar verbunden ist mit dem „Offenbarwerden des Seins", das „in Bedeutung geschieht ... Bedeutung ist ein Grundbezug, der das Sein in einer Spaltung zeigt. Dieser Grundbezug, ein unzurückführbares Urphänomen, ist nicht eine Beziehung wie die des Verursachtseins im Realen oder des Begründetseins im Denkzusammenhang; er ist nicht Gegensatz und nicht Identität von zweien, sondern dieses durch nichts anderes zu erhellende Ineinandersein zweier im Bedeuten. ... Bedeutung verstehen ist der Beginn des Bewußtseins." (Ebenda) Bedeutung wird bei Jaspers von dem „Ausdruck" als unabsichtlich geschehender Bedeutung unterschieden. Im Rahmen absichtlich hervorgebrachter Bedeutung, einem Bereich, der bei Jaspers mit dem Gesamtraum geistiger Hervorbringung zusammenfällt, „steht die Sprache im Mittelpunkt. Sie allein ist universal, sie vermittelt zwischen allen Bedeutungen, bezieht sich auf alle anderen, schließt alle anderen dadurch in sich ein, ist für sie unentbehrlich. Von allen Weisen des Bedeutens sagt man gleichnisweise, daß sie eine Sprache seien." Das Grundphänomen des sprachlichen Bedeutens versteht Jaspers so, „daß ich im Laut auf einen distanzierten Inhalt meinend gerichtet bin ... die Laute sind nicht mehr nur Laute, sondern Lautbilder. Die Gestaltung der Lautbilder ist die Kunst der Sprache, welche in unvordenklichen Zeiten mit dem Werden des Menschen das hervorgebracht hat, von dessen Verwandlung die Sprachen aller historischen Zeiten leben. Sprache ist das im Sprechen erzeugte, in menschlicher Gemeinschaft sich konstituierende Werk von Lautbildern. Sie ist nach Humboldt

‚eine Welt, welche der Geist zwischen sich und die Gegenstände durch die innere Arbeit seiner Kraft setzen muß'." (Ebd. S. 397) In ihrem Ursprung ist freilich auch die Sprache eine unabsichtliche Hervorbringung des Menschen: „Während die Sprache unser Bewußtsein hell werden läßt, geschieht sie selber unbewußt. In den Bedeutungen der Lautbilder ergreifen wir die Bedeutungen des Offenbarwerdens des Seins. Aber während wir den Sachen zugewandt sind, wird die Sprache, ohne an sie zu denken, mithervorgebracht. Sie ist da, indem Bedeutungen verstanden werden. Erst spät wird die Aufmerksamkeit auf die Sprache als solche gelenkt und die Sprache planmäßig gestaltet, sie selber bewußt als ein Werk behandelt. Das hat entgegengesetzte Folgen. Die Sprache wird gereinigt, ihre Möglichkeiten werden unter Regeln gebracht, das in ihr Verborgene herausgeholt. Zur ursprünglichen Kunst der Sprache tritt eine sekundäre Sprachkunst; ein Bilden von Worten, Sätzen, Wortstellungen, Sprachgestalten. Aber diese Absichtlichkeit wirkt sogleich störend und fälschend. Die sekundäre Sprachkunst tritt an die Stelle der ursprünglichen Kunst der Sprache. Die Sprache verträgt die Absichtlichkeit fast immer nur zum Schaden des sprechenden Menschen." (Ebd. S. 397 f.) In diesen Sätzen gehen bei Jaspers freilich zwei Gegenüberstellungen durcheinander, und zwar erstens diejenige von natürlich gewachsener, ursprünglicher und künstlich hervorgebrachter sekundärer Sprache, zweitens die Anonymität der Sprache als solcher (die Sprachvergessenheit) in dem in den Dingen aufgehenden unmittelbaren Sprachvollzug, indem „wir den Sachen zugewandt sind" gegenüber der Sprache als Gegenstand. Wir werden uns mit diesen Fragen näher beschäftigen müssen (9. Kapitel).

Jedenfalls kritisiert Jaspers mit der Zuwendung zur sekundären Sprache auch die analytische Sprachphilosophie, in der „in moderner positivistisch gegründeter Weise die Sprache als solche zum Gegenstand der Analyse" (ebd. S. 444 f.) geworden ist. Die dann erfolgende Betrachtung der Sprache „unter formallogischen Gesichtspunkten erkennt die Sprache nur als Zeichensprache und hat die Tendenz, die Sprache zu reinigen, bis sie — im Verlust ihres Lebens — nur noch Zeichensprache ist" (ebd. S. 447). Zudem gilt in derartigen Positionen — wie gesagt — „die Sprache fast als die Sache selbst". Als ein „extremes Beispiel, in dem der Standpunkt bis zur Absurdität getrieben ist", zitiert Jaspers Carnaps Äußerung, daß eine philosophische, d. h. logische Untersuchung Analyse der Sprache sei. Heidegger wiederum betrachtet die Ausbildung der Logik zur Logistik als einen metaphysischen Prozeß im Sinne der Seinsvergessenheit der Metaphysik, wie er sie kritisiert, und meint, daß „der Angriff gegen das Wesen der Sprache, der sich darin verbirgt, vielleicht der letzte von dieser Seite, unbeachtet bleibt" (27, S. 116). Heidegger findet in der gleichen Richtung auch eine recht glückliche Wendung zur Charakteristik doktrinärer Formen der Informationstheorie, die „das Natürliche als den Mangel an Formalisierung begreift". Er fügt an diese Charakterisierung noch folgende berechtigte Bemerkung: „Doch selbst dann, wenn auf einem langen Weg eingesehen werden könnte, daß sich das Sprachwesen niemals in den Formalismus auflösen und verrechnen läßt und wir dementsprechend sagen müssen, die ‚natürliche Sprache' sei die nicht formalisierbare Sprache, selbst dann wird die ‚natürliche Sprache' immer noch nur negativ bestimmt, d. h. gegen die Möglichkeit oder Unmöglichkeit der Formalisierung abgesetzt." (Ebd. S. 264)

3. DER ÜBERZEICHENMÄSSIGE CHARAKTER DER SPRACHE

Während es für einen Großteil der Vertreter der analytischen Sprachphilosophie charakteristisch ist, daß sie im Sinne der nominalistischen Überlieferung das Wort an der Eindeutigkeit des „Zeichens" messen, ist es für einen Großteil der Vertreter der nichtanalytischen Sprachphilosophie charakteristisch, daß sie den „überzeichenmäßigen" Charakter der Sprache betonen. Man stellt dann mit Hilfe verschiedener Termini der gegnerischen Auffassung das gegenüber, was „eigentlicher" Sprache als ein „Mehr" über das bloße Zeichen hinaus zukommt. An dieses „Mehr" schließen außerdem — häufig unter Berufung auf W. v. Humboldt — Sprachphilosophen mit einer Reihe von Themen an, die von Bedeutung für andere philosophische Disziplinen, aber auch für die Theologie sind. Indem wir in den folgenden Ausführungen eine Reihe solcher Bezüglichkeiten ohne weiteren systematischen Anspruch aufgreifen und entwickeln, verfolgen wir eine doppelte Absicht: erstens soll in ihnen gesagt werden, wie vielfach die Ausstrahlungen der Sprachphilosophie in den Gesamtraum der Philosophie (und auch der Theologie) sind, zweitens ergibt sich von einem Teil der verwendeten Beispiele her eine erste Heranführung an den Reichtum der Leistung Humboldts, deren Bedeutung für die Sprachphilosophie weit über die wenigen grundsätzlichen Hinweise in dem 5. Kapitel dieser Arbeit hinausgeht.

Zunächst folgen wir noch einmal Jaspers und Heidegger. Jaspers geht bei seiner Betonung des überzeichenmäßigen Charakters der Sprache von der auch von anderen Philosophen bedachten „universalen" Metaphorik der Sprache (Sprache überhaupt als Metapher zum Unterschied von Metaphern innerhalb der Sprache, vgl. 6. 7. 15. 48. 86. 87. 91. 142. 165) aus. Das aus dem „Umgreifenden" verstandene Wort „ist auch Zeichen, aber es ist mehr. Dieses Mehr an Bedeutung und an Bedeutungsmöglichkeiten, an Fülle des Ausdrucks, an Kraft des Mitteilbarmachens, an Anregungsmöglichkeit hat einen Ursprung im universalen metaphorischen Charakter aller Lautbilder und in der Eigenschaft der Worte, aus der geschichtlichen Verwandlung ihrer Bedeutungen einen Reichtum schlummernden Bedeutens zu jederzeit möglichem Erwachen zu bewahren … Echte Sprache bewahrt den Unendlichkeitscharakter aus dem Umgreifenden, das sie trägt und das in ihr sich mitteilt. Zeichen ist der Abfall in das nur Endliche. In den Worten bleibt das Leben aus der Fülle des Hintergrundes: ein Ungenügen und etwas wie eine dunkle Erinnerung und wie ein Ahnen entgegenkommender Möglichkeit des Werdenden halten das Sprechen der Worte in Bewegung, lassen offenbar werden, aber in allem Klargewordenen einen neuen Antrieb erfahren. Daher ist die Sprache zugleich das Offenbarwerden und die Erscheinung des Dunkels. In endlicher Klarheit und endgültiger Bestimmtheit ist sie abgefallen zum Zeichenmechanismus, der nur noch einer methodischen operativen Verwendung zur Verfügung steht. Die immer bleibende Unbestimmtheit in der Entfaltung von bestimmter Klarheit, dieser Mangel der Sprache ist zugleich Charakter ihrer eigentlichen Wahrheit. (39, S. 403 f.)

Auch Heidegger unterscheidet das Wesen der Sprache (Sage als Zeigen) vom bloßen Zeichen. „Alle Zeichen entstammen einem Zeigen, in dessen Bereich und für dessen Absichten sie Zeichen sein können. … Die Sage ist keineswegs der nachgetragene sprachliche Ausdruck des Erscheinenden, vielmehr beruht alles Scheinen und Verscheinen in der zeigenden Sage." (27, S. 254 u. 257) In diesen Zusammenhängen betont Heidegger auch, daß alles Sprechen primär ein Hören der insofern von uns nicht verfügbaren Sprache ist. Auch dieser Hinweis zeigt, daß die nachträgliche Zuordnung eines Zeichens zum Bezeichneten nicht ursprünglich das Wesen der Sprache ausmachen kann. Heidegger schreibt: „Nach der Gewohnheit werden Sprechen und Hören einander entgegengesetzt: Der eine spricht, der andere hört. Aber das Hören begleitet und umgibt nicht nur das Sprechen, wie solches im Gespräch stattfindet. Das Zugleich von Sprechen und Hören meint mehr. Das Sprechen ist von sich aus ein Hören. Es ist das Hören auf die Sprache, die wir sprechen. So ist denn das Sprechen nicht zugleich, sondern zuvor ein Hören. Dieses Hören auf die Sprache geht auch allem sonst vorkommenden Hören in der unscheinbarsten Weise vorauf. Wir sprechen nicht nur die Sprache, wir sprechen aus ihr. Dies vermögen wir einzig dadurch, daß wir je schon auf die Sprache gehört haben. Was hören wir da? Wir hören das Sprechen der Sprache." (Ebd. S. 254) Diesem ursprünglichen Hören der Sprache steht nahe das „mehrdeutige Sagen" der Dichtung. Heidegger gibt diesen Hinweis von den Dichtungen Trakls her und unterscheidet *sein* mehrdeutiges

Sagen von der „Vieldeutigkeit aus dem Unbestimmten einer Unsicherheit des poetischen Umhertastens". Vielmehr ist die „einzigartige Strenge der wesenhaft mehrdeutigen Sprache Trakls in einem höheren Sinne so eindeutig, daß sie auch aller technischen Exaktheit des bloß wissenschaftlich-eindeutigen Begriffes unendlich bleibt" (ebd. S. 75). Eine besondere Rolle spielt der überzeichenmäßige Charakter der Sprache bei Bruno Liebrucks. Er schließt sich in seinen Ausführungen im wesentlichen an Humboldt an und geht dabei von folgendem Zitat (48, II. S. 116 f.) aus: „Der bloße Verstand, nicht der Volkssinn, sträubt sich, die Sprache als wesentlich mit dem Menschen verwachsen als ein nie ganz zu ergründendes Geheimnis zu betrachten, und neigt immer hin, sie nur als einen Inbegriff gesellschaftlich erfundener, in sich gleichgültiger Zeichen, deren lästige Verschiedenheit man nun einmal nicht los werden kann, anzusehen." Im Grunde läßt sich ja ein Zeichen einem Gegenstand nur „zuordnen", wenn man von der Vermittlung absieht und lediglich ihr Resultat als Terminus ad quem für die Zeichengebung berücksichtigt. Erst eine aus der Vermittlung (und damit übrigens tatsächlich auch aus ihrer Geschichtlichkeit) herausgenommene Sprache läßt sich als ein in sich geschlossenes Zeichensystem aufbauen. In ihm kommen wir — worauf Liebrucks mit Recht hinweist (ebd. S. 118) — gewissermaßen wie die Tiere mit einem reinen Signalsystem aus.

Nur von dem überzeichenmäßigen Charakter der wirklichen Sprache her sieht Liebrucks auch die Freiheit des Individuums dem Sprachsystem gegenüber bewahrt. Er fragt (ebd. S. 124): „Wie kommt es, daß die Einzelnen in der Sprache ihre Eigentümlichkeit finden und sie in sie hineinlegen können? Nur wenn das möglich ist, versklavt die Sprache den Einzelnen nicht, sondern läßt ihn so frei, wie die Artikulation den Gedanken zwar band, aber zugleich emporschwingen ließ. ‚Die Sprache schmiegt sich ... jeder Individualität an, und es bildet sich in der der Nation eine besondere der Individuen' [Humboldt]." Das wiederum ist nach Humboldt begründet in ihrer „Beugsamkeit gegen das Objektive und gegen verschiedene Kreise der Individualität zugleich" (ebenda). Woher hat sie diese Beugsamkeit? Liebrucks beantwortet diese Frage wieder mit Humboldt selbst. „Um sie zu besitzen ‚darf die Sprache weder ganz ein Abbild des Darzustellenden noch bloß ein Zeichen für dasselbe und muß doch beides zugleich seyn ... Als Abbild dürfte sie der Willkür des Gebrauchs gar keinen Spielraum übrig lassen; als Zeichen müßte sie bloß diese

Willkür an sich tragen, da das beste Gedankenzeichen unstreitig dasjenige ist, was frei von allem Stoff nur das Gepräge des Gesetzes
wiedergibt, nach dem es gebildet ist'." Diesen Hinweis Humboldts auf
die Zeichen bloßer Willkür interpretiert Liebrucks in der Richtung
auf die mathematischen Formeln in den Naturwissenschaften. „Als
Abbild steht die Sprache auf der Seite des Objekts, als Zeichen auf
der Seite der Willkür oder auch der mathematischen Konstruktion von
Wirklichkeit, die sie behandelbar macht." (Ebenda) Im Sinne ihres
überzeichenmäßigen Charakters vereint Sprache „Zeichen und Abbild.
Das Zeichen stammt aus der Selbsttätigkeit, das Abbild von der Empfänglichkeit. Der Zeichencharakter der Naturwissenschaften ist darin
ganz und gar faustisch. Daß aber Menschen noch miteinander *sprechen*
können, liegt an der hier ausgesagten *Einheit,* die die wunderbare
Biegsamkeit der Sprache zum Menschen und zu den Dingen zugleich
ermöglicht" (ebd. S. 225).

Der überzeichenmäßige Charakter der Sprachen belegt nach Humboldt auch die Bedeutsamkeit der Verschiedenheit der Sprachen für
das Denken. Sie liegt darin, „daß nicht jede ‚zur Hervorbringung
jedes Geistesproducts gleich günstig' ist. Die Annahme des reinen
Zeichencharakters der Sprachen macht die entgegengesetzte Voraussetzung. Nach ihr könnte jede Sprache jeden Gedanken ausdrücken,
wenn sie nur in ein entsprechendes Stadium *ihrer* Ausbildung getreten
wäre. Nach Humboldt ist das ein Irrtum. Er entsteht aus der Meinung,
‚daß die Sprache von dem Gedanken aus entstände, das vorher deutlich Gedachte in Worte gekleidet würde'." (Ebd. S. 256) In der „Ansicht, daß der Mensch zuerst den fertigen Gedanken ausbilde und in
einem zweiten Akt, der erst für sich sprachlich wäre, an die Mitteilung
geht, was er auch ohne Schaden für den Gedanken unterlassen könnte,
ist [nach Liebrucks] in der Geschichte der Philosophie der Hauptgrund
dafür gewesen, daß Sprache philosophisch bisher nicht thematisch
wurde" (ebd. S. 256 f.). In der Tat aber ist der „nicht sprachlich formulierte Gedanke noch nicht zur *gedanklichen* Klarheit gediehen. Die
sprachliche Ausprägung des Gedankens steht nicht *neben* der gedanklichen Ausprägung. Es muß daher eine andere Relation zwischen Sprechen und Denken gesetzt werden, als die Dingvorstellung von beiden
annimmt" (ebenda).

Das aus den fundamentalphilosophischen Bezügen herausgenommene
Zeichen, d. h. die Verabsolutierung des Zeichencharakters müßte „die
Sprache töten, wie die Verabsolutierung des Geistes der exakten

Wissenschaften den Menschen töten würde. Obwohl die durch diese Wissenschaften hervorgebrachten Werke heute von dieser Gefahr lautes und beredtes Zeugnis ablegen, will es doch niemand wahrhaben, daß hier offenbar nicht die Vernunft, sondern eine sich aller Kontrolle entziehende Leidenschaft am Werke ist. Es ist damit nichts gegen diese Wissenschaften gesagt, solange sie sich nicht mit dem Geist des Menschen verwechseln ..." (Ebd. S. 132) In der gleichen Richtung der Argumentation ist für Liebrucks auch die formale Logik „nichts weiter als die Verabsolutierung eines Momentes innerhalb des sprachlichen Denkens, das den Partner immer schon berücksichtigt, und zwar nicht einen auf die Züge, die er mit allen Menschen teilt, reduzierten, sondern den in seiner vollen Konkretheit. Formale Logik ist so schon Reduktion des Menschen auf eine spezialisierte Weise seines Weltumganges. Sie ist der vielleicht größte Ausdruck der Sehnsucht des Menschen, wieder Tier im Sinne von spezialisiertem Wesen zu sein ..." (Ebd. S. 267) Im Sinne derartiger Ausführungen spricht Liebrucks auch von der „Geistlosigkeit aller Logistik" (ebd. S. 156).

Bei alledem übersieht Liebrucks keineswegs die vom Zeichencharakter der Sprache her gegebenen technischen Möglichkeiten, denen in der heutigen Welt „der hohe Preis winkt, die Not aller Menschen abzuschaffen, [womit] die Chance am Horizont erscheint, den Menschen damit endlich in eine gesellschaftliche Ordnung zu führen, die zum ersten Male des Menschen würdig ist, die nicht mehr einer kleinen bevorzugten Klasse ... den Raum der Menschlichkeit eröffnet, sondern allen" (ebd. S. 123 f.).

Wir haben B. Liebrucks als Beispiel dafür angeführt, welch vielfältige Beziehungen philosophisch bedeutsamer Art sich schon bei der Erörterung einer scheinbar so selbstverständlichen Annahme, Sprache sei ein Zeichen im Sinne analytischer und nominalistischer Positionen, für die die Zuordnung vom Zeichen zum Bezeichneten weder ein Vermittlungsproblem noch ein solches der von der Sprache her verstandenen Menschlichkeit sein kann, ergeben. Die Menschlichkeit des Menschen im Sinne seiner Sprachlichkeit ist das besondere Anliegen der Sprachphilosophie Liebrucks'. Auch diese Thematik findet er schon bei Humboldt. Dieser hat „das in jeder Sprache schlummernde politische Gesicht heraufgeholt. Die Sprache bedarf der ‚Freiheit und man kann es als ein sicheres Merkmal des reinsten und gelungensten Sprachbaues ansehen, wenn in demselben die Formung der Wörter und der Fügungen keine anderen Beschränkungen erleiden, als notwendig ist, mit der Freiheit auch Gesetzmäßigkeit zu verbinden, d. h. der Freiheit durch Schranken ihr eigenes Dasein zu sichern' ... Nichts anderes wird vom Staate gefordert. Die Formung der Wörter und Fügungen in der Sprache entspricht der Formung der Individuen und Verbände in der Gesellschaft. Die Beschränkung der Wörter und Fügungen soll nicht weitergehen, als der freien Entfaltung der menschlichen Rede und der durch sie vor den Menschen gestellten Weltgehalte förderlich ist. Es handelt sich um eine Beschränkung, die im Anfange, dort wo sie Gestaltung im großen Sinne der Artikulation ... mit ihrer Einheit von Selbsttätigkeit und Empfänglichkeit ist, die Freiheit fördert, während sie, in Situationen beibehalten, die eine weitere Entwicklung der Sprache fordern, das Gegenteil von Freiheit bewirkt. Was der Sprachbau für die Sprache, das soll der Staatsbau für das politische Leben des Menschen leisten. Dazu ist in Analogie zur Sprache darauf zu achten, daß die Beschränkung, die der Mensch notwendig von jeder Institution im Interesse seiner Freiheit erfährt, nicht das Maß der Freiheit überschreitet. Das ist das ganze Thema Humboldts ...'' (Ebd. S. 50) Die hier an Humboldt aufgezeigte Analogie zwischen Sprache und Politik läßt sich nach Liebrucks zu der allgemeinen Einsicht fortbilden, daß es keineswegs möglich ist, „daß es auf der Erde einen Fall geben könne, in dem Sprache und Weltbegegnung nicht in der genauesten Korrespondenz miteinander gestanden hätten" (ebd. S. 351). Freilich wird der Mensch auch im Rahmen der Sprachlichkeit überhaupt und der Sprachlichkeit im betonten Sinn der Humanität dem Verfallen ausgesetzt sein, insbesondere im Selbstbewußtsein seiner jeweiligen gesellschaftlichen und geschichtlichen Wirklichkeit. Denn „wir wissen nicht, welche sprachlich längst ausgedrückte Einheit uns in unseren eigenen gesellschaftlichen Verhältnissen unbewußt bleibt. Spätere Generationen haben dann Gelegenheit, uns die entsprechenden Vorwürfe zu machen. Heute leben wir in diesen Verhältnissen noch untersprachlich. Die ‚sinnliche Begierde', die in den Gegenstand vertieft ist, schreit nach den Institutionen, die ‚schwärmerische Begierde', die nur in sich selbst vertieft ist, möchte sie sogleich zerschlagen. Die Sprache ist entfernt von solchen Abstraktionen. Diejenigen, die in ihnen leben, sehen die Sprache nicht. Deshalb schließe ich hier mit einem Satz aus der ... Schrift Humboldts über das achtzehnte Jahrhundert: ‚Denn die sinnliche Begierde, die in den Gegenstand, und die schwärmerische, die in sich selbst vertieft ist, sind beide gleich dunkel und verworren' ...

Beide Extreme sind heute politisch verderblich. Denn wir sind sehr mächtig geworden. Die Verfechter der alten Institutionen pflegen ihren Gegnern, die auf der Individualität insistieren, Sentimentalität, ja libidinöse Verantwortungslosigkeit vorzuwerfen. Die abstrakten Individualisten sehen nur das Gespenst neu heraufziehender totalitärer Systeme. Das sprachliche Verhältnis von Individuum und Gemeinschaft ist erst noch zu gewinnen. Es allein hält den Widerspruch zwischen Individualität und Gesellschaft aus, weil die Sprache darin längst weitergekommen ist als der Mensch." (Ebd. S. 380 f.) Von hier aus formuliert sich ganz analog zum Begriff der Humanität, der in einem Voraussetzung und Aufgabe sich verwirklichender Menschlichkeit ist, für Liebrucks ein geschichtlicher Auftrag. In seinem Sinne könnte die „Erkenntnis der Sprachlichkeit des Menschen den Übergang von der Weltgeschichte in die des Menschen vorbereiten helfen" (ebd. S. 137).

Wir kehren zum Hauptgegenstand dieses Kapitels (zum überzeichenmäßigen Charakter der Sprache) zurück. Das von Humboldt herausgestellte Problem von Zeichen und Abbild (eine — wie gesagt — in der Sprachphilosophie vielfach abgehandelte Sache) verfolgen wir zunächst in Ausführungen H.-G. Gadamers, die es durch eine Erörterung dessen, was „Bild" heißt, vertiefen und differenzieren. Sie führen außerdem zu dem Begriff der Repräsentation bei Gadamer und damit zu einem Thema, das den großen Leibniz sehr beschäftigt hat. Die Verbindung von Bild- und Repräsentationsbegriff ergibt sich bei Gadamer schon durch die Charakterisierung dessen, was Bild heißt. Es steht nämlich „gleichsam zwischen zwei Extremen in der Mitte. Diese Extreme von Darstellung sind das reine Verweisen — das Wesen des Zeichens — und das reine Vertreten — das Wesen des Symbols. Von beidem ist etwas im Wesen des Bildes da. Sein Darstellen enthält das Moment des Verweisens auf das, was sich in ihm darstellt ... Gleichwohl ist ein Bild kein Zeichen. Denn ein Zeichen ist nichts anderes, als was seine Funktion fordert; und die ist, von sich wegzuverweisen. Um diese Funktion erfüllen zu können, muß es freilich zunächst einmal auf sich ziehen. Es muß auffallen, d. h. sich deutlich abheben und in seinem Verweisungsgehalt darstellen — wie ein Plakat. Dennoch ist ein Zeichen so wenig wie ein Plakat ein Bild. Es darf nicht so auf sich ziehen, daß es bei sich verweilen läßt, denn es soll nur etwas gegenwärtig machen, das nicht gegenwärtig ist, und so, daß das Nichtgegenwärtige allein das Gemeinte ist. Es darf also nicht durch seinen eigenen Bildgehalt zum Verweilen einladen ... Das Bild dagegen erfüllt seine Verweisung auf das Dargestellte allein durch seinen eigenen Gehalt ... Der Unterschied von Bild und Zeichen hat also ein ontologisches Fundament. Das Bild geht nicht in seiner Verweisungsfunktion auf, sondern hat in seinem eigenen Sein teil an dem, was es abbildet." (17a, S. 144 ff.)

Für das Symbol gilt soweit dasselbe wie für das Bild. „Gleichwohl ist ein Bild als solches kein Symbol. Nicht nur, daß Symbole gar nicht bildhaft zu sein brauchen: sie vollziehen ihre Vertretungsfunktion durch ihr reines Dasein und Sichzeigen, aber sie sagen von sich aus nichts über das Symbolisierte aus. Man muß sie kennen, so wie man ein Zeichen kennen muß, wenn man seiner Verweisung folgen soll. Insofern bedeuten sie keinen Seinszuwachs für das Repräsentierte ... Daher kommt es gar nicht auf ihre Bedeutung an, selbst wenn sie eine solche haben. Sie sind Repräsentanten und empfangen ihre repräsentative Seinsfunktion von dem her, was sie repräsentieren sollen. Das Bild dagegen repräsentiert zwar auch, aber durch sich selbst, durch das Mehr an Bedeutung, das es darbringt. Das aber bedeutet, daß in ihm das Repräsentierte − das ‚Urbild‘ − mehr da ist, eigentlicher, so, wie es wahrhaft ist." (Ebd. S. 147; s. a. S. 390 ff.)

Gadamer sieht übrigens auch, daß in der Richtung auf die praktikable Plattheit (S. 15) die Auffassung der Wörter als bloßer Zeichen seit der Antike eine bedeutende Rolle gespielt hat. Schon in Platos ›Kratylos‹ wird nach Gadamer die berechtigte Frage „diskreditiert, ob das Wort nichts anderes als ein ‚reines Zeichen‘ ist, oder doch etwas vom ‚Bild‘ an sich hat ... Sofern dort ad absurdum geführt wird, daß das Wort ein Abbild sei, scheint nur übrigzubleiben, es sei ein Zeichen. Das tritt − wenn auch nicht mit betonter Unterscheidung − aus der negativen Diskussion des ›Kratylos‹ als Resultat heraus und wird durch die Hinausweisung der Erkenntnis in die intelligible Sphäre besiegelt, so daß seitdem in der gesamten Reflexion über die Sprache der Begriff des Bildes (εἰϰών) durch den des Zeichens (σημεῖον bzw. σημαῖνον) ersetzt wird ... Daß das wahre Sein der Dinge ‚ohne die Namen‘ erforscht werden soll, will eben heißen, daß nicht in dem Eigensein der Wörter als solchem ein Zugang zur Wahrheit liegt − auch wenn jedes Suchen, Fragen, Antworten, Lehren und Unterscheiden natürlich nicht ohne sprachliche Mittel vor sich geht. Es soll damit gesagt sein: das Denken enthebt sich so sehr des Eigenseins der Wörter, nimmt sie als bloße Zeichen, durch die das Bezeichnete, der Gedanke, die Sache in den Blick gerückt wird, daß das Wort in ein völlig sekundäres Verhältnis zur Sprache gerät. Es ist bloßes Werkzeug der Mitteilung, als das Heraustragen (ἐϰφέϱειν) und Vortragen (λόγος προφοριϰός) des Gemeinten im Medium der Stimme. Es liegt in der Konsequenz dessen, daß ein ideales Zeichensystem, dessen einziger Sinn die eindeutige Zuordnung aller Zeichen ist, die Macht der Worte (δύναμις τῶν ὀνομάτων), die in den konkret gewachsenen historischen Sprachen gelegene Variationsbreite des Kontingenten, als eine bloße Trübung ihrer Brauchbarkeit erscheinen läßt. Es ist das Ideal einer characteristica universalis, das hier entspringt." (Ebd. S. 391; s. a. S. 395)

Dagegen ist das „Wort nicht nur Zeichen . . . es ist immer schon Bedeutung. Aber das bedeutet auf der anderen Seite nicht, daß das Wort aller Erfahrung des Seienden vorausliegt und zu einer schon gemachten Erfahrung äußerlich hinzutritt, indem es sie sich unterwirft. Die Erfahrung ist nicht zunächst wortlos und wird dann durch die Benennung zum Reflexionsgegenstand gemacht, etwa in der Weise der Subsumtion unter die Allgemeinheit des Wortes. Vielmehr gehört es zur Erfahrung selbst, daß sie die Worte sucht und findet, die sie ausdrücken." (Ebd. S. 394) Es zeigt sich in diesen Gedankengängen bei Gadamer recht schön, wie über die konventionalistische Theorie der Wörter als willkürlicher Zeichen eine bloße instrumentale Auffassung der Sprache erreicht wird, in der sich das Problem der Vermittlung nicht mehr stellt. Erst dann kann es zu einer Gegenüberstellung von wortloser Erfahrung und Zeichenzuordnung (Benennung) kommen.

Jedenfalls hat auch unabhängig von der Reflexion auf die Sprache der „Unterschied von Bild und Zeichen . . . ein ontologisches Fundament. Das Bild geht nicht in seiner Verweisungsfunktion auf, sondern hat in seinem eigenen Sein teil an dem, was es abbildet." (Ebd. S. 145 f. u. 390 ff.) Bei der „Seinswirklichkeit des Bildes" geht es um das „ontologische Verhältnis von Urbild und Abbild", insofern wiederum hat dann das Bild „eine eigene Seinsvalenz . . . eine Eigenständigkeit, die sich auf das Urbild auswirkt. Denn streng genommen ist es so, daß erst durch das Bild das Urbild eigentlich zum Ur-Bilde wird, d. h. erst vom Bild her wird das Dargestellte eigentlich bildhaft." (Ebd. S. 135) Von dieser Voraussetzung her betrachtet nun Gadamer das, was „Repräsentation" heißt. „Das Bild ist nämlich ein Sonderfall der Repräsentation als des öffentlichen Geschehens. Aber das Zweite wirkt dann auch auf das Erste zurück. Wessen Sein so wesenhaft das Sich-Zeigen einschließt, der gehört sich selbst nicht mehr. Er kann es z. B. gar nicht vermeiden, im Bilde dargestellt zu werden — und, weil diese Darstellungen das Bild bestimmen, das man von ihm hat, muß er sich schließlich so zeigen, wie sein Bild es vorschreibt. So paradox es klingt: das Urbild wird erst vom Bilde her zum Bilde — und doch ist das Bild nichts als die Erscheinung des Urbildes ... Der staatsrechtliche Begriff der Repräsentation nimmt hier eine besondere Wendung. Es ist klar, daß die durch ihn bestimmte Bedeutung von Repräsentation im Grunde immer stellvertretende Gegenwart meint. Nur weil der Träger einer öffentlichen Funktion, der Herrscher, der Beamte usw., wo er sich zeigt, nicht als Privatmann auftritt, sondern in seiner Funktion — und diese zur Darstellung bringt —, kann man von ihm sagen, er repräsentiere." (Ebd. S. 135) Auch im Rahmen der Sprache geht es darum, das so beschriebene „ontologische Verhältnis", das weder ein innerzeitliches Realverhältnis noch ein logisches Subsumtionsverhältnis sein kann, in seiner Eigenart zu erfassen. Gadamer interessiert dabei insbesondere das „religiöse Bild": „An ihm wird zweifelsfrei klar, daß Bild nicht Abbild eines abgebildeten Seins ist, sondern mit dem Abgebildeten seinsgemäß kommuniziert ... Wort und Bild sind nicht bloß nachfolgende Illustrationen, sondern lassen das, was sie darstellen, damit erst ganz sein, was es ist." (Ebd. S. 136)

Das Verhältnis von Zeichen und Bezeichnetem kann nun niemals den Sinn dessen ausmachen, was mit Repräsentation gemeint ist; sie hat in einer nominalistischen Abstraktionstheorie gewissermaßen keinen Ort, was freilich auch zur Folge hat, daß in diesem Denken als solchem nicht einmal die es fundierende Relation von Zeichen und Bezeichnetem eine haltbare Erklärung finden kann. Auch in dieser Hinsicht ist die Bedeutungsgeschichte des Begriffes der Repräsentation ebenso lehr- wie beziehungsreich. Gadamer stellt fest, daß „das den Römern vertraute Wort ... im Rahmen des christlichen Gedankens der Inkarnation und des corpus mysticum eine ganz neue Bedeutungswendung erfährt. Repräsentation heißt nun nicht mehr Abbildung oder bildliche Darstellung, bzw. ‚Darstellung' im kaufmännischen Sinne der Erlegung der Kaufsumme, sondern es heißt jetzt Vertretung. Das Wort kann diese Bedeutung offenbar deshalb annehmen, weil das Abgebildete im Abbild selber anwesend wird. Repraesentare heißt Gegenwärtigseinlassen. Das kanonische Recht hat dieses Wort im

Sinne von rechtlicher Vertretung gebraucht ... Das Wichtigste an dem
juristischen Repräsentationsbegriff ist, daß die persona repraesentata
das nur Vor- und Dargestellte ist und daß dennoch der Repräsentant,
der ihre Rechte ausübt, von ihr abhängig ist." (Ebd. S. 134) Gadamer
meint nun, daß dieses Abhängigkeitsverhältnis des „Gegenwärtigsein-
lassens" bei dem Repräsentationsbegriff Leibnizens keine Rolle gespielt
zu haben scheine; vielmehr schließe dieser nur an den mathematischen
Gebrauch des Begriffes an und meine daher „den mathematischen
‚Ausdruck' für etwas, die eindeutige Zuordnung als solche". Wir sind
hier bei der Thematik einer allgemeinen Zeichensprache (characteristica
universalis) angelangt, bezüglich deren sich viele Positionen analytischer Sprachphilosophie auf Leibniz zurückbeziehen. Der reife Leibniz
freilich hat seine Monadenlehre und ihren Repräsentationssinn deutlich
von der „Mathematischen Symbolik" distanziert. In ihr müßte sich
ja sein Repräsentationsbegriff im Zeichenbegriff des neuzeitlichen Nominalismus auflösen. Leibnizens eigentliche Philosophie, die Monadenlehre, ist nur von dem aristotelischen Erbe seines Denkens her zu
verstehen. Hier hängt die sprachphilosophische Fundamentalproblematik eng mit dem philosophischen Universalienproblem zusammen.
(12. Kapitel) An dieser Stelle sei nur noch festgehalten, wie sehr der
Grundbegriff Leibnizens, nämlich derjenige monadischer Repräsentation, „sprachlich" gedacht ist. Von einer nur neuzeitlichen (mathe-
matisch-naturwissenschaftlichen) Interpretation her läßt sich ihr philosophischer Gehalt nicht aneignen. Représenter als „Vorstellen" hat für
Leibniz eine eigentümliche Doppelsinnigkeit, die in unseren Zusammenhängen bedeutsam ist. Für die Monade bestimmt nämlich die
jeweilige Beschaffenheit ihres „Vorstellens" zugleich ihren Ort in der
Schöpfung, d. h. in der Stufenfolge der substanzialen Einheiten, und
zwar vom Bereich des Anorganischen bis zur „Monade der Monaden"
Gott hin. Der alle Monadizität umfassende Begriff des „Vorstellens"
besagt dann, daß die Weise, in der jede bestimmte Art von Monade
das All „spiegelt", zusammenfällt mit ihrem „Wesensbegriff". Die
Monade repräsentiert das, was sie im Sinne dieses Spiegelns vorstellt.
Am speziellen Beispiel der Monade Mensch läßt sich sagen, daß ich als
(aus Freiheit existierendes) menschliches Individuum das repräsentiere,
was ich bewußt „habe". Dieses „Bewußthaben" steht freilich in der
fundamentalphilosophischen Differenz von Theorie und Praxis. Allgemein aber gilt: der jeweilige Horizont der Monade im Sinne des
bestimmten „Vorstellens" vermittelt ihren Ort im Ganzen der Natur

(für die Monade Mensch auch denjenigen im Rahmen der Geschichte), bestimmte Orientiertheit und bestimmtes „Wesen" fallen zuletzt für alles Seiende im Sinne substanzialer Einheit zusammen. Schon im Wort „représenter" liegt einerseits das Vorstellen im Sinne von sich etwas vorstellen, andererseits im Sinne von selbst etwas vorstellen (darstellen, repräsentieren); es handelt sich hier um eines jener „glücklichen Worte" (Hegel), in denen schon die Sprache einen tiefen philosophischen Sinn gewinnen und erkennen läßt. Kurz zusammengefaßt besagt der Systemgedanke Leibnizens, daß die Arten des Seienden im All das darstellen, was sie von ihm spiegeln, und umgekehrt. Die Identität von bestimmtem Vorstellen und bestimmtem Dasein (Existieren) fundiert den Ordnungsgedanken der universalen Harmonie, d. h. denjenigen Gottes selbst, der (im „Wort") in einer Art höchster Analogie für Leibniz gewissermaßen diesen seinen Systemgedanken selbst repräsentiert, in ihm das All schaffend und erhaltend. Ein großartiger Systemgedanke, der sprachphilosophisch noch nicht jene Würdigung erfahren hat, die er eigentlich verdient.

Besonders wäre Leibnizens Systemgedanke im Rahmen einer sprachphilosophisch orientierten Theologie zu verwerten: wurzelt doch sein universaler Repräsentationsgedanke zuletzt in dem christlichen, vom schaffenden Logos her verstandenen Schöpfungsgedanken. Alles Geschaffene repräsentiert im Universum diesen Schöpfungsgedanken jeweils auf seine Art, im Menschen aber kommt er zu Bewußtsein und Sprache. Im Sinne einer solchen Interpretation Leibnizens läßt sich etwa mit V. Warnach (174, S. 106) sagen: „Es ist ... keine leere Metapher, wenn wir Genesis 1 vernehmen: ‚Er sprach und es ward', oder Psalm 33 (32), 6: ‚Durch des Herrn Wort sind die Himmel gemacht', oder wenn schließlich Paulus von Gott bezeugt, daß er ‚das Nichtseiende als Seiendes ruft' (Römer 4, 17); vielmehr ist das Urgeschehen der Schöpfung als eines wirklich sein-setzenden Sprechens Gottes die Grundform, der wahre Archetypos alles Sprechens überhaupt, und unser menschliches Sprechen ist nur ein kläglicher Nachklang, bestenfalls durch die Gnade ein liebender Mitvollzug jenes urtümlichen Sprechens, durch welches das All geworden ist. Daher ist das Sein selbst wort- oder besser spruchhafter Natur; es ist Gesprochensein, eben Setzung von Gott her, ein Satz, den Gott spricht und den wir auszulegen haben. So trägt die im Sprachereignis vorgängig gemeinte Sinnganzheit schon von vornherein Spruchcharakter an sich und verlangt wesensgemäß danach, ausgelegt und ausgesagt zu werden. Auch

Metaphysik und speziell Ontologie ist im Grunde Hermeneutik und
Exegese des Seins . . ."

Eine so verstandene theologische Hermeneutik kann zuletzt ihre
Aufgabe nur erfüllen, wenn sie Leibnizens Systemgedanken im Gesamtraum seines Anspruchs Genüge tut: sie müßte eine Philosophie
(Ontologie) der Natur mit einer Philosophie der Freiheit (Geschichte)
vereinen und außerdem noch „Exegese" des in die Geschichte getre-
tenen Wortes der Offenbarung sein. Jedenfalls aber wird der überzeichenmäßige Charakter der Sprache in der Sprache des Glaubens
von besonderer Bedeutung sein: in ihr läßt sich ja nicht so ohne weiteres ein „Gegebenes" aufweisen, dem das Sprachzeichen zugeordnet
werden könnte. F. Weinhandl (175) spricht speziell auch in dieser
Hinsicht von dem „aufschließenden Symbol". H. Looff (49 a) hat eine
ausführliche Darstellung verschiedener Interpretationen der religiösen
Sprache, aber auch eine Kritik der ontologischen Interpretation ihrer
Sprachsymbole gegeben. (Vgl. 21. 51. 54. 55. 73—75. 77. 137. 138.
141a. 147. 148. 163. 165. 170. 174. 175)

In besonderer Weise ist die theologische Sprachphilosophie von
Alphonse Gratry (1805—1872) dem überzeichenmäßigen Charakter der
Sprache verpflichtet. (19, S. 49 ff.) Im Hinblick auf diesen unterscheidet
Gratry „die zwei Arten, mit der Sprache zu verfahren". Ihr ent-
sprechen zwei Klassen von Denkenden, „von denen die einen die
Sprache und die Vernunft so nehmen, wie sie diese gestalten; die
anderen nehmen die Sprache und die Vernunft so hin, wie sie in sich
selbst ist" (ebd. S. 49). Unter denjenigen, die Sprache und Vernunft
gestalten, versteht Gratry die Vertreter „einer reinen, vernunftgemäßen
Konstruktion, die nicht mehr, nicht weniger, noch etwas anderes in
sich schließen, als das, was man in sie gelegt hat" (ebd. S. 51). Zum
Unterschied von den in derartigen Konstruktionen verwendeten Zeichen sind Worte „Ausdrücke sinnlich wahrnehmbarer oder geistiger
Gegenstände, die mehr als das, was man in sie gelegt hat, in sich
schließen können. Die Worte, ausgenommen jene, die reiner, vernunft-
gemäßer Konstruktion sind, sind nicht nur das Werk des Geistes, der
sie formt, sie sind auch das Gepräge des Gegenstandes, den sie ausdrücken. Die Worte sind zugleich Zeichen unseres Denkens und Abbild
der Dinge. Der Mensch kann durch die Kraft der Abstraktion dahin
gelangen, die Worte vor allem als Zeichen seines Denkens zu nehmen.
Er kann aber auch, indem er sich voll und ganz aufschließt, aus ganzer
Seele die Gegebenheiten der Sprache empfangen und auf diese Art

das eigentümliche und hauptsächliche Element der Sprache in sich aufnehmen." (Ebd. S. 51 f.)

Wir haben es wohl schon erkannt: Gratry bezieht sich mit dieser von ihm als besonders wichtig angesehenen Unterscheidung auf Humboldt und zitiert ihn. Da nämlich „die Sprache zugleich Abbild und Zeichen, nicht ganz Produkt des Eindrucks der Gegenstände und nicht ganz Erzeugnis der Willkür des Redenden ist, so tragen alle besonderen in jedem ihrer Elemente Spuren der ersteren dieser Eigenschaften, aber die jedesmalige Erkennbarkeit dieser Spuren beruht, außer ihrer eigenen Deutlichkeit, auf der Stimmung des Gemüts, das Wort mehr als Abbild oder als Zeichen nehmen zu wollen. Denn das Gemüt kann, vermöge der Kraft der Abstraktion, zu den letzteren gelangen — das heißt, darin, daß es das Wort nur als Zeichen nehmen will —, es kann aber auch, indem es alle Pforten seiner Empfänglichkeit öffnet, die volle Einwirkung des eigentümlichen Stoffes der Sprache aufnehmen." (Ebd. S. 50) Auf der zweiten Art der Einstellung zur Sprache beruht, wiederum nach Humboldt, „das Fortschreiten in allgemeiner geistiger Bildung, und eine Nation, welche nicht den Mittelpunkt der ihrigen in Poesie, Philosophie und Geschichte, die dieser Erkenntnis angehören, sucht und findet, entbehrt bald der wohltätigen Rückwirkung der Sprache, weil sie durch ihre eigene Schuld sie nicht mehr mit dem Stoffe nährt, der ihr allein Jugend und Kraft, Glanz und Schönheit erhalten kann" (ebd. S. 51). Gratry teilt diese Ansicht Humboldts und wendet sich dagegen, daß man „unter dem Vorwand der Strenge und Genauigkeit den Worten ihren unbegrenzten Sinn nimmt" und sie damit zu Zeichen macht, „die nur das in sich schließen, was man in sie gelegt hat . . ." (Ebd. S. 52)

In der Tradition des Aristotelismus (übrigens bis einschließlich Leibniz) besteht ein wesentlicher Unterschied zwischen dem von Natur aus Seienden und dem Seienden, das nur durch den Menschen in der Welt ist. Man könnte die „zwei Arten mit der Sprache zu verfahren" bei Gratry auf diesen Unterschied beziehen, der dann im Rahmen der christlichen Tradition eine eigentümliche theologische Wendung nimmt, die — im übrigen nicht nur bei Gratry — mit sprachphilosophischen Konsequenzen auftritt. Es erscheint dann das von dem manipulierbaren Zeichen unterschiedene „Wort" im Zusammenhang mit dem schöpferischen Wort Gottes, der alles von Natur aus Seiende mit diesem „Wort" ins Licht der Schöpfung gerufen hat und erhält. Gratry bezieht sich genau in diesem Sinn auf Genesis 2, 19, wo Gott alle

Geschöpfe vor Adam führt, damit sie von ihm ihren Namen emp-
fängen. Gratry fragt, ob diese erste Namensgebung „willkürlich" hätte
sein können: „Hat sich das Werden dieses Wortes auf andere Art be-
wirken lassen, als durch eine gewaltige Anstrengung der ganzen Seele
unter dem wirkenden Einflusse des Gegenstandes und unter der tätigen
Einwirkung Gottes, indem Er den Gegenstand in durch den Verstand
faßbarem Lichte sehen läßt? ... Gott reicht also der Seele die Dinge
unter dem Lichte des Wortes dar und der Name, der aus der Seele
hervorgegangen unter der Einwirkung Gottes und des Gegenstandes,
im Lichte Gottes, ist der wahre Name. Die wahren Worte sind jene,
bei denen Gott Vater ist, bei denen die menschliche Seele Mutter und
bei denen der geschaffene Gegenstand die Veranlassung ist. Die Schöpfung der gegliederten Sprache ist eine Art Leibwerdung des Wortes
im menschlichen Wesen." (Ebd. S. 55) Gratry verbindet mit dieser
theologischen Interpretation der Sprache naheliegende moralische
Unterscheidungen. Er meint, es gäbe Menschen, die mit „ihrer ganzen
ungeteilten Seele" denken, während es andere „mit dem Kopf allein"
tun. „Man hat gesagt: ‚Es gibt Menschen, die in ihren Kopf blicken,
wenn sie irgend eine Rede halten, oder irgend ein Urteil bilden, statt in
Gott, in ihre Seele, in ihr Gewissen und in den Grund der Dinge zu
schauen.' " (Ebd. 57) Vertreter des erstgenannten Denktypus sind für
Gratry „nominalistische Geister, die glauben, daß die allgemeinen
Begriffe Worte sind; daß diese Worte nichts in sich schließen, als nur
die abstrakten Begriffe, die das Nachdenken in sie gelegt hat und die
gar nicht ahnen, daß die Worte ihren Grund in Wirklichkeiten haben,
unter deren Einfluß sie empfangen worden sind, deren Bild sie tragen
und deren Boten sie sind" (ebd. S. 57). Wir sehen, daß sich Gratry
hier bewußt in die Tradition des Aristotelismus stellt, worauf schon
hingewiesen wurde; der Zusammenhang von Sprachphilosophie und
Universalienproblem wird uns freilich noch genauer beschäftigen müssen. (12. Kapitel) Den Nominalisten stehen bei Gratry jedenfalls die
„gesund realistischen Geister gegenüber, die sehr wohl fühlen, daß die
Worte in den Ideen und Dingen, die Ideen und Dinge in Gott ihren
Grund haben. Sie fühlen in dem Geheimnisse der Sprache das Zu-
sammenstimmen dieser Ausdrücke: Das Wort, die Idee, das Ding, die
Seele des Menschen, Gott, Schöpfer der Dinge und Substanz der Ideen.
Wenn sie dies alles auch nicht in klaren Begriffen erkennen, sie fühlen
und sie lieben es, das hat mehr Wert." (Ebd. S. 58) Gratry nähert
sich mit diesen Gedankengängen der universalen Harmonie bei Leib-

niz, den er an dieser Stelle, wenn auch mit einem anderen Hinweis, wohl nicht zufällig zitiert. Für jene „Realisten" nämlich „erweckt das Wort nicht nur den Begriff des Gegenstandes, sondern auch die Ahnung all seiner Übereinstimmungen in Gott, in der Seele, in der Natur: So wie ein sehr feinfühlendes Ohr mit einem Ton all dies hört, was in ihm harmonisch, sei es tiefer, sei es höher, mitklingt." (Ebd. S. 59)

Gratry meint, daß „jede Sprache eine Art Fleischwerdung der Vernunft ist". Auch für den Glauben scheiden sich in diesem Sinne für ihn die Geister in solche, „die den Glauben an das Ewige, Unendliche, Göttliche haben, oder die ihn nicht haben. Die einen von ihnen glauben, die Sprache, die uns gegeben ist, sei nur das Kleid unseres engherzigen Denkens und die anderen von ihnen glauben, daß sie auch die Botin der ewigen Gedanken Gottes ist. Die einen töten die Sprache und steinigen sie wie einen falschen Propheten, sobald sie ihnen ihren weiten Sinn, ihren göttlichen Sinn darzubieten sucht; die anderen sagen: Gesegnet sei die, welche kommt im Namen Gottes! Die einen bleiben unfruchtbar und einsam in ihrem öden Geiste; die anderen nehmen das göttliche Wort in der Form der menschlichen Sprache in sich auf." (Ebd. S. 62) Wie Heidegger bringt Gratry in diesen Zusammenhängen die Worte des Denkens an die Worte der Dichtung heran; auch wäre es überhaupt nicht uninteressant, Gratry mit Heidegger zu vergleichen, weil sich auch noch eine Reihe anderer Bezüge feststellen ließe. — Der Vergleich wäre insofern besonders interessant, als Gratry durchaus in der realistischen Tradition des christlichen Aristotelismus steht.

Wir haben unter dem Titel des überzeichenmäßigen Charakters der Sprache über einige von dieser Thematik bestimmte paradigmatische Äußerungen (besonders auch im Zusammenhang mit Humboldt) einen Blick in das weite Gebiet nichtanalytischer Sprachphilosophie getan. Nun aber gilt es zu unserem Ausgangspunkt, der Frage nach der Sprache als Vermittlung, zurückzukehren und in systematischen Gedankengängen unsere Einführung weiterzubringen. Im Zusammenhang mit der Vermittlung haben wir von dem transzendentalen Charakter der Sprache gesprochen. Was ist nun unter Wendungen zu verstehen, in denen das Wort transzendental vorkommt?

4. FUNDAMENTALPHILOSOPHISCHES ZWISCHENSPIEL
(Die transzendentale Differenz)

Transzendentalphilosophie ist in der mittelalterlich-scholastischen Tradition etwas anderes als im neuzeitlichen Denken. Das Wort bezog sich in der genannten Tradition (in erster Linie: ontologisch) auf die allem Seienden zukommenden (fundierenden) Prädikate (ens : unum, verum, bonum, pulchrum), während es in der Neuzeit eine bestimmte Betrachtungsweise (Methode) meint, der es (in erster Linie erkenntnisphilosophisch) um die fundierenden Voraussetzungen der „Vermittlung" geht. Beiden Positionen gemeinsam ist eine fundamentalphilosophische Problematik, die sie bei dem (in sinnlicher Gewißheit) unmittelbar Gegebenen nicht stehenbleiben, sondern dieses (transzendental) auf seine Voraussetzungen hin befragen läßt. In diesem Sinne sind die geschichtlichen Hauptpositionen unserer Überlieferung, nämlich erstens die von Plato ausgehende aristotelisch-scholastische Tradition des antiken und des mittelalterlichen, auch noch Leibniz wesentlich bestimmenden Denkens („Formmetaphysik der Substanz") und zweitens das von Descartes inaugurierte, von Kant methodisch fundierte, in den Systemen des deutschen Idealismus gipfelnde neuzeitliche Denken (Ichmetaphysik des sich von Vermittlung und freier Selbstbestimmung her verstehenden Menschen) in weitester Wortbedeutung als „transzendental" zu bezeichnen. Andererseits hat Kant seinen kritischen Transzendentalismus gerade von der bisherigen (ontologisch orientierten) Überlieferung abgehoben und damit den besonderen (neuzeitlichen) Wortgebrauch eingeführt, dem wir auch in dieser Einführung (als heute maßgeblich) folgen wollen. Dieser engere Wortgebrauch von „transzendental", der freilich von nachkantischen Entwicklungen her mehr oder weniger wichtige Abgrenzungsprobleme von anderen Positionen, z. B. auch — wie wir gleich noch sehen werden — von der analytischen Sprachphilosophie stellt, ist jedenfalls insofern gerechtfertigt, als sich allein in seinem Rahmen die auch für die Sprachphilosophie bedeutsame „transzendentale Differenz" einigermaßen präzisieren und in Sicht bringen läßt. Zu dieser Differenz im folgenden ebenfalls gleich noch Näheres.

Von dem bisher Gesagten läßt sich die transzendentale Methode der Philosophie bei Kant als eine Betrachtungsweise charakterisieren, die sich nach zwei Seiten von anderen Betrachtungsweisen abgrenzt. Von ihnen ist die eine dadurch gekennzeichnet, daß sie das in der Erfahrung Gegebene jeweils in seiner Unmittelbarkeit hinnimmt und im Sinne bestimmter methodischer Abstraktionen zu beschreiben und zu erkennen sucht. Eine solche Position, die über das in der Erfahrung Gegebene nicht hinausgeht, kennzeichnet für Kant eine erfahrungsimmanente Position. Von ihr unterscheidet er die von ihm kritisierte „Metaphysik" als eine das Gegebene in der Erfahrung transzendierende Position, die für Kant dadurch gekennzeichnet ist, daß sie „jenseits" der Erfahrung in der gleichen Weise zu (metaphysischen) Erkenntnissen zu gelangen versucht, wie die immanente Position „innerhalb" der Erfahrung. Die Bezeichnungen „immanent" und „transzendent" kennzeichnen in beiden Fällen einen Gegenstandsbereich, nämlich den erfahrungsimmanenten und den erfahrungstranszendenten. In beiden Fällen nimmt man an, daß die Dinge dies- oder jenseits in ihrer unmittelbaren Gegebenheit in die Erkenntnis eingehen, und übersieht damit in beiden Fällen in unkritischer Weise das Problem der Vermittlung. Die transzendentale Betrachtungsweise dagegen ist nicht unmittelbar auf einen bestimmten dies- oder jenseitigen Gegenstandsbereich gerichtet, sondern fragt zunächst kritisch nach der Möglichkeit der Gegenstandserkenntnis überhaupt, worauf auch immer die Erkenntnisbemühung sich jeweils richten mag. Dabei geht es im wesentlichen um das schon erwähnte „transzendentale Ich", das heißt um das „Subjekt, das die Vermittlung nicht außer sich hat, sondern diese selbst ist". In diesem Sinne definiert Kant: „Ich nenne alle Erkenntnis transzendental, die sich nicht sowohl mit Gegenständen, sondern mit unserer Erkenntnisart von Gegenständen, sofern diese a priori möglich sein soll, überhaupt beschäftigt." Diese Definition postuliert die in der transzendentalen Voraussetzungsproblematik notwendige Überhöhung der Reflexion über die Gegenstände hinaus in der Richtung auf die Frage nach der Möglichkeit der Gegenstandserkenntnis als solcher und kennzeichnet außerdem dieses Vorgehen als apriorisch, das heißt „unabhängig von der Erfahrung". Dazu noch die folgenden Erläuterungen:

1. Unser Denken und Erkennen ist seiner natürlichen Richtung (intentio recta) nach bei den Dingen zu Hause, die wir bedenken und zu erkennen suchen. Die transzendentalphilosophische Rückwendung auf das Denken und Erkennen selbst (intentio obliqua) verlangt die den-

kende Distanzierung dieses unmittelbaren Aufgehens im Gegebenen. Fichte hat seine Hörer gelegentlich verblüfft, indem er sie aufforderte, zuerst „die Wand" zu denken und dann „den Denker der Wand". Es ist fraglich, ob er mit diesem Versuch, die transzendentale Wendung der Philosophie Kants einzuführen, sehr glücklich gewesen ist. Doch ist in der Tat das Vermittlungsproblem nur in dieser transzendentalen Wendung des Denkens zu stellen. Die hier für das natürliche Denken auftretenden Schwierigkeiten lassen sich sehr schön an einem berühmten historischen Beispiel aus der Geschichte der Sprachphilosophie aufzeigen. Als Herder in seiner Weise die Sprache auf ihre vermittelnde Funktion, und zwar in Reflexionen auf ihren „Ursprung" bedachte, fand er bei dem jungen Goethe nicht das geringste Verständnis, so daß er den „lernbegierigen" ,freilich auch als „leicht und spatzenmäßig" bezeichneten jungen Mann für diese Thematik nicht zu interessieren vermochte. Goethes eigene Äußerung ist sehr aufschlußreich: „Ich hatte über solche Gegenstände niemals nachgedacht, ich war noch zu sehr in der Mitte der Dinge befangen, als daß ich hätte an Anfang und Ende denken sollen." (151, S. 122) Tatsächlich ist eben die Reflexion auf die Sprache etwas, das sich nicht so ohne weiteres von selber versteht. Im natürlichen Vollzug des Daseins leben wir in der Sprache wie in den Dingen, die sie „meint", d. h., dieses „Meinen" bleibt „anonym", kommt nicht als solches explizit zum Bewußtsein. Herder findet für diese Tatsache ein ansprechendes Bild: „So wenig die Augen in ihrem natürlichen Zustande das Werkzeug des Sehens, die Lichtstrahlen, deutlich wahrnehmen: ebenso wenig mag vielleicht die Seele das Werkzeug ihrer Gedanken, die Sprache, bis auf den Ursprung untersuchen können." (32, I S. 150)

2. Aus dem eben Ausgeführten ergibt sich auch der Sinn des „a priori" in Kants Definition der Transzendentalphilosophie. Es geht dabei in keiner Weise um eine von der Erfahrung unabhängige Gegenstandserkenntnis eines dies- oder jenseitigen Gegebenen. Die transzendentale Reflexion im Sinne des recht verstandenen Anliegens Kants ist daher a priori („unabhängig von der Erfahrung") nur in der Hinsicht, daß sie unabhängig von der jeweiligen gegenständlichen Bestimmtheit von Erfahrung den Sinn von Erfahrung als solcher (in der Frage nach ihrer Möglichkeit) bedenkt. Sie setzt dabei unmittelbare (gegenständliche) Erfahrung immer schon voraus. Die Apriorität der transzendentalen Betrachtungsweise besagt also lediglich, daß in ihr nicht bestimmte gegenständliche Erfahrungsgebiete zu erkennen sind

(Aufgabe der einzelnen Erfahrungswissenschaften), sondern der Sinn dessen, was Erfahrung heißt, herauszustellen ist, ungeachtet der jeweiligen gegenständlichen Bestimmtheit aller wirklichen Erfahrung. Mit dem Apriori wird also in transzendentaler Reflexion nicht mehr erstrebt als die Konstitution dieser transzendentalen Sinnebene selbst, d. h. die Abgrenzung der Fragestellung der Philosophie von der den Sinn ihres Vorgehens nicht selbst reflektierenden, unmittelbar gegenständlichen Einzelforschung. Es ist daher für das Verständnis Kants äußerst wichtig einzusehen, daß wir einerseits in der transzendentalen Reflexion immer schon bestimmten unmittelbaren Erfahrungsvollzug voraussetzen und also in ihr nur den Sinn von Erfahrung und Gegenständlichkeit überhaupt, nicht aber die bestimmte Gegenständlichkeit konstituieren (daß wir also — in der herkömmlichen Redeweise — nicht die Dinge schaffen), daß wir aber andererseits das Sinnganze unmittelbaren Erfahrungsvollzuges und nicht Gegenstände an sich außerhalb dieses Sinnganzen voraussetzen. Denn in diesem letzteren Falle würde die transzendentale Sinnkonstitution von Erfahrung als der pseudoempirische Vorgang einer „transzendentalen Affektion" eines transzendentalen Ich durch einen transzendentalen Gegenstand in Analogie zu sinnesphysiologischer Affektion gefaßt werden müssen. Zur Widerlegung dieser fundamentalphilosophisch unhaltbaren Position gleich noch Näheres.

Ich nenne den Unterschied zwischen dem, was unmittelbar gegeben ist, und jenem Ich, das die Vermittlung selber ist, die „transzendentale Differenz". Ausführlich habe ich mich mit ihr in dem schon erwähnten ersten Band meines Werkes ›Die beiden Labyrinthe der Philosophie‹ (30) beschäftigt. Ich gebe daher an dieser Stelle nur einige im allgemeinen wohlbekannte und zur Einführung in die Problematik geeignete historische Hinweise. Die transzendentale Differenz besagt, daß ganz generell Vermittlung nicht in der Weise gedacht werden kann wie das Gegebene, das in ihr jeweils vermittelt wird. Auf die Erfahrungserkenntnis angewendet, ergibt sich von hier aus die Einsicht Kants, daß Erfahrung nicht selbst als ein Vorgang in der Erfahrung angesetzt werden kann. Faßt man nämlich Erfahrung auf diese unhaltbare Weise, so muß man Erfahrungserkenntnis eben in der Tat als einen Affektionsvorgang in der Analogie zur Wahrnehmungsphysiologie erklären, so zwar, daß ein Ding außer unserem Leib auf Sinnesorgane dieses Leibes Reize ausübt, die dann über bestimmte Nervenbahnen weitergeleitet werden und schließlich zum „Bewußtsein"

gelangen. Nun sind sich auch äußerst entgegengesetzte, jedoch auf ihre
Art konsequente Denker darüber einig, daß in diesem ganzen, im
Sinne des Affektionsschemas beschriebenen Vorgang das Ich als Vermittlung nicht anzutreffen ist. Schon Aristoteles hat in diesem Sinne
die transzendentale Differenz gekannt, wenn er meint, daß die „Seele"
nicht selbst so beschaffen sein kann wie das, was sie wahrnimmt, z. B.
ein Warmes oder Kaltes; diese Feststellung führt bei ihm und z. B.
auch bei Leibniz zu besonderen Reflexionen auf das Ich (den „Geist")
als Vermittlung, bei dem Empiristen Hume dagegen zur Leugnung
dieses Ich. Hume illustriert dabei — zum Teil wohl ohne es zu wissen —
seinen Gedankengang mit den gleichen Beispielen wie Aristoteles.

Leibniz widerlegt das Affektionsmodell im § 17 seiner ›Monadologie‹. Dort schreibt er: „Man muß ... notwendig zugestehen, daß
die Perzeption [das Bewußtsein] und was von ihr abhängt, aus mechanischen Gründen, d. h. aus Gestalt und Bewegung nicht erklärbar ist.
Denkt man sich etwa eine Maschine, deren Einrichtung so beschaffen
wäre, daß sie zu denken, zu empfinden und zu perzipieren vermöchte,
so kann man sie sich unter Beibehaltung derselben Verhältnisse ver-
größert denken, so daß man in sie wie in eine Mühle hineintreten
könnte. Untersucht man alsdann ihr Inneres, so wird man in ihm
nichts als Stücke finden, die einander stoßen, niemals aber Etwas,
woraus man eine Perzeption erklären könnte. Den Grund hierfür muß
man also in der einfachen Substanz [dem „Ich"], nicht im Zusammengesetzten oder in der Maschine suchen. Auch läßt sich in der einfachen
Substanz nichts weiter als eben dies: Perzeptionen und ihre Veränderungen, finden, und alle ihre inneren Tätigkeiten können nur hierin
bestehen." Der Sinn dieser Widerlegung geht keineswegs in die Richtung, daß Leibniz einen vom Leib abgetrennten Intellekt (Geist, Ich,
Vermittlung) annimmt; er leugnet derartige „Gespenster" (Hegel) ausdrücklich. Er bringt damit allerdings schon vor Kant die eigentliche
Problematik der Vermittlung zum Bewußtsein, die weder innerhalb
des Affektionsmodells (immanent), noch durch eine metaphysische
Hypothese (transzendent) zu bewältigen ist. Es geht vielmehr darum
einzusehen, daß in der bestimmten methodischen Abstraktion einer
Einzelwissenschaft (hier der Wahrnehmungsphysiologie) das Problem
der Erfahrung überhaupt nicht sinnvoll formuliert werden kann. Zu
dem gleichen Resultat kommt aber auch in der Tat der kritische Skeptiker Hume.

Seine Position resultiert aus der Grundhaltung der empiristischen

Tradition und zieht die notwendige Konsequenz aus ihren Voraussetzungen. Diese sind zuletzt dadurch umschrieben, daß in ihnen Vermittlung selbst als ein Vorgang in der Erfahrung gefaßt wird, bei dem es gelte, das „Medium" (Subjekt) so zu fassen, daß es für den aneignenden Erfahrungsvorgang nicht gefährlich werden kann. Vermittlung hat dabei überhaupt keine positive Bedeutung, sondern erscheint als ein verfälschender Vorgang („Vorurteil", „Idol"), den man am liebsten dadurch ausschalten möchte, daß man das erkennende Subjekt in der Analogie zu einem nichts hinzufügenden und nichts wegnehmenden Spiegel denkt. Freilich ist in einer Auffassung, in der Vermittlung als abbildender Spiegel erscheint, das eigentlich hier vorliegende Problem nicht einmal formulierbar, geschweige denn aufzulösen. Die Bodenlosigkeit dieses Ansatzes nun zeigt sich sehr schön bei Hume, der damit der Scheinproblematik einer geradezu perennen und doch unhaltbaren erkenntnisphilosophischen Position ihr (skeptisches) Ende bereitet.

Sobald sich nämlich der Mensch als Vermittlung weiß, verliert er sofort den „festen gegenständlichen Boden" (Hegel, Phänomenologie, Vorrede, Werke Glockner, II S. 58) des natürlichen Weltbildes, in dem die Vermittlung selbst nicht Gegenstand werden kann und doch als solcher gesucht wird. Man will auf diese Weise der transzendentalen Differenz gerecht werden und verliert sie doch zugleich. Der erste wirkungsgeschichtlich bedeutsame Ausdruck dieser Situation ist der Homo-mensura-Satz des Protagoras: der als Vermittlung gemeinte und doch nur empirisch verstandene Mensch soll zum Maß aller Dinge werden, daß sie sind und wie sie sind. Die Reflexion auf diesen Satz aber zeigt, daß der empirische Mensch dieses Maß nur in der unmittelbaren sinnlichen Gewißheit erfüllen kann. Schon Plato (Theaitetos 159e—160a) weiß, daß der auf diese Art als Vermittlung verstandene Mensch als ein (gattungsmäßig und individuelles) Allgemeines und mit ihm seine Welt zugrunde geht. Denn zuletzt läßt sich der Mensch nur als ein Raum-Zeit-Differential unmittelbarer sinnlicher Gewißheit hier und jetzt aufrechterhalten, soll der Homo-mensura-Satz bestehen können. Dieses Raum-Zeit-Differential Mensch kann nicht einmal mit demselben Individuum zu einem anderen Zeitpunkt identisch gesetzt werden. Dieses Resultat der Reflexion auf den Homo-mensura-Satz deckt sich nun durchaus mit demjenigen Humes, wenn auch dieser von anderen Voraussetzungen ausgeht und in einer anderen Terminologie spricht.

Wenn ich nämlich den Menschen als Subjekt der Vermittlung empirisch gegenständlich fixiere, verliere ich nicht nur jede Möglichkeit, Vermittlung zu begreifen, sondern auch den Menschen als Menschen selbst. Der Mensch — ob er es zugibt oder leugnet — ist nur Mensch, weil er „Ich" sagen kann und weil er sich insofern als die Identität im Wechsel der Gewißheiten, Wahrnehmungen und Vorstellungen weiß: nur in transzendentaler Differenz existiert auch der faktische Mensch.

Bei Hume führt deshalb der zweite fundamentalphilosophisch bedeutsame Versuch, die Vermittlung vom empirisch gegebenen Menschen her zu fassen, in ein ähnliches Dilemma wie schon bei Protagoras. Im Sinne des sensualistischen Reduktionismus seiner Vorgänger möchte Hume die „innere" (seelische oder geistige) Substanz wie irgendein anderes gegebenes Ding vorfinden, d. h. aber durch „Impressionen" fundiert sehen. Indem er aber das Ich selber als Impression finden möchte, hebt er den Sinn von Impression auf. Denn mit dem Fallen des Ich sind die Impressionen ohne jede Bezugsmöglichkeit und keine Impressionen mehr, sondern einfache, letzte (qualitative) Seinselemente, die von selber alles, was sie nicht unmittelbar sind, durch „Zusammensetzung" (Assoziation) aufbauen sollen.

„Ich ersuche die Philosophen, die behaupten, daß wir eine Vorstellung von der Substanz unseres Geistes haben, den Eindruck, auf dem diese Vorstellung beruht, aufzuzeigen" (D. Hume, Traktat über die menschliche Natur, hg. v. Th. Lipps, Hamburg u. Leipzig 1895, I S. 314), so fragt Hume konsequent und barbarisch nach dem Seelending, ohne im geringsten zu merken, daß schon in dieser Fragestellung das undurchschaute Vorurteil steckt: alles, was ist, ist „Eindruck". In dem Abschnitt seines Hauptwerkes, der „von der persönlichen Identität" handelt (ebd. S. 325 ff.), greift er die Behauptung derjenigen Philosophen an, die von dem Ich als der am meisten unmittelbaren und gewissen Tatsache ausgingen (Descartes). Diese Annahme nun widerlegt Hume von seinen Voraussetzungen her sehr leicht und hat bei seiner Betrachtung auch insoferne recht, als „Ich" in dem gesuchten Sinn tatsächlich nicht als bestimmte Impression, wie andere Impressionen auch, anzutreffen ist. Statt aber daraus einzusehen, daß es mit seinem Reduktionismus nicht so ganz stimmen möchte, leugnet er von diesem aus das, was er im Leugnen ununterbrochen voraussetzt, nämlich das Ich als Identität seiner selbst und des gegenständlichen Bewußtseins im Wechsel der Perzeptionen und Aussagen. Hume gebraucht ununterbrochen das Personalpronomen in der ersten Person und leugnet in dieser Rede zugleich seinen Sinn: „Wir haben gar keine Vorstellung eines Ich ... jede wirkliche Vorstellung muß durch einen Eindruck veranlaßt sein. Unser Ich ... aber ist kein Eindruck, es soll ja vielmehr das sein, worauf unsere verschiedenen Eindrücke und Vorstellungen sich beziehen, ... ich meinesteils kann, wenn ich mir das, was ich als ‚mich' bezeichne, so unmittelbar als möglich vergegenwärtige, nicht umhin jedesmal über die eine oder die andere bestimmte Perzeption zu stolpern, die Perzeption der Wärme oder Kälte ... Wenn jemand nach ernstlichem und vorurteilslosem Nachdenken eine andere Vorstellung von sich selbst zu haben meint, so bekenne ich, daß ich mit ihm nicht länger zu streiten weiß." Von solchen Leuten abgesehen aber wagt er „von allen übrigen Menschen zu behaupten, daß sie nichts anderes sind als ein Bündel oder Zusammen (bundle or collection) verschiedener Perzeptionen". Daher ist der Geist „eine Art Theater, auf dem verschiedene Perzeptionen nacheinander auftreten ... Der Vergleich mit dem Theater darf uns freilich nicht irreführen. Die einander folgenden Perzeptionen sind allein das, was den Geist ausmacht, während wir ganz und gar nichts von dem Schauplatz wissen, auf dem sich jene Szenen abspielten, oder von einem Material, aus dem dieser Schauplatz gezimmert wäre." Der Gebrauch des Wortes Impression und zugleich die Aufhebung des Sinns von Impression, das vorausgesetzte Affektionsmodell als Fundament dieses Reduktionismus und zugleich seine Negierung kommen in diesem Theatergleichnis sehr schön zum Ausdruck: das Theater, auf dem die Impressionen auftreten, bejaht die genannten Voraussetzungen, seine Distanzierung (es gibt aber so ein Theater gar nicht, die Impressionen allein sind es selber) verneint sie.

Unsere grundsätzliche Kritik wird durch die Art der „Erklärung" der Illusion dieses Ich bei bestimmten Philosophen noch weiterhin bestätigt. Der „leichte Übergang von Vorstellung zu Vorstellung" lasse es, „da wir es nun einmal in unserem Denken nicht so genau zu nehmen pflegen", plausibel erscheinen, „daß die Vorstellung der persönlichen Identität einzig und allein aus dem ungehemmten und ununterbrochenen Fortgang des Vorstellens beim Vollzug einer Folge miteinander verknüpfter Vorstellungen entspringen kann". Man muß es mit unserem Denken wirklich nicht so genau zu nehmen pflegen, wenn man sich mit einer solchen Erklärung zufriedengibt. Hume ist hier tatsächlich gestolpert, und nicht nur über Perzeptionen wie warm und kalt. Man kann ihn hier höchstens noch humoristisch fragen, ob sich jemals jemand, Hume selbst eingeschlossen, unter diesem sozusagen gut geschmierten Ablauf von Vorstellungen in Zusammenhang mit der Identität des Ich hat etwas denken können? „In der bloßen Veränderung ist . . . das Erhalten seiner in der Veränderung noch nicht enthalten" (Hegel, Werke, Glockner, XVIII S. 320).

Daß Hume im gleichen Zusammenhang von der „Erinnerung" als dem „Vermögen, durch das wir Bilder von früheren Perzeptionen gewinnen", spricht, sei hier ausdrücklich angemerkt. Er muß damit unter einem anderen Namen das einführen, was er hinauskomplimentieren möchte. Es ist eben schlechthin unmöglich, aus dem assoziativen Ablauf von Perzeptionen irgendeine übergreifende Einheit derselben gewinnen zu wollen. Wir sind in grundsätzlicher Hinsicht bei Platos Kritik an dem Bunde von Heraklitismus und Homomensura-Satz im ›Theaitetos‹ angelangt. Auch Kant fragt in diesem Sinne sehr schön, wie „diese Assoziation selbst möglich" sein soll, wenn ich das nicht perzipierbare Ich „in ein so vielfarbiges verschiedenes Selbst" auflöse, „als ich Vorstellungen habe" (›Kritik der reinen Vernunft‹ A 113 u. B. 134). Wie sollte eben eine spätere Perzeption dazu kommen, früher abgelaufene irgendwie präsent zu haben, wenn man dem Reduktionsmodell Humes wirklich treu bleibt und nicht bloß Worte macht? Wie sollen Perzeptionen überhaupt feststellen, daß andere ihresgleichen nebeneinander und nacheinander da sind? Tatsächlich landet eben Hume, wie schon die genannten Gegner Platos, bei der unmittelbaren sinnlichen Gewißheit hier und jetzt, bei dem unmittelbar Gegebenen als einem Wirklichkeitsdifferential ohne jede Möglichkeit seiner Integration. Hume war sich selbst gegenüber frei genug, die Unhaltbarkeit seiner Lösung einzusehen (Traktat über die menschliche Natur, I 360 f.): „Wenn ich mir . . . den Inhalt des Abschnitts über die Identität der Persönlichkeit genauer überlege, so verirre ich mich in ein Labyrinth von Gedanken; ich muß eingestehen, daß ich weder weiß, wie ich die dort ausgesprochenen Ansichten berichtigen, noch wie ich sie als in sich haltbar erweisen soll." So nimmt er, nachdem er sich mit seinen Argumenten noch einmal im Kreise gedreht hat, sein „Privileg als Skeptiker" in Anspruch und gesteht zu, daß die Lösung dieser Schwierigkeiten für seinen „Verstand eine zu harte Aufgabe ist".

Die herausgestellten Schwierigkeiten kehren in der gegenwärtigen Grundlagendiskussion in der Gestalt einer Frage nach dem „Erste-

Person-Aspekt" im Unterschied zum „Dritte-Person-Aspekt" und seiner Bedeutung im Rahmen analytischen Sprachdenkens wieder. In seinem mit einem Vorwort von Bertrand Russell ausgestatteten Buch nimmt Ernest Gellner (100) diese Problematik auf. Er wirft der linguistischen Analyse vor, daß sie nur den Dritte-Person-Aspekt kenne (ebd. S. 84), womit notwendig die Welt zu einem Inbegriff fraglos vorausgesetzter unmittelbarer Gegebenheiten wird, von dem her man das Problem der Vermittlung nicht einmal stellen kann. Gellner konstatiert weiterhin in diesem Zusammenhang bei der linguistischen Analyse eine petitio principii (ebenda). Die kritisierte Position impliziert für ihn notwendig einen mit der Philosophie des Erkennens unvereinbaren Naturalismus, demzufolge man tatsächlich das Sprechen als einen Vorgang wie Gehen, Essen und Trinken betrachten kann. Gellner zeigt, daß in Erkenntnistheorie und Wissenschaftstheorie notwendig der Erste-Person-Aspekt dem Dritte-Person-Aspekt vorausgehen muß. (Ebd. S. 108) Seine Kritik trifft daher grundsätzlich nicht nur das Verfehlen der Vermittlungsproblematik im Naturalismus, sondern in jeder Position, die nur im Dritte-Person-Aspekt zu denken und zu sprechen vermag, also durchaus auch in psychologischen, soziologischen und geistesgeschichtlichen Ansätzen, sofern diese das letzte Wort in der Sache beanspruchen.

In Wittgensteins ›Tractatus‹ (S. 62) aber kommt die Problematik in sprachphilosophisch relevanter Weise direkt zum Ausdruck. Dort heißt es: „Daß die Welt meine Welt ist, das zeigt sich darin, daß die Grenzen der Sprache (der Sprache, die allein ich verstehe) die Grenzen meiner Welt bedeuten." Bei Wittgenstein selbst finden sich in diesen Zusammenhängen zwei verschiedene Positionen, nämlich diejenige eines solipsistisch mißverstandenen Transzendentalismus im Anschluß an Schopenhauer und diejenige der besonderen Art Apriorismus seiner Sprachlogik. Kurz formuliert: „meine Sprache" ist in anderer Weise eine Grenze der Welt als die „logische Sprache", über die hinaus ich nichts sagen kann. Was hätte Wittgenstein wohl geantwortet, wenn man ihn nach dem Verhältnis von „meiner Sprache" und „logischer Sprache" im Zusammenhang mit dem, was bei ihm Welt heißt, gefragt hätte? Es ist daher für die Interpretation Wittgensteins keineswegs belanglos, ob in seinem Zitat die Sprache, „die allein ich verstehe" zu deuten ist als „die einzige Sprache, die allein ich *verstehe*" (sprachlogischer Aspekt), oder als „die einzige Sprache, die allein *ich* verstehe" (transzendentalphilosophischer Aspekt).

Es ist übrigens auch der Sinn aller philosophischen (d. h. nicht forma-
listisch abgespannten) Wahrheitstheorie, daß sie nicht erst dort einsetzt,
wo ein unproblematisch vorausgesetztes „Gegebenes" einem ebenso
unproblematisch gegebenen „Subjekt" gegenübersteht, wobei letzteres
aus dem ersteren „wahre" Erkenntnis empfangen oder herauszaubern
soll, sondern schon bei der Frage, was denn überhaupt „Gegebensein
für ein Subjekt" besagen kann. Daher wird allem nominalistischen
Empirismus der in ihm grundsätzlich nicht zu klärende Subjekt-
begriff (des Subjekts, das die Vermittlung ist) zum (fundamentalphilosophischen) Schicksal, gleichgültig, ob er ihn unbegriffen mit-
schleppt, ob er ihn in Einzelwissenschaften abschiebt, ob er ihn
„eliminiert".

In der unkritischen (unbedachten) Berufung auf die „Erfahrung"
bleibt eben diese ganze Problematik unberücksichtigt; die Berufung
wird — wie gesagt — zu einer bloß verbalen Floskel: „Als ich über
die Erkenntnistheorie nachzudenken begann, fand ich, daß keiner der
die ‚Erfahrung' betonenden Philosophen uns sagt, was sie mit diesem
Worte meinen." (B. Russell, zitiert bei Klemmt, 44, S. 29 f.) Gleichgültig, ob wir die Frage nach der Möglichkeit der Erfahrung stellen
oder wirklich, d. h. jeweils unabhängig von dieser Frage „unmittelbar"
Erfahrung vollziehen (unmittelbar im jeweiligen „Erfahrungssinn"
stehen und aus ihm heraus handeln), immer ereignet sich dann schon
„mehr" als ein bloß „objektiver" Vorgang, und es ist unmöglich, das
Ganze dieses in Frage stehenden Ereignisses auf Gegenstände in der
Erfahrung und ihre Beziehungen zu reduzieren. Wir wissen freilich
von diesem „Mehr" nichts, „solange" (d. h. in der hier vorliegenden
eigentümlichen Temporalität) wir tatsächlich unmittelbar im Erfahrungssinn stehen und handeln. Das unmittelbare Erfahren und die
Einsicht in den Vermittlungscharakter auch dieses unmittelbaren Erfahrens und damit in die Vermitteltheit seiner „Gegenstände" stehen
zueinander in einem eigentümlichen Verhältnis der „Komplementarität": im unmittelbaren Erfahren weiß ich nicht, daß ich erfahre,
sondern gehe verstehend und handelnd in den Zusammenhängen des
„Gegebenen" (in den „Dingen" der „Welt") auf; bedenke ich dagegen
das unmittelbare Erfahren als solches, dann habe ich mich von den
„Dingen" in eigentümlicher Weise abgesetzt, nicht ihre Erkenntnis
als solche, sondern die Möglichkeit, daß sie „Erfahrung sind" (die
Weise ihrer Vermitteltheit im Sinne der Erfahrung) steht dann in
Frage. In jeder erkenntnisphilosophisch relevanten Berufung auf die

„Erfahrung" nun wird man auf diese eigentümliche Komplementarität im Begriff der „Erfahrung" — unmittelbarer Erfahrungsvollzug (intentio recta): Sinn dieses Vollzuges als „Erfahrung" (intentio obliqua) — Rücksicht nehmen müssen, soll die „Berufung auf die Erfahrung" nicht zu jener — sprachkritisch undurchschauten — Floskel werden. Die Bedeutung dieser „Berufung" kann also nur in „transzendentaler Differenz" geklärt werden oder überhaupt nicht. Die Komplementarität der Erfahrung ist ein Beispiel für die Komplementarität alles „Logosartigen" und damit aller Vollzüge, in denen wir etwas „meinen" (intendieren); sie sind in intentione recta nur „anonym" mit dabei und nur in intentione obliqua zum Bewußtsein zu bringen. Oblique Intention bringt also jeweils die in unserem Falle Erfahrung ermöglichende „Transzendentalität" des in Frage stehenden Vollzuges in Sicht, d. h. seine bestimmte Bedeutung im Zusammenhang des fundamentalphilosophischen Problems der „Voraussetzung"; so besteht die Transzendentalität der Erfahrung in ihrer fundierenden Funktion für erfahrungsmäßige Gegenständlichkeit überhaupt, d. h. in der zu entwickelnden Einsicht, daß Erfahrung als Voraussetzung der Gegenstände in ihr selbst „mehr" sein muß als ein Gegenstand in ihr.

Einige moderne Autoren betrachten auch die wissenschaftstheoretischen Forschungen als ein transzendentales Vorgehen. In der Tat ist zuletzt in allen Untersuchungen, in denen Sätze als Basis der Analyse angenommen werden, insofern ein transzendentales Vorgehen festzustellen, als sich in ihnen immer schon eine Überhöhung des unmittelbaren Wahrnehmens (Erlebens, Erfahrens, Meinens) vollzogen hat. Jedenfalls schließt W. Stegmüller im ersten Bande seiner Darstellung der ›Probleme und Resultate der Wissenschaftstheorie und Analytischen Philosophie‹ (167, S. XXIII) in folgender Weise an Kants Transzendentalphilosophie an. Er schreibt: „Kant hat die Terminologie eingeführt, Forschungen als *transzendental* zu bezeichnen, die sich nicht auf Gegenstände, sondern auf die *wissenschaftliche Erkenntnis* von Gegenständen beziehen. Untersuchungen von dieser Art nennt man heute *metatheoretische* Analysen." Stegmüller spricht in diesem Sinn von Metamathematik und speziell von empirischer Wissenschaftstheorie als einer Metatheorie der Erfahrungserkenntnis und kennt auch eine Metatheorie der Alltags- und der Wissenschaftssprache. Er schließt diese Hinweise mit folgendem Satz ab: „Übernimmt man die kantische Sprechweise, so wird man den größten Teil wissenschaftstheoretischer Untersuchungen zur *Transzendentalphilosophie* rechnen müssen." (Ebenda) Ob es sich freilich bei allen Arten von Metasprache um transzendentale Positionen handelt, wird uns noch beschäftigen. Die Frage ist hier, ob es überhaupt möglich ist, Analyse so zu verstehen, daß sie die transzendentale Problemstellung erreicht. In Stegmüllers indirekter Kantzitierung fällt auf, daß die Wendung „a priori" ausgelassen ist. Es wird sich zeigen (9.–11. Kapitel), daß diese Auslassung kein Zufall ist.

In gewisser Weise nähert sich auch die Sprachwissenschaft transzendentalen Positionen, so z. B. wenn J. L. Weisgerber und seine Schule im Anschluß an Humboldt vom „Worten der Welt" als einem Umschaffen der Welt in das Eigentum des Geistes auf der Grundlage des sprachlichen Weltbildes der Muttersprache reden. (66. 76. 83. 101–103. 108. 176–180)

Näher zu untersuchen wäre auch, wieweit „metalinguistische" Positionen, etwa in der Art B. L. Whorfs, transzendentale Aspekte aufweisen bzw. einer transzendentalen Fundierung bedürfen. H. Wein (76, S. 51) formuliert das metalinguistische Anliegen durch die „Frage: Auf welche Weise hilft eine Sprache durch ihr strukturelles semantisches System die Erfahrungswelt der diese Sprache Sprechenden organisieren?" Bezüge zu transzendentalen Erwägungen liegen hier auf der Hand, auch dann, wenn die Metalinguistik diese Bezüge in einer philosophischen Sprache aufgreift, die als überholt angesehen werden muß.

Doch sind solche Bemühungen philosophisch immer noch ernster zu nehmen als angeblich sprachphilosophisch fundierte Argumente zur Eliminierung dessen, was sonst Philosophie heißt. Aus diesem Grunde stellt H. Wein selbst in bezug auf die „metalinguistische Überwindung des Neopositivismus" in der Weise des späten Wittgenstein, den man in der Gegenwart häufig als Transzendentalphilosophen interpretiert, die kritische Frage, „ob hier Philosophie — und Sprachphilosophie — in statu evanescendi oder in statu nascendi vorliegt" (ebd. S. 75).

5. WILHELM VON HUMBOLDT
Die Dreistrahligkeit der semantischen Relation (B. Liebrucks)

Die voranstehenden historischen Rückbezüge sollten uns das Verständnis der sprachphilosophischen Positionen Wilhelm von Humboldts erleichtern, die wir an dieser Stelle mit einigen ihrer charakteristischen Züge vorführen wollen. Humboldt hat die Sprache im wesentlichen von der Vermittlung her verstanden. Damit war für ihn die Möglichkeit, Sprache als ein bloß Gegebenes zu analysieren, ein nur vorläufiger Aspekt, der ihm ohne philosophische Fundierung eigentümlich willkürlich und ungedeckt erscheinen mußte. Ganz im Sinne der Einwände gegen den Ausgang vom Dritte-Person-Aspekt in der Erkenntnisphilosophie wendet sich Humboldt auf seine Weise gegen ein derartiges Vorgehen in der Sprachphilosophie. Dieses Vorgehen hätte ja — wiederum durchaus analog zu der Sachlage in der Erkenntnisphilosophie — einen Naturalismus in der Sprachauffassung zur Folge. Damit aber wäre Sprache als Vermittlung notwendig verkannt. Humboldt spricht von diesem für ihn wesentlichen Aspekt der Sprache als „dem Wunder der Sprache". Er meint damit, daß sie in diesem Aspekt ebenso über alle empirischen wie über alle logisch-analytischen Positionen hinaus ein Problem stellt, das zunächst einmal vor der Verkennung durch jene (stets nur vorläufigen) Positionen zu bewahren und gegen sie herauszustellen ist.

Diese Aufgabe formuliert sich für Humboldt in einer deutlichen Analogie zur Transzendentalphilosophie. Er schreibt ganz allgemein: „Wie man es immer anfangen möge, so kann das Gebiet der Erscheinungen nur von einem Punkte außer demselben begriffen werden, und das besonnene Heraustreten ist ebenso gefahrlos, als der Irrtum gewiß bei blindem Verschließen in demselben." (37, S. 137) Schon Humboldts Herausgeber, H. Steinthal (168, S. 7), sieht von hier aus den Zusammenhang, der zwischen Humboldts Ablehnung der Einstellung, „Sprache als ein Ding, als ein vorliegendes Mittel zur Bezeichnung der Vorstellungen" anzusehen, und der kantischen Transzendentalphilosophie besteht. Denn das von ihm kritisierte blinde Verschließen kann nur in einer transzendentalen Reflexion auf die

Sprache überwunden werden. Erst damit ist der Naturalismus in der Sprachphilosophie auszuschalten. In der transzendentalen Position wird nämlich „der bedeutende Vortheil gewonnen, das Begreifen der Begebenheiten nicht für abgeschlossen zu erachten durch jene aus dem Kreise der Natur genommenen Erklärungen". Denn „Was wie ein Wunder [d. h. was weder empirisch-genetisch, noch in logischer Ableitung „erklärbar"] entsteht, sich wohl mit mechanischen, physiologischen Erklärungen begleiten, aber aus keiner solchen wirklich ableiten läßt, das bleibt innerhalb jenes Kreises auch nicht bloß unerklärt, sondern unerkannt".

Humboldt und — wie wir gesehen haben — auch E. Gellner kritisieren in erster Linie den Naturalismus in der Auffassung von Sprache und Vermittlung. Es ist jedoch — um es nochmals zu sagen — klar, daß diese Kritik jeden Versuch trifft, der Sprache und Vermittlung als ein empirisch Gegebenes auffaßt, also z. B. durchaus auch psychologisierende, soziologisierende und historisierende Einstellungen, für die genauso wie für den Naturalismus Sprache als Vermittlung grundsätzlich nicht Problem werden kann.

Das auf diese Weise zunächst negativ in Sicht gebrachte „Wunder der Sprache" bestimmt Humboldt positiv von der Vermittlung, von ihrem Charakter als Vermittlerin zwischen Ich (Geist) und Welt einerseits, Ich und Du anderseits. Er schreibt: „Die Sprache ist überall Vermittlerin, erst zwischen der unendlichen und endlichen Natur, dann zwischen einem und dem andern Individuum: zugleich und durch denselben Act macht sie die Vereinigung möglich, und entsteht aus derselben; nie liegt ihr ganzes Wesen in einem Einzelnen, sondern muß immer zugleich und aus dem andern errathen, oder erahndet werden; sie läßt sich aber auch nicht aus beiden erklären, sondern ist (wie überall dasjenige, bei dem wahre Vermittlung stattfindet) etwas Eignes, Unbegreifliches, aber nur durch die Idee der Vereinigung des, für uns und unsre Vorstellungsart, durchaus Geschiedenen Gegebenes, und nur innerhalb dieser Idee Befangenes ... Man muß sich nur durchaus von der Idee losmachen, daß sie sich so von demjenigen, was sie bezeichnet, absondern lasse, wie z. B. der Name eines Menschen von seiner Person, und daß sie, gleich einem verabredeten Chiffre, ein Erzeugniß der Reflexion und der Übereinkunft, oder überhaupt das Werk der Menschen (wie man den Begriff in der Erfahrung nimmt) oder gar des Einzelnen sei. Als ein wahres, unerklärliches Wunder bricht sie aus dem Munde einer Nation, und als ein nicht minder staunenswerthes, wenngleich täglich unter uns wiederholtes, und mit Gleichgültigkeit übersehenes, aus dem Lallen jedes Kindes hervor ..." (37, S. 18).

Es läßt sich ohne Übertreibung sagen, daß alle nichtanalytischen Positionen der Sprachphilosophie auf ihre Art eine Interpretation oder eine Weiterführung der eben zitierten Einsichten Humboldts darstellen, auch wenn sie jeweils von ihrem gegenwärtigen Problembewußtsein her einen anderen Ausgangspunkt nehmen und auch in anderer Weise Akzente setzen als Humboldt. Doch ist hier noch in bezug auf die über das Zitat Humboldts als „Vermittlung" eingeführte Sprache zu bemerken, daß diese als „Vermittlerin" sowohl mit der Welt wie auch mit der Sprachgemeinschaft zu tun hat. Damit tritt in dem von uns fundamentalphilosophisch einführend entwickelten Problem des Erste- und des Dritte-Person-Aspektes derjenige der zweiten Person (also der Du-Aspekt) auf. Wir haben damit einen ersten Hinweis auf die „Dreistrahligkeit" der semantischen Relation (B. Liebrucks) erhalten.

Geht man nämlich im Sinne dieser Worte Humboldts von der Sprache als „Vermittlerin zwischen der unendlichen und endlichen Natur" und „zwischen einem und dem anderen Individuum" aus, dann ergeben sich zwei Grundprobleme der Sprachphilosophie, diejenigen der „Grundworte Ich-Es und Ich-Du" im Sinne von M. Buber. Mit ihm haben noch eine Reihe anderer Sprachphilosophen die Sprache vom „Dialog" (4. 5. 14. 139) her zu fassen versucht, häufig mit theologischen und charismatischen Bezügen. Zu ihnen gehört z. B. Ferdinand Ebner (14. 63), der „Liebhaber und Bedenker des Worts" über so viele begriffliche Verfestigungen seiner Zeit hinaus. Die Ausstrahlungen seines Denkens in das Geistesleben der Gegenwart und jüngsten Vergangenheit auf philosophischem und theologischem Gebiet unterliegen keinem Zweifel. Auch zeigt sein oft mühsames Ringen um den adäquaten Ausdruck die Schwierigkeiten einer Position, die auf ihre Weise um diejenige Sprache ringt, um die es in aller nichtanalytischen Sprachphilosophie geht, um eine Sprache, die Heidegger schließlich nur vom „Schweigen" her zur Erfahrung gelangen lassen will. Der Herausgeber der Werke Ebners, F. Seyr, spricht in dieser Hinsicht von „einem geradezu tragischen Ablaufgesetz" des geistigen Schaffens Ferdinand Ebners: „Auch als er längst der Wirklichkeit des Du gewahr geworden war, philosophierte er weiter in der Ich-Es-Dimension über das Ich-Du-Verhältnis." (Vgl. auch 1b, 64a)

Ebners Sprachphilosophie steht, je älter er wurde, immer mehr im Zeichen seines existentiellen Christentums. In dieser Hinsicht ist wohl der ihm verwandteste Denker der Magus im Norden, Hamann, gewesen. Wenn Hamann der Philosophie und insbesondere Kant (10. Kapitel) eine Reihe von Reinigungen (Purismen) vorwirft, die dem Menschen seine wichtigste Frage, diejenige nach sich selbst, verschwinden ließ, dann folgt ihm Ebner in dieser Auffassung durchaus. Für Hamann wie für Ebner ist der übelste dieser Purismen die Reinigung der Vernunft von der Sprache. Schon Hamann sieht, daß in ihr vieles vermittelt und wirklich ist, was für den kritisch gereinigten Verstand nicht aussagbar ist. Bedenkt man den allgemeinen Stand der philosophischen Bildung, wie ihn Ebner gekannt hat, bedenkt man die Dürftigkeit auch seiner eigenen philosophischen Bildung, die ihn oftmals im Dilettantismus stranden ließ, dann ist es um so wichtiger, auf dieses Zentrum im Denken Ebners hinzuweisen. Denn in der Sprache liegt gerade für dürftige Zeiten des Denkens ein Schatz aufbewahrt, der — sobald er ans Licht gebracht — seine befreiende Wirkung unfehlbar ausüben wird. Ebner hat diesen Zugang zu wesentlichem Denken geahnt, immer mehr erkannt und auch ausgesprochen: „Philosophia nata videtur, behauptet Leibniz von der deutschen Sprache. Es käme also darauf an, jene ihr angeborene Philosophie zur Entwicklung zu bringen, von dem ‚Werkzeug' Gebrauch zu machen, ‚das sie sich schon bereitet hatte, da sie noch nicht wirklich Philosophie war', und nicht nur jene Schätze von Poesie aus ihr herauszuholen, die nach einer Bemerkung Schellings in ihr an sich verborgen liegen, ‚die der Dichter nicht in sie lege, die er nur gleichsam hebe, aus ihr wie aus einer Schatzkammer hervorhole, die er die Sprache nur berede zu offenbaren'. Alle tieferen Denker ahnten es, daß es mit der Sprache eine ganz besondere Bewandtnis haben müsse, und betrieben ‚Etymologie', Plato zum Beispiel oder Scotus Eriugena, um nur zwei zu nennen; im Vertrauen, daß ‚im Wort ein Halt' sei und daß dabei etwas für die Philosophie herauskomme. Wie wieder Schelling sagt, konnte der Grund der Sprache nicht mit Bewußtsein gelegt werden (weil nämlich ohne sie menschliches Bewußtsein gar nicht denkbar ist, dieses sie also voraussetzt), und dennoch, je tiefer wir in sie eindringen, desto bestimmter entdecke sich, daß ihre Tiefe die des bewußtvollsten Erzeugnisses noch bei weitem übertreffe. Was aber in dieser Tiefe liegt, ist mehr als Philosophie und Werkzeug zu ihr. Was liegt auch an Philosophie?" (14, I S. 124 f.) Wir haben diesen einen Beleg auch deshalb gebracht, weil in ihm Ebners Verhältnis zur Philosophie in für ihn bezeichnender Weise zum Ausdruck kommt. Hier gilt es freilich, über die Worte hinaus auf den Sinn seiner Stellungnahme zu kommen. Ebner ist nämlich durchaus als ein Philosoph zu bezeichnen. Die Philosophie, die er distanziert, ist zum Teil — wie gesagt — die ihm zugängliche philosophische Bildung seiner Gegenwart, zum Teil die „icheinsame" Philosophie der von ihm freilich nur sehr oberflächlich gekannten neuzeitlichen Tradition des Idealismus.

Es liegt allerdings in aller Existenzphilosophie ein Zug zur Distanzierung der traditionellen Philosophie. Sicher ist es auch, daß der wesentlichste Zug des Sprachdenkens Ebners über alle theoretischen Aspekte hinaus die menschliche Existenz betrifft. Wort und Liebe sind die Pole, in denen die Spannung dieser Existenz zum Ausdruck gebracht wird: „Es gäbe keine Erkenntnis des geistigen Lebens, wenn es nur in der Liebe und nicht auch im Wort bestünde. Dieses ist der Grund aller Erkenntnis überhaupt. Hätte es der Mensch aber nur im Wort und nicht auch in der Liebe, so wäre er ohne Bürgschaft und innere Gewißheit seiner Realität. Er wüßte zwar vom Ich, und vom Du sogar, aber nichts sicherte dieses Wissen vor dem kritischen Angriff der Philosophie, die in diesem Ich und ebenso im Du nichts anderes als eine sprachliche Gepflogenheit sehen will. Das Wort als das ‚objektive' und die Liebe als das ‚subjektive Vehikel' des Verhältnisses zwischen dem Ich und dem Du gehören zusammen. Die Göttlichkeit beider ist dem Menschen in seinem Glauben an die Menschwerdung Gottes in Jesus verbürgt." (Ebd. I S. 124) Zunächst geht es Ebner um das mitmenschliche Du. In der Aphorismensammlung ›Zum Problem der Sprache und des Wortes‹ (ebd. I S. 645 ff.) entwickelt Ebner sein Anliegen von diesem Aspekt der Sache her. Dort nennt er auch die Bemühungen der Tradition, die schon erwähnt wurden. In Anschluß an Hamann ist von der Bedeutung des Wortes „in zweifacher Hinsicht" die Rede. „Einmal in der Erwägung des Umstandes, daß das Wort das ‚Vehikel des Verhältnisses zwischen dem Ich und dem Du' ist. Denn das ‚lebendige Wort' ist Dialog und nicht Monolog; es macht sowohl das Sein und den Sinn des Ich als auch des Du, also die ‚geistigen Realitäten', objektiv wahrnehmbar; es ist das Licht, in dem diese Realitäten sichtbar werden, das Faktum, in dem sie für das Bewußtsein objektiv ‚gesetzt' sind. Es ist, ebenso gut wie die Liebe . . . Die geistige Bedeutung des Wortes ist dann aber auch noch in dessen Sinnhaftigkeit zu erfassen. Daß es einen ‚Sinn' hat, ist ihm ebenso

wesentlich wie, daß es die Beziehung des Ich zum Du, sowohl sie
schaffend einerseits als andererseits sie voraussetzend, in sich begreift."
(Ebd. I S. 645 f.) Die folgenden Aphorismen interpretieren gewissermaßen diesen Grundgedanken. Sie bewegen sich in einem aus verschiedensten Bereichen aufgreifenden Denken, durch das freilich jeweils
die Zusammenhänge auch sprachlich eine Besonderung erfahren, die
dem Leser ebenso Mühe machen wie wohl schon Ebner selbst. Es
ist ohne Zweifel unzureichend, Wort und Liebe mit Bezeichnungen
wie „objektiv" und „subjektiv" einander gegenüberzustellen. Zuletzt
aber geht es philosophisch in der Frage nach dem Du auch um eine
ontologisch wesentliche Sache. Schon Fichte hat den Versuch gemacht,
die Welt nicht nur vom Ich, sondern vom Ich-Du her zu konstituieren.
Ich glaube, daß diese Aufgabe vom Problembewußtsein der Gegenwart
her aufzunehmen und zu leisten wäre, um Ebners vielfältige und tiefe
Anregungen wirklich erwerben und aneignen zu können. Aber auch
in diesem Aspekt ist die Gegenwartsphilosophie durchaus offen für
das Anliegen Ebners. In der theologischen Diskussion wäre in diesem
Zusammenhang insbesondere der Unterschied und die Bezogenheit
von mitmenschlichem und göttlichem Du eine ernst zu nehmende Frage;
auch wie die Menschwerdung Jesu sich in diesem Zusammenhang
einordnen und bedenken läßt. Wird doch auch das Ringen Ebners
mit seiner Kirche als Institution immer bezeichnend und gewissermaßen paradigmatisch bleiben für ein Denken, das von seinem existentiellen Grundanliegen nicht zu jener systematischen Entfaltung
zu gelangen vermag, durch die allein das Wirkliche in der Vielfalt
seiner Sinnansprüche aufgenommen werden kann. Im philosophischen
Gottesproblem verhält es sich für Ebner zuletzt so: „Ein philosophisches System, das — in der Besinnungslosigkeit des Philosophierenden — die Existenz Gottes unbestreitbar abgeschafft hat, wäre ja
ausdenkbar; eine menschliche Existenz aber, die ‚existierend' die
Existenz Gottes abgeschafft hat, ist einfach unmöglich." (Ebd. I S. 102)
Ebner hatte den Mut zur Blöße, den Mut zur ungeschützten Rede,
die sich zuletzt nur Gott selber verantwortlich weiß. Liest man ihn
unter diesen Gesichtspunkten, dann hat er uns gerade in der Gegenwart
vieles zu sagen. Auch das Scheitern ist für ihn keine negative Manier
eines lamentierenden Beteuerns, sondern mündet in das Ja des Glaubens, das kein Problem der Theodizee übrigläßt: „Ich will im Zu-
sammenbrechen Gott die Ehre geben. Denn Geist ist Mut zum Leben,
wo man ihn nicht für möglich halten sollte." (Ebd. I S. 15)

Schön und kritisch zugleich würdigt H. Hornstein (115, S. 126) die Bemühungen der an dem Grundwort „Ich und Du" orientierten Sprachphilosophie auch in ihrem theologischen Anspruch. Im Sinne der biblischen Berichte liegt der „dem Menschen möglichen Namensgebung ... schon das Wort voraus, welches ihn als Menschen erst schuf. Es ist nicht das Wort einer bestimmten Sprache, überhaupt kein mit der Zunge gesprochenes Wort, sondern der sich gebende Sinn selbst, auf dem jedes sprachlich erwirkte Verhältnis von Ich und Du beruht. Der nur in ‚erster Person' (im ‚ich bin') zum andern redende Mensch, würde Ebner sagen, ist selbst das Du des göttlich schaffenden Wortes, das ihn unaufhörlich ins Sein ruft. ‚In der Geistigkeit seines Ursprungs in Gott war der Mensch nicht erste, sondern zweite Person — die erste war und ist Gott.' Daß aber der Mensch zu Gott selbst Du sagt, daß er die Sprache des Gebetes führt, ist eine Ermächtigung des Glaubens, die zu prüfen nicht mehr Sache des Nachdenkens sein kann. Aber die Frage bleibt, ob das göttliche und das menschliche Du so geradewegs, wie Ebner und Buber zu glauben scheinen, ‚ein und dasselbe' sind, nämlich ‚das einzige Du, das es gibt'."

Hornstein hat auch gesehen, daß die Sprache nicht nur mit der Liebe zum Du (Gottes und des Menschen) zu tun hat, sondern auf der anderen Seite auch „jenen Abstand zwischen Menschen schafft, den sie nur selbst [in Liebe] schließen kann". Darauf beruht das, was „Scham" (115, S. 102) heißt; es handelt sich um ein durchaus biblisches Thema. Nach Hornstein macht Sprache jedes voreilige Nähern zum Entfernen. „Es müßte sich zeigen lassen, wie sehr die Scham vom Sprachehaben des Menschen kommt. Nur ein Wesen, das Sprache hat und die Hemmung der Selbstgegenwart erfährt, kann sich schämen. Das geheimnisvolle ‚Zwischen' von Mensch zu Mensch fällt nicht im Unmittelbaren zusammen, es sei denn, man könnte das Schicksal der Sprache ablegen. Die dionysische Selbstpreisgabe ist deshalb keine Lösung. Im Gegenteil: durch Leugnen dieses sprachlichen ‚Zwischenraums' zerstörte sie die Bedingung, daß sich Menschen angehen können. Er aber schließt sich auch in der verstehenden Einigung nicht, sondern bleibt erhalten als das, was sie ermöglicht. Er ist die unbeschwichtigbare Spannung des persönlichen Lebens."

In anderer Art als bei Ebner und gleichgesinnten Sprachphilosophen wird für ein an der europäischen Tradition geschultes Denken Humboldts Satz von der Sprache als Vermittlerin zwischen Ich und Welt und zwischen Ich und Du zum Problem. Die Dreistrahligkeit der

semantischen Relation richtet sich in einem solchen Denken zunächst
dagegen, das „Logosartige" lediglich im Rahmen der Subjekt-Objekt-
Problematik zu behandeln, d. h. nur in den Aspekten der ersten und
dritten Person. In diesem Sinne „hat jede menschliche Rede die Eigentümlichkeit, daß sie immer etwas von dem enthält, der spricht, immer
etwas von dem, der angeredet ist, und immer etwas von der Sache,
‚über die' gesprochen wird. Dieser nach drei Seiten gerichtete Grund-
charakter aller menschlichen Aussagen zeigt schon die nur einge-
schränkte Bedeutung der berühmten Subjekt-Objekt-Relation innerhalb der menschlichen Erkenntnis" (48, I S. 218). Die Subjekt-Objekt-
Relation ist selbst wiederum fundiert in der wirklichen Vermittlung
im Sinne der dreistrahligen semantischen Relation: „Die Urbedeu-
tungen der Wörter stammen aus einer Bewegung, die nicht Auseinandersetzung eines schon vorhandenen Menschen und einer schon
vorhandenen Welt, sondern derjenigen Bewegung, die diese Auseinandersetzung von Mensch und Welt selbst [in der Sprachgemeinschaft]
ist. Darin haben wir die Genese der Subjekt-Objekt-Beziehung."
(Ebd. S. 209.)

In diesem Zusammenhang würdigt Liebrucks auch die Theorien von
E. Rossi, z. B. in dessen Buch über ›Die Entstehung der Sprache und
des menschlichen Geistes‹ (154). Ist nämlich Sprache ihrer Urbedeu-
tung nach die „Auseinandersetzung von Mensch und Welt selbst",
dann bestätigt sich der oft zitierte Satz Herders, daß der Mensch schon
als Tier Sprache hat. „Die Sinnlichkeit des Menschen selbst ist sprachlich." (48, I S. 72) Rossi nun verfügt als Sprachbildner über eine einmalige Eigenerfahrung der physischen Vorgänge beim Sprechen und
ist von dieser Art „Empirie" her immer schon über die Differenz von
Geist und Physis, aber auch über diejenige der Subjekt-Objekt-Relation hinaus, auch wenn er nicht immer in der Lage ist, seinen Intentionen die ihnen adäquate Rede zu verleihen. Daher ist Rossi für
Liebrucks „auf dem Wege zur Dialektik". In diesem Sinne interpretiert
er Rossis „Entdeckung, daß in den ‚von der Stimme ausgelösten Ton-
schwingungen' nicht etwa das Innere (des Leibes) selbst laut werde,
‚sondern seine Beziehungen zur Umwelt'. Dieser Satz spricht gegen
alle Genese und ist von größter Bedeutung. Ja, wir haben wohl anzu-
nehmen, daß diese Bewegung, wie dunkel auch immer, schon bei der
Amöbe anfängt. Und diese Bewegung war immer schon Bewußt-Sein.
Dieses Bewußt-Sein erst ist dasjenige ‚Innere', das wir Bewußtsein
zu nennen pflegen. Und erst die Einheit von solchem Inneren und

Äußeren wird Hegel ‚Wirklichkeit' nennen." (Ebd. S. 195 f.) Erst von diesem „dialektischen Geistbegriff" her können wir begreifen, „warum Stimmbildung beim Menschen Sinnbildung ist". (Ebd. S. 198)

Der Bezug auf die Amöbe erinnert uns an Äußerungen Nietzsches, die wir noch näher kennenlernen werden. (S. 145) Wenn freilich Sprache als interpretierender Weltumgang in dieser Weise allem Lebendigen zukommt, so ist doch zur Vermeidung jedes Naturalismus auch hier wieder an die transzendentale Differenz zu erinnern, deren Außerachtlassen nur allzuleicht dazu führt, Sprache und Geist des Menschen nur als seine Art „Raubtiergebiß" (Nietzsche) zu interpretieren.

Jedenfalls ist bei Liebrucks von einer Grundstruktur aller Sprache die Rede, in der — wie gesagt — die für die Erkenntnistheorie leitende Vorstellung der Subjekt-Objekt-Relation in die semantische Dreistrahligkeit der Sprache aufgehoben wird. Diese besagt, wie wir schon hörten, „daß ein Subjekt dem anderen Subjekt in der Sprache etwas über die Dinge mitteilt. Die Subjekt-Objekt-Beziehung zeigt sich hier, nur Moment innerhalb des ganzen Erkenntnisprozesses wie seiner Resultate [von denen wir wie bei Hegel im Kampf gegen die Resultate der schlechten Metaphysik auf die Vermittlung zurückgewiesen werden] zu sein, da auch Erkenntnis immer den Partner hat, sei dieser auch in der Form eines Bewußtseins vorgestellt, das alle Menschen gemeinsam haben. Nicht Subjekt-Objekt, sondern Subjekt-Subjekt-Objekte!" Vermittlung als Vermittlungsgemeinschaft ist so für Liebrucks die „erste Korrektur": „an der Struktur des Gerüstes, das wir immer schon mitgebracht haben, wenn auch nur das Geringste von Wirklichkeit bewußt wird. [An sich ergibt sich diese Einsicht auch als das Resultat der Feststellung, daß Sprache als Voraussetzung der Vermittlung nur in der Sprachgemeinschaft erworben werden kann. (S. 186).] Zweitens: Indem ich dem anderen Menschen etwas über die Dinge mitteile, teile ich es mir selbst mit. Indem ich gebe, empfange ich. Drittens: Sprache teilt sich selbst mit, wenn sie etwas über die Dinge mitteilt. Durch sie teilt auch der Mensch sich mit, wenn er etwas über die Dinge mitteilt." Diese dialektischen Verschränkungen lassen zuletzt Ich, Du und Gegenstand als Momente der Sprache als Vermittlung erscheinen: Sprache, die spricht, ist Voraussetzung der Unterschiede von Ich, Du und Gegenstand. Diese Einsicht ergibt, wenn wir sie speziell auf die Subjekt-Objekt-Relation anwenden, den Satz: „Nur innerhalb des Begriffes gibt es etwas, das außerhalb des Begriffes existiert." Im Anschluß an Hegel nennt Liebrucks deshalb

den Menschen als das Subjekt, das die Vermittlung ist, den „existierenden Begriff". Menschliche Organismen sind es allein, die sprechen und
denken. „Sie sprechen als existierende Begriffe. Wenn ein existierender
Begriff mit einem anderen existierenden Begriff durch Sprache zur
Identifikation kommt, so haben beide innerhalb des nicht aufgehobenen Gegenüber zweier sichtbarer und hörbarer Organismen das nicht
aufzuhebende Gegenüber von Welt." Es ergibt sich von hier aus, daß
der Mensch im Sinne dieser dialektischen Identität von Identität
(Sprache, Vermittlung) und Nichtidentität (Mitmensch, Welt) überhaupt nur von der Sprache her begriffen werden kann. Alle sonstigen
Definitionen kommen zu kurz. Liebrucks schreibt so: „Der existierende
Begriff (der Mensch) ist dasjenige Wesen, das nur dadurch und in
dem Maße in sich selbst [Ich] ist, als es bei dem anderen Menschen
[Du] und mit ihm zusammen bei der Welt ist. D. h. also, daß er
das, was er ist, durch Sprache ist." (Ebd. S. 3 f.; s. a. S. 13) Diese
wiederum ist umgekehrt zuletzt nichts anderes als das „existierende
Darstellungssystem Mensch" (ebd. II S. 274).

Von diesen Voraussetzungen her findet sich bei Liebrucks im Unterschied von der einzelwissenschaftlichen Aufnahme durch Sprachwissenschaft und Sprachpsychologie eine fundamentalphilosophisch relevante
Interpretation Humboldts auf Liebrucks' eigene bedeutende Sprachphilosophie hin, in der — wie wir sahen — Sprachlichkeit und Humanität des Menschen in seiner Weltbegegnung zusammenfallen. Außerdem
soll der Ansatz bei der Sprachlichkeit des Menschen das Fundament
einer systematischen und einheitlichen Aneignung der europäischen
Tradition der Philosophie geben. Von der Lehre der Fundiertheit aller
menschlichen Weltbegegnung in der Sprachlichkeit unterstreicht Liebrucks die Behauptung Humboldts im Sinne des folgenden Zitates:
„Da die Naturanlage zur Sprache eine allgemeine des Menschen ist
und Alle den Schlüssel zum Verständnis aller Sprachen in sich tragen
müssen, so folgt von selbst, daß die Form aller Sprachen sich im
Wesentlichen gleich seyn und immer den allgemeinen Zweck erreichen
muß." (Ebd. S. 32; s. a. S. 37) Daraus folgt für das Verhältnis der
Sprachlichkeit des Menschen zu der Einzelsprache, daß im konkreten
Sprechen eine dialektische Einheit der Bewegungsrichtung zwischen
diesen Instanzen stattfindet. (Ebd. S. 34) Die allen Menschen gemeinsame Sprachform ist die „innere Sprachform", sie ist „das allgemein-
menschliche Vermögen" der Auseinandersetzung von Mensch und
Welt. „Innerhalb dieses Vermögens haben deshalb auch die Welt-

ansichten der einzelnen Sprachbauten, besser Sprachbahnen, Platz, auf denen der Hiatus zwischen Mensch und Welt erst gebildet wird." (Ebd. S. 43 f.) Die Einheit von Einzelsprache und Sprache überhaupt, in der der Mensch immer spricht, wenn er spricht, ist die Artikulation. (Ebd. S. 104)

„Innere Sprachform" (vgl. 28, 42 V 1 S. 440. 92, 144, 145) und „Artikulation" sind im Anschluß an Humboldt viel behandelte Themen der Sprachphilosophie. Sie sind auch in der Tat für seine Auffassung von der Sprache als „Vermittlerin" von zentraler Bedeutung. Mit Recht meint S. J. Schmidt (64, S. 77), daß Humboldt den „Zusammenhang von Sprache und Denken durch seine Theorie der ‚inneren Sprachform' oder ‚Artikulationskraft' eindringlich verdeutlicht hat. Humboldt versteht unter diesen Begriffen ‚dokumentierte Intellectualität und damit die Stelle, an der sich die Verbundenheit von Sprache und Geist bzw. Denken und Sprechen unmittelbar zeigt'. ‚Die Verbindung des Lautes mit den inneren Sprachgesetzen bildet die Vollendung der Sprachen' und ‚geht immer in gleichzeitigen Acten des spracherzeugenden Geistes' vor sich. So wird die Spracherzeugung zu einem echten ‚synthetischen Verfahren', wobei es zu einer Identifizierung von gedanken- und spracherzeugender Kraft kommt. Die Artikulationskraft beschreibt Humboldt als Konvergenz von produktiv-intellektueller Tätigkeit und Sprache, wobei man nicht ‚einmal schlechthin die erstere als das Erzeugende, das andere als das Erzeugte ansehen' kann ... ‚Articulation ist das eigentliche Wesen der Sprache, der Hebel, durch welchen sie und der Gedanke zu Stande kommt, der Schlußstein ihrer beiderseitigen innigen Verbindung.' "

Die lautlich artikulierte Vernunft nennt Liebrucks „Bewußt-Sein". Er will durch diese Schreibweise (mit Bindestrich) das spezifische In-der-Welt-Sein des Menschen, die Sprachlichkeit seiner Weltbegegnung sichtbar machen. Bewußt-Sein ist nicht das Bewußtsein, das ein bestimmtes Geschöpf hat, ist auch nicht das abstrakte Bewußtsein überhaupt transzendentaler Konstruktion, meint auch nicht das Allgemeine „Bewußtheit", sondern ist als verbum actionis zu begreifen, eben für jenen spezifischen Lebensvollzug in Sprachlichkeit, der mit dem Mensch-Sein zusammenfällt. Bewußt-Sein ist daher bei Liebrucks immer schon als der Ort der dialektischen Aufhebung der Subjekt-Objekt-Relation im Rahmen der Sprachlichkeit zu verstehen.

In diesem Rahmen kann die sprachliche Bewegung des Menschen niemals als Geist im Gegensatz zum Leib angesetzt werden. „Faßt man die sprachliche Bewegung des Menschen, den Geist, nicht von vornherein als zugleich leiblich, so bleibt das Grundphänomen der Sprache, die Verbindung des Gedankens mit dem Laute nicht nur unbegreiflich, sondern widersinnig. In der Sprache ist die ‚Verbindung des Lautes mit seiner Bedeutung etwas mit jener Anlage gleich Unerforschliches. Man kann Begriffe spalten, Wörter zergliedern, so weit man es vermag, und man tritt darum dem Geheimnis nicht näher, wie eigentlich der Gedanke sich mit dem Worte verbindet'... Die Verbindung von Laut und Bedeutung ist der Charakter der verschiedenen Sprachen. Die Möglichkeit der Verbindung überhaupt heißt Sprache. Hier ist die für alles formallogische Denken übersteigende Grenze im Denken von Bewußtsein und Sprache." (Ebd. S. 73 f.) Nur in dieser bestimmten Leiblichkeit kann auch die bestimmte Sprache als die „äußerliche Erscheinung des Geistes" (Humboldt ebd. S. 76) eines Volkes begriffen werden. Im Zusammenhang mit der dialektischen Aufhebung des Subjekt-Objekt-Verhältnisses gelangt Liebrucks auch zu denjenigen Gedanken Humboldts, die er in dem „ersten Hauptsatz von der Sprache" (ebd. S. 93 f.) zusammenfaßt. Liebrucks meint, daß Humboldt in ihm in bezug auf das Subjekt-Objekt-Problem der Neuzeit über alles vor Hegel Gesagte einen Schritt hinausführt. Der „erste Hauptsatz" Humboldts lautet: „Durch denselben Act, vermöge welchen der Mensch die Sprache aus sich herausspinnt, spinnt er sich in dieselbe ein, und jede Sprache zieht um die Nation, welcher sie angehört, einen Kreis, aus dem es nur insofern hinauszugehen möglich ist, als man zugleich in den Kreis einer anderen Sprache hinübertritt." (Ebd. S. 94) Aus dem schon zitierten Satz über die Artikulation folgt für Liebrucks „der zweite Hauptsatz [Humboldts] von der Sprache" (ebd. S. 109 f.). Er lautet: „Die Sprache ist das bildende Organ des Gedankens." An ihn schließt Liebrucks mit folgendem an: „Wir haben nicht zuerst den Gedanken, den wir in weiteren Akten zur Darstellung bringen. Die Sprache ist ‚weder ganz ein Abbild des Darzustellenden, noch bloß ein Zeichen für dasselbe, und muß doch beides zugleich seyn'... Dabei ist die Artikulation ‚unmittelbarer Ausfluß des Bewußtseyns in der körperlichen Organisation'... Die Stellung der Artikulation in der Sprache ist die Zwischenstellung zwischen Zeichen und Abbild." (Ebd. S. 109) Dabei bedient sich die Sprache des „Tones", womit Liebrucks — im übrigen im Anschluß an entsprechende Ausführungen Hegels — einen dialektischen Hinweis auf die Sinnlichkeit und Leiblichkeit des menschlichen

Bewußt-Seins verbindet. Die Stimme ist so im Rahmen der menschlichen Weltbegegnung nicht als etwas Zufälliges aufzufassen, eine Einsicht Humboldts und Hegels, auf die Liebrucks im ersten Band, insbesondere im Zusammenhang mit den Bemühungen Rossis schon zu sprechen kam. Liebrucks formuliert: „Das artikulierte Wort als kleinste Einheit der Sprache ist erst dort, wo die Idealität der Bedeutung und die Realität des Tones in unzertrennlichem Bunde stehen." (Ebd. S. 113) Satz und Periode lassen sich von hier aus als erweiterte Artikulation (ebenda, S. 114) auffassen, die als konkrete Sprachlichkeit auch den überzeichenmäßigen Charakter der Sprache fordert. Davon war schon die Rede (s. a. ebd., S. 116 f.).

Das Wort als überzeichenmäßige Einheit hat und braucht — wie wir schon wissen — einen „unbestimmten Möglichkeitshof" (ebd., S. 242). Es ist insofern nur eine Anweisung, die erst im Satz bzw. in der Sprachsituation eingelöst wird. Insofern verlangt das Verständnis des Satzes, daß „alle Vorstellungen während des Sprechens im Modus der Möglichkeit gehalten werden, bis der letzte Laut im Satz verklingt. Erst dann tritt rückwirkend die Bestimmtheit des Ganzen ein. Das kann Sprache nur dadurch erreichen, daß sie, zwischen Bild und Andeutung schwebend, zwar immer auch durch Zeichen zeigt, aber alles in der Lebendigkeit der Vorläufigkeit, einer gewissen Unentschiedenheit zu halten weiß, bis der Sinn sich im Satz vollendet. Das gleiche gilt von der Periode. Die Unbestimmtheit spielt hier wieder eine bedeutende Rolle. Die Bestimmtheit läßt auf sich warten, was bei reinen Zeichencharakteren, wie den mathematischen, nicht möglich ist." (Ebd., S. 134) Dabei hält einerseits der Schall den Möglichkeitshof des Wortes in bestimmten Grenzen, während andererseits das Wort ohne den Unbestimmtheitscharakter keine Geschichte hat. (Ebd., S. 243) Davon haben wir schon gehört. „Die Gleichung ,x gleich 5' bedeutet nichts. Sie zeigt so, wie der Zeiger der Uhr auf die 1 zeigt und mir nicht sagt, ob es Nacht oder Tag im Leben des Einzelnen oder gar der Geschichte ist." Insofern kann der Satz niemals von dem her verstanden werden, was eine mathematische Gleichung ist. Vielmehr liegt ihm zuletzt immer der spekulative Satz Hegels als dialektische Einheit Unterschiedener zugrunde: „Der Satz sagt ... nicht aus, was eine mathematische Gleichung aussagt, er sagt dialektisch aus, daß Subjekt und Prädikat ungleich sind, und sagt nicht aus, daß das Prädikat auf das Subjekt zutrifft, oder ihm zukommt, sondern, daß es das Subjekt ist." (Ebd., S. 275; s. a. 30 § 13) Diesen sprachlich-dialektischen Grund

„eindeutiger und notwendiger Urteile" hat Kant in seinen diesbezüglichen Bemühungen verdeckt. Er hat übersehen, daß in der menschlichen Weltbegegnung des Bewußtseins Sprache immer schon als mehr vorausgesetzt ist, als in der Richtung auf die eindeutige „Erfahrung" hin thematisch werden kann.

In diesen Zusammenhängen verweist — wie immer wieder in seinem Werk — Liebrucks auf die Eigentümlichkeit individualisierter Allgemeinheit im Wort. Dieses bleibt nämlich „auch in seiner Individualisierung im Medium der Allgemeinheit. Wohl kann es mehr oder weniger nahe an die Individualität der Sache herankommen, hat aber seine Tugend darin, den Graben zur Individualität nicht zu überspringen. Es hat eine andere Individualität als die abstrakt vorgestellte, die außerhalb der Allgemeinheit sein soll. Wenn Hegel vorgeworfen wurde, er denke nicht die Welt, sondern den Gedanken der Welt, so macht sich in solchen Einwänden das Nichtgedachthaben der Natur alles Denkens als eines sprachlichen und der menschlichen Sprache bemerkbar ... Die Allgemeinheit, nicht des Gedankens, sondern des Wortes, ist das Möglichkeits- und Aufnahmebecken der Individualität der jeweilig bestimmten, als qualitativ einzigartig aufgefaßten Vorstellungen und Ausspracheweisen." (Ebd. S. 273)

Man sieht an diesen ausgewählten Hinweisen, auf wie weitem Feld Humboldt auch philosophisch, über alle einzelwissenschaftlichen Fragen hinaus, die Gegenwart bestimmt. Liebrucks verdankt ihm auch noch die Anregung zu speziellen Themen, z. B. den Zusammenhang von Sprachphilosophie und Kunst betreffend.

Die Sprachlichkeit der Kunst ergibt sich für Liebrucks im Anschluß an Humboldt zunächst schon aus ihrer dem Sprachverständnis ähnlichen kommunikativen Bedeutung; Liebrucks schreibt: „Wie in der menschlich-vernünftigen Arbeit der Auftrag in Wirklichkeit übersetzt wird, so wird im Kunstgebilde und durch es die Phantasie des Empfängers verändert. Sie wird nicht nur verändert, sondern produktiv gemacht. Niemand begreift etwas von der Kunst, der sich diese Wege nicht selber bahnt. Das Gebilde der Kunst hat die Bewegung der Phantasie des Künstlers in sich aufbewahrt. Es überträgt nicht dieselbe Phantasie in den Betrachtenden. Es ist vielmehr der Fackel zu vergleichen, die eine andere Fackel anzündet. Die erste Fackel — der Künstler — hat ihre Flamme im Kunstwerk aufbewahrt. Diese aufbewahrte Flamme, die zugleich vernichtet ist — denn Kunstwerke als Kunstwerke brennen so wenig wie sie sprechen — gibt dem das Kunstwerk Betrachtenden — der zweiten Fackel — die Möglichkeit, sich selbst zu entzünden. Die Flamme wird nicht durch Berührung übertragen. Das Kunstwerk wird nachvollziehend betrachtet. Weil es aber in sich nichts weiter ist als die aufgehobene Flamme, regt es die zweite Fackel zur Selbstentzündung an." (Ebd., S. 409) Daher liegt in der primären Betrachtungsweise der Kunst im Sinne eines abstrakten Objektivismus, der sich an die Gebilde allein hält, dieselbe Gefahr, die sich im Mißverständnis des Hegelschen „Begriffs" von dem bloßen Resultat der Vermittlung her ergibt: „In diesem Sinne ist alle Ästhetik, sofern sie sich nicht als den notwendigen Anfang einer Gebildebetrachtung, sondern als die einzige Möglichkeit versteht, über die Kunst so zu sprechen, daß nichts Außerkünstlerisches eingemischt wird, der Ausdruck für das verlorengegangene Verhältnis des Menschen zur Kunst. Wie der formallogische Begriff bei sich und nicht zugleich bei der Sache ist, so soll auch die Kunst bei sich, nur bei sich — l'art pour l'art — sein. Sie soll als Kunst nicht bei der Gesellschaft — als Kunst nicht beim menschlichen Weltumgang sein. In solcher Auffassung liegt der Kardinalfehler aller Ästhetik." (Ebd., S. 411)

Von der Sprachlichkeit der Kunst her folgt für Liebrucks, durchaus im Sinne Hegels, der Vorrang des Kunstschönen vor demjenigen der Natur. Sobald der Mensch weiß, „daß er bei jedem Anblick von Naturerfahrung immer schon mit von der Partie war, kann er dem höchsten Ausdruck und der höchsten Darstellung dieser Erfahrung, der künstlerischen, den Vorrang vor der natürlichen geben" (ebd. S. 438). Deutlich aber distanziert sich Liebrucks von Hegels Lehre vom Tod der Kunst, den Liebrucks als Entsprachlichung interpretiert. (Ebd., S. 454) In diesem Sinne erweist sich die Auffassung des philosophischen Begriffes im Unterschied zur Anschauung der Kunst (auch bei Hegel) als das Resultat einer mit dem 19. Jahrhundert beginnenden Entwicklung, „das die Emanzipation über die von Kant anvisierte Mündigkeit hinauszutreiben sich anschickte, indem es den Geist aus der Sinnlichkeit herausnahm. Wir sind heute auf diesem Weg eine furchtbare Strecke weitergeschritten." (Ebd., S. 443) Liebrucks bringt hier Hegels Begriff wieder zu sich selbst zurück, womit sich eine abschließende Stellungnahme zu dem Natur- und Kunstschönen ergibt. Denn dieser „Begriff als Idee scheint in der Kunst. Das kann nichts anderes heißen, als daß der Begriff der Seins-, Wesens- und Begriffsbestimmtheiten der ,Logik' in der Kunst zum Scheinen gelangt. Insofern es nicht zum Sein gelangt, ist das Kunstschöne unter dem natürlich Seienden. Insofern aber im

Kunstschönen die Idee sichtbar wird, ist es mehr als das nur von Natur aus Seiende. Das Naturschöne wird von Hegel nicht im gleichen Rang gesehen wie das Kunstschöne, weil er in der Natur nicht mehr die Präsentation, die göttlich stumme Sprache Gottes oder der Götter zu sehen vermag." (Ebd., S. 444; s. a. S. 448 f.) In den vorangehenden Sätzen formuliert Liebrucks die grundsätzliche Dialektik des Schönen in unserer gesamten Tradition, in der sich sein Begriff zwischen den Polen: nur Abbild eines Abbildes (der erscheinenden Wirklichkeit) bzw. der „Idee" zu sein, bewegt. (Vgl. 30 § 30 Anm. 1)

6. DIALEKTIK
Das Gesamtgefüge der Sprache

An vielen Stellen unserer Ausführungen war von Dialektik und von dialektischen Sachverhalten die Rede. Wir müssen daher fragen, was mit diesen Wendungen gemeint ist. Die Antwort gehört freilich zu den schwierigsten Angelegenheiten der Philosophie und läßt sich in einer Einführung daher nur mit einigen Hinweisen thematisieren. Wenn man von einer „Logik" der Dialektik spricht, dann kann von dieser nur im Sinne einer philosophischen Logik die Rede sein, d. h. mit dem Anspruch, für fundamentale Fragen des Denkens maßgebend zu sein. Es geht dabei um den Logos (Sinn) von bestimmten Sätzen und deren Zusammenhang in einer Richtung, die keineswegs in derjenigen der formalen Logik liegt. Die in der Gegenwart feststellbaren Bemühungen, die Dialektik zu formalisieren, halte ich — vor allem auf Grund der von Hegel diesbezüglich entwickelten Argumente — für wenig erfolgversprechend. Ich betrachte die Dialektik als eine besondere Art von Sprachkritik, und zwar als eine solche, die fundamentalphilosophisch nicht zu umgehen ist. Im Sinne der fundamentalphilosophischen Aufgabe der so verstandenen Dialektik steht die mit ihr verbundene Sprachkritik nicht im Bereich der Bemühungen um eine möglichst exakte, d. h. formalisierte, sondern in demjenigen um eine „konkrete" und doch über einsichtige Argumente vermittelte Sprechweise; wir werden sie als „spekulative" Sprachkritik näher kennenlernen (8. Kapitel). Ohne die Aneignung dieser Sprechweise sind weite Teile der traditionellen Philosophie schlechthin unverständlich, obwohl es sich bei ihnen gerade um die fundamentalphilosophisch bedeutendsten Ausführungen handelt. Wenn man ihnen keinen Sinn abgewinnt bzw. wenn man meint, sie eliminieren zu können, wird sich eine solche m. E. unphilosophische Haltung immer dadurch äußern, daß die betreffende Position nicht in der Lage ist, ihre eigenen Voraussetzungen zu reflektieren und sich das Fundament zu geben, das von einer philosophischen Untersuchung verlangt werden muß.

Die Dialektik hat sprachlich, historisch und sachlich ihre Wurzel im Dialog. In ihm kommen die verschiedenen Aspekte einer Sache zur Sprache. Die so zur Sprache gebrachten Aspekte können sich widersprechen. Handelt es sich nicht um eine Äquivokation oder ähnliche durchsichtige Verfehlungen, dann muß den auf diese Weise resultierenden Widersprüchen nachgegangen werden. Einfach ist ihre Überwindung dann, wenn es sich bei den Behauptungen des einen Gesprächspartners nur um einen Irrtum handelt, der aufzuklären ist. Auch dann, wenn es sich um verschiedene abstrakte Aspekte ein und derselben Sache handelt, mag der Widerspruch nur ein scheinbarer sein. In allen bisher genannten Fällen (Äquivokation, Irrtum, abstrakter Aspekt) kann der Widerspruch nur den Sinn haben, daß man ihn eliminiere. Freilich enthält schon die Unterscheidung verschiedener Aspekte das Problem der „Einheit" der Sache, die vorausgesetzt ist, damit von verschiedenen Aspekten derselben gesprochen werden kann. Von Dialektik aber ist jedenfalls nur dort die Rede, wo sich der Widerspruch nicht auf die einfache Weise entfernen läßt, wie es in den genannten Fällen möglich ist; er hat in ihr gewissermaßen einen positiven Sinn und läßt sich daher und schon deshalb nicht eliminieren, weil ohne diesen Widerspruch das nicht in Sicht käme, worum es bei dem jeweiligen dialektischen Sachverhalt geht.

Manche Sprachphilosophen spielen den Dialog gegen die Dialektik aus. Hier handelt es sich meistens um erbauliche Floskeln, die gewöhnlich die Humanität des Redners und seine Caritas gegen die Kälte und die Messerschärfe eines ihm unangenehmen Denkens suggestiv für den Zuhörer oder Leser hervorkehren. „Man hört ... allzuoft vom ‚Dialoge' reden, ohne daß dabei die geringste Sorge um seinen Erkenntnisgehalt bemerkbar würde. Wie wenn etwas damit gewonnen wäre, daß überhaupt dialogisch geredet wird!" (2a, S. 367) Wenn es aber tatsächlich dialektische Sachverhalte gibt, dann müßten sie auch im Dialog über eine solche Sache hervorkommen. Für die Sache ist es gleichgültig, wie viele Leute sich mit ihr beschäftigen, falls sie nur denken können. Es genügt dann unter Umständen auch einer, der den dialektischen Dialog in sich austrägt. Überhaupt geht es dabei um ganz verschiedene philosophische und sprachphilosophische Anliegen; so könnte z. B. der Dialog selbst ein dialektischer Sachverhalt sein.

Die philosophisch-relevante Dialektik dient unter ganz bestimmten Verhältnissen auf ihre Art der Wahrheitsfindung, sei es in kritisch-prohibitiver Absicht, sei es im Rahmen konstitutiven Erkennens. In diesem Sinne gehören die Positionen Kants und Hegels ebenso zusammen, wie sie sich unterscheiden. Von Hegel her kann man Kant jedenfalls immer die Frage stellen, ob der (nach Kant) zur menschlichen Vernunft „notwendig gehörige dialektische Widerspruch" nur als durchschaubarer Schein abgetan werden kann. Hegel spottet über die „Zärtlichkeit" eines Denkens, das den Widerspruch ins Subjekt nimmt, um durch ihn in der Sache nicht behelligt zu werden. Ist er nämlich im Subjekt bzw. in der Vernunft „notwendig", dann bleibt er in diesen Bereichen auch bestehen. Er ist dann nicht philosophisch, d. h. aber zuletzt überhaupt nicht eliminiert, sondern lediglich aus bestimmten methodischen Einstellungen herausgenommen, denen man folgen kann, ohne in Dialektik zu geraten. Freilich darf diese philosophisch relevante Dialektik nicht mit dem mechanisch klappernden Dreischritt von Thesis, Antithesis und Synthesis verwechselt werden.

Jedenfalls: wenn es fundamentalphilosophisch relevante dialektische Sachverhalte gibt, dann muß in ihnen die Negation eine positive Rolle spielen. Der „aufgehobene" Widerspruch geht immer über die durch ihn formulierte Negation, von der her sich freilich ein Resultat ergeben muß, das erstens ohne sie nicht erreichbar ist, zweitens aber ein bestimmtes Fortschreiten des Gedankengangs ermöglicht und nicht in der leeren äußerlichen Integration strandet. Die in der Dialektik bedeutsame Negation ist immer „bestimmte" Negation. Nur dann verhält es sich so, „daß das Resultat den Gang, durch den es gewonnen wurde, in sich aufbewahrt" (9, S. 38).

Die bestimmte Negation leitet Hegels Interpretation des schon von Kant sehr deutlich herausgestellten Unterschiedes von „Verstand" und „Vernunft". Der abstrakte Verstand kann nach Hegel nicht „geschenkt" werden, muß aber im Philosophieren in konkreter, mit der Sache zusammenfallender Vernunft aufgehoben werden. Es muß dabei also in der Sprache der Vernunft möglich sein, „die konkrete Einheit derjenigen Bestimmungen" zu vermitteln, die in der Sprache des Verstandes und seines Prinzips der „abstrakten Identität in ihrer Trennung und Entgegensetzung für wahr gelte". Die abstrakte Identität des Verstandes und ihre Aufhebung ließe sich auch in Zusammenhang mit der Problematik des „überzeichenmäßigen Charakters der Sprache" (3. Kapitel) bringen. Insofern stellt das Problem der Dialektik sich als ein solches der Sprachphilosophie heraus. Im Rahmen der nominalistischen Zeichentheorie ist schon von diesen Tatsachen her eine Einsicht in das, was Dialektik heißt, nicht zu erwarten.

Sie muß auch allen Positionen fremd bleiben, für die (seit August
Comte) die „äußere Zusammensetzung" das Prinzip ihrer Wissenschaftstheorie ausmacht. Es ergibt sich von dieser aus eine Rangordnung
der Einzelwissenschaften (des „Realen"), entsprechend dem höheren
oder niedrigeren Grad der Zusammensetzung ihres jeweiligen „Gegenstandes". Nun ist es aber klar, daß dieses Prinzip überhaupt nur dort
sinnvoll angesetzt werden kann, wo eben „äußere Zusammensetzung"
von den Erscheinungen her in bestimmter methodischer Abstraktion
möglich ist. Nur zu leicht verwechselt man in den Reihen des neuzeitlichen Positivismus den Unterschied von Komplexität im Sinne äußerer
Zusammensetzung mit „wahrhaften inneren Einheiten" (Leibniz, vgl.
30, § 2—4), die niemals als das Resultat bloßen Zusammensetzens aus
„Elementen" gedacht werden können, sondern vielmehr immer schon
vorausgesetzt sind, wenn Analyse sich an sie macht. Statt hier jeweils
die Grenzen des eigenen Verfahrens zu bedenken, neigt man dazu,
sein Scheitern an jenen Grenzen nicht als einen grundsätzlichen (fundamentalphilosophisch einsichtigen) Hinweis auf die beschränkte Gültigkeit des Verfahrens zu nehmen; man spricht dann von einem „Noch
nicht" in etwa folgender Weise: „Noch hat die ‚moderne‘ Wissenschaft
(eine sehr beliebte suggestive Wendung) wegen der ‚Komplexität‘ des
Phänomens nicht erreicht, daß . . ., aber es ist nur eine Frage der Zeit,
daß sie auch hier . . ." An die Stelle der Einsicht in die grundsätzliche
Grenze bestimmter methodischer Abstraktion der Einzelwissenschaft
tritt eine — meist auch emotional als Religionsersatz gekennzeichnete —
Eschatologie, eben diejenige des „Noch nicht".
Hegel erklärt zu dieser Sachlage folgendes: „Die ungebildete Reflexion verfällt zunächst auf die Zusammensetzung als die ganz äußerliche Beziehung, die schlechteste Form, in der die Dinge betrachtet
werden können; auch die niedrigsten Naturen müssen eine innere Einheit sein." (Werke, Glockner V S. 55) Er fährt übrigens bezeichnender-
weise an dieser Stelle folgendermaßen fort: „Daß vollends die Form
des unwahrsten Daseins auf Ich, auf den Begriff übertragen wird,
ist mehr, als zu erwarten war, ist als unschicklich und barbarisch zu
betrachten." Es ist nicht weniger unschicklich und barbarisch, das Modell der Zusammensetzung auf die Sprache bzw. alles Logosartige zu
übertragen.
„Elemente" des Zusammensetzens sind von „Momenten" des Begriffs im Sinne Hegels zu unterscheiden. Zwischen den „Momenten"
des dialektischen Begriffs herrscht dann Widersprüchlichkeit, wenn sie

im Sinne der Verstandesidentität abstrakter Begrifflichkeit miteinander
konfrontiert werden. Das Eine ist nicht das Viele und umgekehrt, das
Einfache ist nicht das Mannigfaltige und umgekehrt usw. Dagegen ist
die dialektisch resultierende einfache Einheit des mannigfaltigen Vielen nicht in sich widersprüchlich, sie wäre es nur, wenn man sie aus
den abstrakten Verstandesidentitäten gewissermaßen zusammensetzen
müßte. Ein berühmtes Beispiel für diesen Tatbestand ist die Monade
Leibnizens als „einfache Substanz", von der z. B. gleich am Anfang
seiner ›Monadologie‹ die Rede ist. Dieses Einfache geht in das Zusammengesetzte ein und ist doch selbst ohne Teil. Es geht also nicht
als Teil (Element) in das Zusammengesetzte ein. Die ganze Monade ist
wahrhafte Einheit dieser Einfachheit und des Zusammengesetzten.
Diese Einheit ist dialektisch. Ihre Momente müssen sich im Sinne abstrakter Verstandesidentitäten ausschließen. Trotzdem ist die Monade
bei Leibniz nur in dieser aufgehobenen Widersprüchlichkeit ihrer Momente wirklich. Jeder Organismus läßt sich als Beispiel für diese Einsicht Leibnizens angeben. Er ist seiner räumlichen Erscheinung nach
durchaus als ein aus räumlichen Elementen bestehendes Zusammen-
gesetztes in beliebiger Weise teilbar. Insofern er aber bestimmte Art
repräsentierendes Individuum ist, ist es nicht in beliebiger Weise teilbar, ohne daß es als solches vernichtet werde. Insofern ist es seiner
einfachen Substanz nach ohne Teil und weder teilbar noch zusammengesetzt. Die einfache Substanz ist „in" dem Zusammengesetzten eben
nicht in der Weise von Elementen im Sinn der rein äußerlichen Zusammensetzung und ihrer Komplexitäten. Ich möchte behaupten, daß
ohne die sprachlichen Möglichkeiten der Dialektik die ersten Paragraphen der Monadologie ebensowenig begreiflich gemacht werden
können wie überhaupt das, was bei Leibniz Monade im Sinne „wahr-
hafter Einheit" ist.

In solchen „wahrhaften dialektischen Einheiten" haben übrigens die
zu vermittelnden „Momente" nicht den gleichen Rang. Sie stehen (wie
in unserem Beispiel) einander nicht wie beliebige Teile eines Ganzen
gegenüber, sondern als die Vielheit der Teile und die Einheit des Ganzen als solche. Momente in diesem Sinn sind weder ideelle Prädikate
eines abstrakten Begriffsinhalts noch reale Teile eines Ganzen. Vielmehr läßt sich sagen, daß dort, wo Momente ein Ganzes in seiner Einheit resultieren lassen, diese Einheit immer schon jenseits der Differenz
von „abstraktem" Begriff und Realität (S. 170 ff.) steht, so daß der so
vermittelte Begriff vielmehr mit der Wirklichkeit zusammenfällt. Dar-

auf beruht übrigens auch der Unterschied der Repräsentation von allen Begriffsverhältnissen im Sinne des nominalistischen Begriffs. Niemals läßt sich daher bei wahren dialektischen Sachverhalten ein nominalistisch abstraktes Allgemeines angeben, unter das die Momente der dialektischen Vermittlung subsumiert werden könnten. Vielmehr bringt die in der Aufhebung zum Zuge kommende bestimmte Negation die in vollständiger Disjunktion fixierten Verstandesidentitäten wieder in Fluß und läßt sie in ihrer abstrakten Widersprüchlichkeit als nichts Letztes erkennen. Sie hebt also nicht den Satz vom ausgeschlossenen Dritten dort auf, wo er seinen Platz hat, sondern läßt erkennen, daß es — eben bei den dialektischen Sachverhalten — Wirklichkeiten gibt, deren Unterschiede nicht an der Endstation des Satzes vom ausgeschlossenen Dritten im Sinne der vollständigen Disjunktion von Bejahung und Verneinung haltmachen. Man kann die Sache auch so ausdrücken, daß man sagt, in der dialektischen Aufhebung ist ein Moment ursprünglich so beschaffen, daß man es überhaupt nicht im Sinne der abstrakten Verstandesidentität als Gegenstand fixieren kann. Es ist für sie nur „pseudogegenständlich" gegeben. Die dialektische Aufhebung aber denkt es aus dieser Pseudogegenständlichkeit heraus auf seine Wirklichkeit hin und gewinnt damit das in Frage stehende Ganze, das ohnehin im Zeichen der Einheit jenes ursprünglich nicht gegenständlichen Moments steht, so daß über den dialektischen Begriff diese Wirklichkeit, und zwar als vermittelte Wirklichkeit, erreicht wird. Wir wollen diese Seite der Dialektik gleich noch am Beispiel der Sprache als Vermittlung durch eine Versinnbildlichung (durch die „dialektische Ellipse") illustrieren. Vorher sei nur bemerkt, daß die bestimmte dialektische Negation seit jeher im philosophischen Denken eine Rolle gespielt hat, auch in Positionen, die sich als solche von der Dialektik Hegels abgrenzen und distanzieren, wie z. B. die Nachfahren Kants in bezug auf die „grenzbegriffliche" Rede dieses Philosophen bzw. die Nachfahren des hl. Thomas in bezug auf seine „analogia entis". Auch wäre im Zusammenhang mit der Dialektik einmal näher darauf einzugehen, welche Bedeutung dem „Zirkel" (der „Zirkularität") in der Philosophie zukommt. Hier sei nur darauf aufmerksam gemacht, daß der sogenannte circulus vitiosus der formalen Logik auf jeden Fall von aller Zirkularität im Rahmen der Voraussetzungsproblematik der Fundamentalphilosophie wohl zu unterscheiden ist. Es ist eben etwas anderes, wenn ich in einem Zirkelschluß feststelle, daß das zu Beweisende schon in den Prämissen enthalten ist — oder wenn ich in der fundamentalphilosophischen Voraussetzungsproblematik von einer Zirkularität der dialektischen Momente spreche. Vielmehr läßt sich sagen, daß zuletzt alle fundamentalphilosophischen Fragen in einen dialektischen Zirkel führen, der nicht vitiös ist, sondern im Gegenteil die allein mögliche Sprechweise für die in Frage stehende Thematik angibt. Ein einfaches Beispiel aus der neueren Geschichte der Philosophie kann diesen Hinweis erläutern: niemand hat im Vollzug einer Armbewegung (sagen wir: einer Grußgeste) ein psychophysisches Problem, wie nämlich in dieser Handlung (Praxis) Willensentschluß und Muskelgeschehen zusammenkommen. Im Handeln bin ich gewissermaßen immer schon die wahrhafte (dialektische) Einheit, die in bloß theoretischer Intention in ihre nicht synthetisierbaren Momente zerfällt. Es ergibt sich dann die Aporie, daß das beobachtbare Muskelgeschehen den Willensentschluß voraussetzt, damit überhaupt von *Handeln* die Rede sein kann — daß der Willensentschluß das Muskelgeschehen voraussetzt, um als *wirkliches* Handeln in Erscheinung treten zu können. Unser Beispiel läßt außerdem noch erkennen, daß das dialektische Voraussetzungsverhältnis ein Verhältnis ist, das weder als formallogischer Zusammenhang noch als innerzeitlicher Konnex verstanden werden kann. Im ersten Fall müßte die Zirkularität tatsächlich vitiös sein, im zweiten Fall aber im Sinne linearer Kausalität aufgelöst werden können. Jede Philosophie, die meint, daß überzeitliche „logische" Geltung und innerzeitliches „empirisches" Geschehen eine vollständige Disjunktion bilden, erweist sich von hier aus als fundamentalphilosophisch naiv und undurchführbar. Diese Konsequenz trifft u. a. auch eine Position, die alle wissenschaftlichen Sätze als entweder analytisch oder empirisch (im Sinne einer vollständigen Disjunktion) betrachtet.

Ich wende mich zu der die Dialektik versinnbildlichenden Ellipse, für die wir als dialektischen Sachverhalt — wie gesagt — die Sprache als Vermittlung zugrunde legen. Im Grunde heißt alles Reden von der Sprache und dem Logosartigen überhaupt in transzendentaler Differenz zugleich dialektisch reden. Denn die in transzendentaler Differenz festgehaltenen Unterschiede sind immer Momente des für ihre Unterscheidung schon vorausgesetzten dialektischen Ganzen. Die dialektische Ellipse der Sprache als Vermittlung geht auf den Unterschied von Vermittlung und Gegenstand und sieht folgendermaßen aus:
In der Abbildung sind Vermittlung und Gegenstand zunächst an den Brennpunkten der Ellipse angeschrieben, Vermittlung steht aber außer-

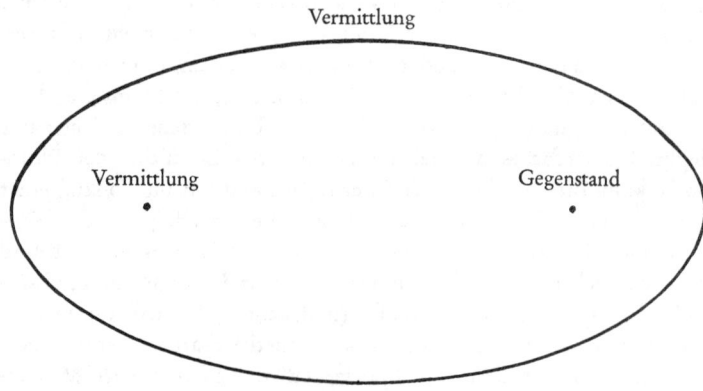

dem noch an ihrer Peripherie. Vermittlung ist also doppelt angeschrieben. Damit soll zum Ausdruck kommen, daß sie das dialektische Ganze
ihrer selbst und ihres Gegenstandes ist. Dieses Ganze — so haben wir
schon im Zusammenhang mit dem überzeichenmäßigen Charakter der
Sprache gehört — ist nicht in der Weise als eine Beziehung von Vermittlung und Gegenstand zu denken, daß diese Vermittlung eine
innerzeitliche Relation oder ein rein logisches Ableitungsverhältnis
darstellen könnte. Mit Hegel nennen wir Vermittlung und Gegenstand
an den Brennpunkten — wie gesagt — die „Momente" des Ganzen,
d. h. der Vermittlung an der Peripherie. Momente nun können niemals
als bestimmte Bereiche innerhalb des Umfanges des Ganzen (der Vermittlung an der Peripherie) gedacht werden; das im Grunde schon
deshalb nicht, weil ja die Vermittlung an der Peripherie und die Vermittlung an dem einen Brennpunkt zwar unterschieden, aber in ihrer
Wirklichkeit im dialektischen Ganzen dasselbe sind. Hegel spricht in
diesem Sinn von Identität der Identität und der Nichtidentität. Die
Einsicht in diese Identität setzt in unserem Beispiel den Unterschied
von Vermittlung und Gegenstand im Sinne ihrer transzendentalen
Differenz voraus. Nur in ihr läßt sich von Vermittlung als Vermittlung,
von Sprache als Sprache sprechen. Bei Heidegger (S. 35 f.) zerfällt die
Identität der Vermittlung (an dem einen Brennpunkt und an der
Peripherie) zuletzt in zwei verschiedene „Gegenstände", wobei freilich
zugleich beansprucht wird, daß die Vermittlung an der Peripherie
(die ursprüngliche Sage, die gerade in der Unterscheidung vom Gegenstand als seienden selbst zu einem seienden Gegenstand wird) nichts

Sprachliches im Sinne eines bestimmten Seienden sein dürfe; es ist dann gleichgültig, ob ich dieses Ursprüngliche erschweige oder in ermüdenden Hinweisen davor warne, von ihm überhaupt zu sprechen. Hegels Dialektik scheint doch näher auch an Sprache in ihrer Ursprünglichkeit heranzuführen als Heideggers schweigend-sagendes Vermitteln der neuen Spracherfahrung.

Daß das dialektische Ganze der Sprache (in unserem Beispiel die Gegenüberstellung von Vermittlung und Gegenstand) die transzendentale Differenz voraussetzt, besagt nichts anderes, als daß die Relation von Gegenstand und Vermittlung an den Brennpunkten der Ellipse nicht selbst als gegenständliche Relation zu denken ist. Gegenständliche Bereiche gibt es im Grunde überhaupt nur an dem Brennpunkt des Gegenständlichen. Wird freilich die transzendentale Differenz selbst gegenständlich gedacht, dann wird Vermittlung notwendig zu einer innerzeitlichen Relation, die auf irgendeine Weise in das Affektionsschema zurückfällt. Dann ist es freilich schlechthin undenkbar, daß die als Gegenstand gedachte Vermittlung (Sprache als wie immer untersuchte empirische Gegebenheit) sich am anderen Brennpunkt der dialektischen Ellipse in einer Weise voraussetzt, in der sie gerade nicht als Gegenstand gedacht werden kann. Es läßt sich zu dieser schwierigen Materie im Zusammenhang mit unserer bildlichen Darstellung abschließend sagen, daß einerseits Vermittlung niemals in transzendentaler Differenz als solcher, sondern nur als ihre „Aufhebung" wirklich ist, daß aber nur über die transzendentale Differenz Vermittlung als solche gedacht und ausgesagt werden kann.

Wir haben diese Betrachtungen zur Dialektik nicht um ihrer selbst, sondern um unserer Einführung willen angestellt. Sie waren deshalb notwendig, weil zuletzt alle Bestimmungen im Gesamtraum des Gefüges Sprache dialektische Momente der „Sprache in ihrer Totalität als Energeia" (vgl. nächstes Kapitel, S. 96 ff.) sind und nur von dieser vorausgesetzten wahrhaften Einheit her zu begreifen sind. Ein System der Sprachphilosophie wäre daher wohl nichts anderes als der schrittweise Aufbau dieses Gesamtgefüges Sprache unter der Voraussetzung der Sprache als Energeia. Dieses sprachphilosophische System existiert noch nicht. Es wäre wohl tatsächlich ein neues System der Philosophie überhaupt, wenn es in alle seine Bezüge entfaltet wird.

Wir geben an dieser Stelle nur einen schematischen Aufriß des Gesamtgefüges Sprache zwischen „Wort" und sprachlich vermitteltem „Weltbild" (vgl. 10. Kapitel, S. 129 f.). Die primäre dialektische Einheit

der Sprache ist das Wort als Einheit von Laut und Bedeutung. Diese
von Hamann und Humboldt in gleicher Weise bewunderte Einheit,
in der zuerst Vernunft durch Artikulation einen Leib gewinnt und für
andere als Vermittlung über etwas hörbar wird, beruht auf der „ab-
straktiven Relevanz" (K. Bühler) lautlicher Unterschiede im Sprechen
und Hören. Sprache hat aber nicht nur ein Lexikon, sondern auch
eine Syntax. Die Wörter gewinnen Sinn im Satz. Das gilt zumindest
für den Raum der indoeuropäischen Sprachen. Aber auch wenn in
anderen Sprachsystemen von Satz nicht die Rede sein kann, werden
sich diese auf andere Weise behelfen müssen, diejenige Synthese zu
leisten, die in den indoeuropäischen Sprachen dem Satz zukommt. Die
Sinneinheit des Satzes bzw. (wie z. B. in dialektischer Rede) mehrerer
Sätze in der Prädikation (d. h. im Auseinandertreten grammatika-
lischer Fixierungen) ist das eigentliche Problem des Satzes. (30 § 13)
Die Philosophie hat es in verschiedener Weise formuliert, z. B. als
dasjenige des „spekulativen Satzes" durch Hegel. Im Satz und in
Satzverbindungen gewinnt die Sprache ihre eigentliche Wirklichkeit
als lautlich artikulierte Vernunft. In dieser Wirklichkeit ist sie Vermittlung im Sinne der von Liebrucks im Anschluß an Humboldt
herausgestellten Dreistrahligkeit der semantischen Relation. Sie ist
dabei Vermittlerin zwischen Subjekt und Objekt und Subjekt und
Subjekt in einem, was gar nichts anderes heißt, als daß das spezifische
In-der-Welt-Sein des Menschen in Sprachgemeinschaft vermittelte Weltbegegnung ist. So wie Sprachlichkeit nur in bestimmter Sprache, so ist
„die Welt" nur im bestimmten sprachlichen Weltbild vermittelt. Dieses
ist immer — wie sich zeigen wird (S. 129 f.) — in seiner jeweiligen Geschichtlichkeit zugleich sprachliches Apriori des spezifischen In-der-
Welt-Seins des Menschen überhaupt. Die Geschichtlichkeit bestimmter
Sprache schließt diese in ihrer jeweiligen Beschaffenheit von dem in
ihr wirklichen Sprachsystem bis zu dem jeweiligen die Sprachgemeinschaft bestimmenden Sprachgebrauch mit seinem Wortschatz und seiner
Syntax ein. Ein am Leitfaden der Sprache orientiertes Denken wird
im Gesamtraum dieses Gefüges sehr verschiedene methodische An-
knüpfungspunkte finden können. Davon wird noch die Rede sein.
(S. 168).

7. SPRACHPHILOSOPHIE, SPRACHWISSENSCHAFT UND SPRACHPSYCHOLOGIE

Nachdem wir uns im letzten Kapitel einen Überblick über das Gesamtgefüge der Sprache verschafft haben, mögen nun einige Abgrenzungsfragen behandelt werden, die Klarheit über das Verhältnis der Sprachphilosophie zu anderen wissenschaftlichen Bemühungen um die Sprache schaffen sollen.

Das Wort Sprachphilosophie kann in dreifacher Weise verstanden werden: 1. Das Wort kann in Analogie zu anderen zusammengesetzten Wörtern mit -philosophie, also etwa Naturphilosophie, Rechtsphilosophie, Geschichtsphilosophie gebildet werden und ließe sich dann als eine spezielle philosophische Disziplin charakterisieren, die das „Wesen" der Sprache zu erfassen sucht. Philosophische Disziplinen unterscheiden sich von Einzelwissenschaften dadurch, daß sie von dem Zusammenhang der fundamentalen Systematik der Philosophie nicht ablösbar sind. Im Gegensatz zur relativen Selbständigkeit und zum historischen Ablösungsprozeß verschiedener Einzelwissenschaften von der „gemeinsamen Mutter Philosophie" sind sie gerade dadurch gekennzeichnet, daß jede für sich die philosophische Grundlagenforschung impliziert und ihrerseits wiederum als integrierender Teil dieser Grundlagenforschung das philosophische System mitkonstituiert.

2. Schon aus diesen Hinweisen ergibt sich, daß die Grenze zwischen Fundamentalphilosophie und philosophischen Einzeldisziplinen ganz allgemein eine fließende ist, außerdem aber auch in verschiedenen Perioden der Geschichte der Philosophie in verschiedener Weise angesetzt werden konnte. In beiderlei Hinsicht können bestimmte Disziplinen jeweils eine größere Bedeutung im Ganzen des philosophischen Denkens erlangen. So kann z. B. in der Gegenwart Sprachphilosophie in ihrer Bedeutung kaum überschätzt werden. Davon war schon die Rede. Es haben sich in der Tat schwerwiegende Gründe ergeben, wesentliche Fragestellungen der Fundamentalphilosophie „am Leitfaden der Sprache" zu formulieren, zu entwickeln und einer Lösung näherzubringen. Auf diese Weise ist in zweiter Bedeutung Sprach-

philosophie gewissermaßen an die Stelle der traditionellen Fundamentalphilosophie selbst getreten.

3. Diese Entwicklung ist nicht nur durch die Konfrontation der so verstandenen Sprachphilosophie mit der analytischen Sprachphilosophie zu erklären, doch mag die in dieser Konfrontation sich ergebende Auseinandersetzung dazu beigetragen haben, sprachphilosophische Problemformulierungen zu forcieren, vielleicht auch in der Hoffnung, über die Sprache zu einer gemeinsamen Basis des philosophischen Denkens zurückzufinden. Jedenfalls ist von Sprachphilosophie in ihrer dritten Bedeutung dann die Rede, wenn man die analytische Sprachphilosophie (sowohl als logische wie auch als linguistische Analyse) als eine ganz bestimmte Richtung des Denkens herausstellen und von anderen philosophischen Positionen abgrenzen will.

Der Aufgabe dieser Einführung (Vorwort) entsprechend ist in dieser von Sprachphilosophie im Sinne der ersten und zweiten Bedeutung die Rede.

Die so verstandene Sprachphilosophie ist weiterhin auch von Sprachwissenschaft (als Inbegriff aller einzelwissenschaftlichen Bemühungen um Sprache im Sinn von verlautbarten oder (druck)schriftlich vorliegenden Sprachgebilden und Sprachwerken einerseits, Sprachpsychologie, als Inbegriff aller mit dem Sprechen gegebenen psychischen und geistigen Anlagen des Individuums und der Sprachgemeinschaften, andererseits einschließlich aller genetischen und geschichtlichen Aspekte dieser Einzelwissenschaften) zu unterscheiden. Auch hier können die Abgrenzungen natürlich nicht Trennungen der Forschungsgebiete bedeuten; trotzdem müssen gerade der Universalität der Sprachforschung wegen Schwerpunkte der Bemühungen um die Sprache gesetzt werden, ganz abgesehen davon, daß diese bei allen fließenden Grenzen auch im Rahmen der universitas litterarum deutlich in Erscheinung treten. In meinem kurzen systematischen Aufriß der Sprachphilosophie (28) habe ich im Anschluß an Humboldt und mit Hilfe bekannter Termini des Aristoteles versucht, dieser Sachlage gerecht zu werden. Humboldt hat nämlich in vielzitierten Sätzen von der „Sprache als Energeia" gesprochen. Diese tiefsinnige Wendung hat die verschiedensten Interpretationen erfahren. Zunächst hat sich ihrer die um die Anerkennung seitens der Sprachwissenschaft bemühte Sprachpsychologie angenommen. Sagt doch Humboldt, man müsse „die Sprache nicht sowohl wie ein totes Erzeugtes, sondern weit mehr wie eine Erzeugung ansehen, mehr von demjenigen abstrahieren, was sie als Bezeichnung der Gegenstände und Vermittlung des Verständnisses wirkt, und dagegen sorgfältiger auf ihren mit der innern Geistestätigkeit eng verwebten Ursprung und ihren gegenseitigen Einfluß zurückgehen" (37, S. 260, sowie S. 52 und 262 f.). In diesem Sinne also soll Sprache nicht nur ein „Werk (Ergon), sondern eine Tätigkeit (Energeia)" sein, ein Hinweis, der jedenfalls gegen eine bloß am fertigen Sprachwerk orientierte Linguistik den psychisch-dynamischen Vollzugscharakter der Sprache hervorzuheben scheint. Freilich läßt sich der Gesamtzusammenhang des Zitates von dieser Auffassung her nicht begreifen, da in ihm doch offensichtlich nicht nur von Sprache als einem die Psychologie interessierenden Vorgang, sondern zuletzt, gegenüber den in gleicher Weise „äußeren" Einstellungen von Sprachwissenschaft und Sprachpsychologie, von der „inneren", in eigentümlicher Weise für die geistige Existenz wie das in ihr vermittelte „Welthaben" konstitutiven „Tätigkeit", im Rückgriff auf den „eng verwebten Ursprung" von Sprache und Geist überhaupt, die Rede ist. Wir wissen schon, daß sich Humboldt in diesem Sinne auf Sprache als Vermittlung bezieht. Insofern geht es Humboldt, über die Aspekte der Sprache als eines gegebenen Bereiches von sprachlichen Sinngebilden (Sprachwissenschaft) bzw. eines gegebenen Bereiches bestimmter geistiger Leistungen des Menschen (Sprachpsychologie) hinaus, um die gegenstandkonstitutive Bedeutung der in der unergründbaren Tiefe der einfachen Verstandeshandlung wurzelnden Sprache. Auf der Grundlage dieser Interpretation habe ich in der zitierten ›Sprachphilosophie‹ eine Zuordnung von Sprache als Ergon → Sprachwissenschaft, Sprache als Dynamis → Sprachpsychologie und Sprache als Energeia → Sprachphilosophie vorgenommen und mit dieser allgemeinsten Einteilung der mit der Sprache beschäftigten Wissenschaften weitere Hinweise verbunden.

Es sind z. B. die gewöhnlich mit Fremdwörtern (langage, langue, parole) (62) vorgenommenen Unterscheidungen der Bedeutung des deutschen Wortes „Sprache" in ihrem Rahmen durchaus wichtig, trotzdem aber für die Sprachphilosophie als solche insofern vorläufig, als sie — in ihren rein gegenständlichen Fixierungen bestimmter Aspekte der Sprache — nicht an die fundamentalphilosophische Problematik und ihre Dialektik heranzuführen vermögen. An sich läßt sich etwa langage auf Sprache als Dynamis, langue auf Sprache als Ergon und parole auf Sprache als Energeia beziehen, ohne daß damit freilich die sprachphilosophische Fundierungsproblematik formuliert werden könnte. Das gleiche ist der Fall, wenn am Beginn der analytischen Betrachtung der Sprache von „Syntax, Semantik und Pragmatik" die Rede ist. Es handelt sich bei allen diesen Unterschieden zuletzt um Abstraktionen, die im Rahmen bestimmter Fragestellungen ihre methodische Bedeutung besitzen, in diesem Rahmen selbst aber nicht auf die den jeweiligen Unterscheidungen impliziten Voraussetzungen befragt werden können. Auch Humboldt versteht Sprache als Energeia primär vom aktuellen Sprechen (parole) her, weiß aber selbstverständlich, daß dieses in jedem Augenblick Vorübergehende und Verklingende jene Totalität verlangt, die aller Analyse des Sprachgefüges vorausgesetzt ist. Er schreibt: „Die Sprache in ihrem wirklichen Wesen aufgefaßt, ist etwas beständig und in jedem Augenblick Vorübergehendes. Selbst ihre Erhaltung durch die Schrift ist immer nur eine unvollständige, mumienartige Aufbewahrung, die es doch erst wieder bedarf, daß man dabei den lebendigen Vortrag zu versinnlichen sucht. Sie selbst ist kein Werk (Ergon), sondern eine Tätigkeit (Energeia). Ihre wahre Definition kann daher nur eine genetische sein. Sie ist nämlich die sich ewig wiederholende Arbeit des Geistes, den artikulierten Laut zum Ausdruck des Gedankens fähig zu machen. Unmittelbar und streng genommen, ist dies die Definition des jedesmaligen Sprechens; aber im wahren und wesentlichen Sinne kann man auch nur gleichsam die Totalität dieses Sprechens als die Sprache ansehen." (36, S. 418)

Auch wenn man Sprache durch den Hinweis auf ihre „Funktionen" zu erfassen sucht, muß man sich darüber im klaren sein, daß auch in diesen Funktionen Sprache als Energeia nicht fixiert werden kann. Vielmehr liegt es nahe, von hier aus Sprache wiederum bloß als Werkzeug für verschiedene Zwecke zu betrachten, wie dies z. B. sehr deutlich in dem „Organonmodell" der Sprache bei K. Bühler (6) zum Ausdruck kommt. In dieser Hinsicht wendet sich F. Kainz (42, I S. 67 und 70 ff.) gegen dieses Organonmodell. Er weist darauf hin, daß die Funktionen der Sprache mehrere sind, „ihr Wesen dagegen ist einheitlich: hinter der Mehrheit der Leistungen steht die Identität des Wesens". „Was in jeder echten Sprachäußerung [sei sie nun ‚Kundgabe' oder ‚Appell' oder ‚Bericht'] gleicherweise vorhanden sein muß, ist das zentrale Wesen der Sprache, das als solches tatsächlich eine einheitliche Konstante darstellt, keineswegs aber müssen es sämtliche Funktionen ... Tatsächlich lassen sich alle einzelnen Sprachfunktionen auf einen einheitlichen Nenner bringen ... und dieser heißt: bedeu-

tungserfülltes, nennendes und darstellendes Zeichen ... Das Wesen der
Sprache besteht darin, daß sie ein Gefüge sinn- und bedeutungsvoller
Zeichen ist, die nicht sich selbst meinen" (womit wir bei dem Vermittlungsproblem der neuzeitlichen Transzendentalphilosophie angelangt
sind).

Trotz der Unterscheidung zwischen dem Wesen und den Leistungen
der Sprache und der Korrektur des Organonmodells K. Bühlers hän-
gen auch bei Kainz die beiden Bereiche eng zusammen, doch wird es
erst durch die Unterscheidung von Wesen und Leistungen der Sprache
möglich, im „Kampf um die Tier-Sprache" (zu den verschiedenen
Standpunkten in diesem Kampf vgl. 43, S. 250 ff.) zu einer klaren
Formulierung des Problems zu kommen. Es wird nämlich durch die
erwähnte Korrektur des Bühlerschen Organonmodells „möglich, den
Hauptunterschied zwischen der Sprache und den Kommunikationsformen der Tiere nicht im Bereich der funktionalen Leistungen und
Sinndimensionen, sondern im Wesenmäßigen zu sehen, was den faktischen Verhältnissen ungleich besser entspricht. Bühler sagt, dem Tier
fehle in seiner ‚Sprache' die konstitutiv bedeutsamste Leistung, die
Funktion der ‚Darstellung'. Da die Darstellung nach unserer Ansicht
indes keine bestimmte Sprachleistung neben anderen ist, sondern das
fundamentale Wesensmoment der Sprache, das hinter ihren sämtlichen
Leistungen steht und diese allererst ermöglicht, ist das Fehlen der
‚darstellenden' Sprache — das übrigens gar nicht einschränkungslos
zugegeben werden kann — für uns keine Angelegenheit der Funktionen, sondern eine solche der Wesensorganisation des Kommunika-
tionssystems der Tiere. Freilich gibt es auch im Bereich der kommunikativen Funktionen kennzeichnende Unterschiede: die Tier‚sprache'
ist von der Vollsprache nicht nur wesens-, sondern auch leistungsmäßig
geschieden." (Ebd. S. 174 f.) Wir werden uns mit dem Unterschied
von Mensch und Tier von der Sprache her genauer beschäftigen.
(13. Kapitel) Hier sei nur noch an die ausführliche Erörterung der
Problematik von Wesen und Leistungen der Sprache bei Kainz im
ersten Band seiner Sprachpsychologie (42) verwiesen. Kainz fügt dem
Organonmodell der Sprache bei Bühler eine vierte Funktion, und
zwar die „interrogative" hinzu. In bezug auf den Unterschied von
Mensch und Tier faßt er seine Lehrmeinung folgendermaßen zusammen: „Von den vier Funktionen der Sprache — der interjektiven (Ausdruck bzw. Kundgabe), der imperativen (Appell, Auslösung), der
indikativen (Bericht, Information) und der interrogativen (Frage) —

zeigen die animalischen Kommunikationsformen nur den genetisch primitiven Bestand, wobei die angegebenen Sinndimensionen in bezug auf ihr Vorhandensein beim Tier eine absteigende Reihe bilden. Voll verwirklicht ist nur der monologische Ausdruck, während das dialogische Gegenstück desselben — die auf einen kundnehmenden Partner abgestellte, somit intendierte Kundgabe — als nicht gleicherweise gesichert gelten muß. Dementsprechend wird die Appellfunktion in noch stärkerem Maß problematisch. Bericht und Information gibt es nur in ersten Ansätzen, die Frage fehlt völlig." (43, S. 175) Es ist nicht uninteressant, festzustellen, daß der sogenannten Tiersprache die interrogative Sprachfunktion völlig abgeht. In ihr tritt notwendig eine „Reflexionsstufe" in Erscheinung, die im Bereich der Tiere nicht anzutreffen ist. Die Frage setzt nämlich schon jene Distanzierung der Unmittelbarkeit des Lebensvollzuges voraus und damit auch grundsätzlich eine bestimmte Befreiung von dem Druck dieser Unmittelbarkeit, die das Tier zu einem sich als Tier wissenden Wesen avancieren und damit zum Menschen werden läßt. (S. 185)

Auch die empirisch-psychologische Fragestellung nach dem Verhältnis von Sprache und Denken hat ihre Bedeutung nur im Rahmen einer bestimmten methodischen Abstraktion, in der eben die unterschiedlichen Gegebenheiten Sprache und Denken in ihren Beziehungen betrachtet und beschrieben werden. Dabei wird freilich mit methodischer Notwendigkeit der unmittelbar vorausgesetzte Sprachsinn (Sprache als Energeia bei Humboldt) zerlegt in die abstrakten Gegebenheiten eines „inneren" Denkvollzugs und seiner sprachlichen „Äußerung". Man kann dann durchaus ernsthaft untersuchen, ob es vorsprachliches oder sprachfreies Denken gibt, wie es um die Spannung zwischen Denken und sprachlichem Ausdruck steht, welche Schwierigkeiten das Formulieren eines Gedankens macht, worin das gedankenlose Gerede besteht, ob ein Gedanke als solcher in verschiedener Weise ausgesprochen werden kann usw. Hier überall handelt es sich nicht um philosophische Fragestellungen im eigentlichen Sinn des Problems von Sprache und Bewußtsein, das durchgehend im Zeichen jenes von Humboldt betonten „eng verwebten Ursprungs" von Sprache und Geist überhaupt steht.

Es sei abschließend noch darauf hingewiesen, daß in der sprachphilosophischen Literatur häufig auch der Terminus „Sprachtheorie" oder „Theorie der Sprache" auftritt. Die Verwendung dieses Wortes ist keine einheitliche. Jedenfalls ist in ihm von Sprachforschung in einem sehr weiten Umfang die Rede, der jeweils seine nähere Bestimmtheit durch das Verhältnis zur Sprachphilosophie erhält. Sprachtheorie kann erstens den Gesamtraum der Beschäftigung mit der Sprache umfassen und schließt in diesem Sinne alle einzelwissenschaftliche und philosophische Beschäftigung mit der Sprache ein; sie kann zweitens — meistens mit deutlicher Distanzierungstendenz — die Philosophie von aller üblichen Sprachforschung ausschließen und beansprucht dann, ohne Philosophie allgemeinste Grundlagen der Sprachwissenschaften herauszustellen bzw. einen allgemeinen Begriff der Sprache anzugeben, der in allen Einzelwissenschaften brauchbar erscheint; drittens kann Sprachtheorie sowohl in philosophischen wie einzelwissenschaftlichen Zusammenhängen in einem jeweils definierten speziellen Sinn auftreten. Ein interessantes Beispiel eines solchen Gebrauches findet sich bei H. Hülsmann in seinem Buch über die Theorie der Sprache bei Husserl, insofern, als er in der Wendung „Theorie der Sprache" das Wort Theorie als Gegensatz zur Praxis als Sprachpraxis akzentuiert und in bestimmter Weise für seine Thematik fruchtbar macht. Er meint nämlich, daß die „Theorie der Sprache und die transzendentale Phänomenologie in einer eigentümlichen, sich erhellenden Bewegung stehen, so nämlich, daß die Theorie der Sprache, einbezogen und umgriffen von der phänomenologischen Philosophie, selber eine phänomenologische Funktion erfüllt. Sprache ist theoretisches Thema der Reflexion und zugleich als reflexive Praxis der Phänomenologie dauernd in die Bewegung des Denkens einbezogen, in welchem sie selber zur Bestimmtheit gelangen soll." (116, S. 7) Diese Einsicht ergibt sich bei Hülsmann aus der schon erwähnten Überwindung des sprachphilosophischen Ausgangspunktes Husserls im Sinne der Analyse von Ausdruck und Bedeutung auf seine transzendentale Sprachbetrachtung hin. Insofern wird „die Theorie der Sprache notwendig mit dem verbunden, was die Wende zur transzendentalen Phänomenologie sachlich ausmacht, besser, was die Transzendentalität der Phänomenologie enthüllt und damit die Sprache selber transzendental werden läßt, denn die Sprache ist entscheidend Index, und die Theorie der Sprache enthüllt sich als sprachliche Praxis. Theorie und Praxis gewinnen hier ein neues Verhältnis, und es hieße die Darstellung mißverstehen, wenn das Gesagte nur bezüglich der Theorie, nicht aber auch bezüglich der Praxis der Husserlschen Sprache verstanden würde." (Ebd. S. 7 f.)

8. SPRACHKRITIK

Auch ohne ausdrücklich sprachphilosophische Reflexion kommt das Denken sehr früh zum Bewußtsein verschiedener Sinnebenen der Sprache: sie „meint" ebenso das Pferd (und zwar als dieses Pferd hier und als „Pferdheit") wie den Pegasus, den Sokrates wie den Apoll, redet von einem Stuhl und Stern ebenso wie von einer Bewegung und von einem Satz, vom Donaustrom wie vom Strom der Erlebnisse und des Bewußtseins, gebraucht die Wendungen: im Gemüt, im Bewußtsein, ebenso wie diejenigen: im Garten, in der Schublade usw. Die im Rahmen der Erkenntnistheorie erst verhältnismäßig spät ausdrücklich formulierte Frage: „Was meinst du eigentlich?" – eine Frage, die kein Wort und keine Sprachwendung passieren läßt, die sich nicht dem Instanzenzug bestimmter Kriterien gestellt und an ihnen ausgewiesen hat, ist sicher sehr früh bewegendes Erlebnis der Besinnung gewesen. Die in der Kommunikation des Alltags überall und stets drohenden Verständnis- und Verständigungsgrenzen mußten den naiven Sprachvollzug erschüttern. In aller Reflexion steckt so vom Anfang an auch „Sprachkritik".

Der wohl liebenswerteste Ahnherr eines bewußt sprachkritischen Philosophierens ist im deutschsprachigen Raum Georg Christoph Lichtenberg gewesen. Goethe sagt von ihm, daß dort, wo er „einen Spaß macht, ein Problem verborgen liegt" (20, S. 296). Für unsere Fragen aber ist es bedeutsam, daß Lichtenberg seine Orientierung an der Sprache als ursprünglicher Voraussetzung des Denkens mit einem ausgeprägten Hang zur Sprachkritik verbindet. In der letzteren Hinsicht nimmt er die moderne Sprachkritik vorweg. Er schreibt: „Es gibt für jeden Grad des Wissens gangbare Sätze, von denen man nicht merkt, daß sie über dem Unbegreiflichen, ohne weitere Unterstützung, auf bloßem Glauben schweben. Man hat sie, ohne zu wissen, woher die Sicherheit kommt, mit der man ihnen traut. Der Philosoph hat dergleichen so gut wie der Mann, der da glaubt, das Wasser fließe deswegen immer bergab, weil es unmöglich wäre, daß es bergauf fließen könne." (Georg Christoph Lichtenbergs Vermischte Schriften, Neue Originalausgabe in 8 Bänden, 1867, I S. 91.) Den Grund für derartige

Wissensillusionen aber sieht er darin, daß „die Erfindung der Sprache vor der Philosophie hergegangen ist. Das ist es, was die Philosophie erschwert, zumal wenn man sie andern verständlich machen will, die nicht viel selbst denken. Die Philosophie ist, wenn sie spricht, immer genötigt, die Sprache der Unphilosophie zu reden." (Ebd. S. 84) „Unsere falsche Philosophie ist der ganzen Sprache einverleibt, wir können sozusagen nicht räsonieren, ohne falsch zu räsonieren. Man bedenkt nicht, daß Sprechen, ohne Rücksicht von was, eine Philosophie ist. Jeder, der Deutsch spricht, ist ein Volksphilosoph, und unsere Universitätsphilosophie besteht in Einschränkungen von jener. Unsere ganze Philosophie ist Berichtigung des Sprachgebrauchs, also, die Berichtigung einer Philosophie, und zwar der allgemeinsten." (Ebd. S. 79) Der Satz: „Unsere ganze Philosophie ist Berichtigung des Sprachgebrauchs", formuliert in prinzipieller Form das Programm jeder philosophischen Sprachkritik überhaupt. Ich unterscheide (30 § 20) die der analytischen Philosophie nahestehende, an der neuzeitlichen Physik bzw. an der neuzeitlichen Mathematik orientierte Sprachkritik, die sich um eine möglichst exakte Sprache bemüht, um den wissenschaftlichen Sprachgebrauch gegen die Vieldeutigkeiten und Vagheiten der natürlichen Sprache abzuschirmen und zu sichern — von der „spekulativen" Sprachkritik, die sich auch dort um eine verbindliche Weise der Vermittlung bemüht, wo sich die Forderung der Exaktheit im Sinne des Leitbildes der exakten Wissenschaften als inadäquat und undurchführbar erweist. Man kann ruhig sagen, daß sich ein Großteil der bedeutenden Denker unserer Tradition auf diese zweite Weise um die Sprache bemüht hat. Versuche, sie im Sinne der ersten Art von Sprachkritik exakt zu machen, sind daher meistens mit dem Verlust des Sinns verbunden, um den sich diese Denker bemüht haben. Man könnte die hier aufgegriffene Problematik unter dem Titel ›Die Sprache und das Irrationale‹ behandeln und ausführen. Das Irrationale schlechthin ist ein rein negativer Begriff. In seinem Bereich läßt sich nichts Bestimmtes mehr denken; es ist die Nacht, in der alle Kühe schwarz werden, wie Hegel sagt. In diesem Sinn könnte der Bezeichnung „irrational" zuletzt überhaupt keine Bedeutung beigelegt werden, da z. B. selbst eine negative Theologie das in ihr angesprochene Irrationale von dem her zu bestimmen sucht, was jeweils in der Rede negiert wird. Man könnte Wendungen wie „Unendlichkeit" und „Ewigkeit" in ihrer Irrationalität über jene Nacht Hegels gar nicht zur Unterscheidung bringen, käme nicht beim Unendlichen die Negation vom Raum, beim Ewigen von der Zeit her. Wichtiger aber ist es, daß es einen guten Sinn hat, von relativer Irrationalität auf eine bestimmte, immer auch sprachlich vermittelte Rationalität hin zu sprechen. Sprachsinn ist vernünftig und verständlich auch durchaus dort, wo wir nicht nach dem Leitbild exakter Sprachkritik in der Weise exakter Wissenschaft reden. Die Grenze ihrer Art von Rationalität ist nicht diejenige der Vernünftigkeit überhaupt, die im Grunde so weit reicht, als der Sinn von Rede überhaupt, in dem sich Gesprächspartner auf eine verbindliche Weise Mitteilungen zu machen vermögen. So stellt Philosophie durchaus den Anspruch, rationale Vermittlung auch dort zu leisten, wo im Sinne exakter Sprachkritik die Begriffe fehlen. Es ist gerade die spekulative Sprachkritik, die diese Problematik immer gesehen hat.

Die bedeutendste Überhöhung der Rationalität einer bestimmten Sprache haben wir im Kapitel über die Dialektik (S. 87 f.) als diejenige der dialektischen Vernunft über den abstrakten Verstand im deutschen Idealismus kennengelernt. Für die Rationalität der Verstandessprache ist die Vernunftsprache als „mystisch" zu qualifizieren: „Alles Vernünftige ist somit zugleich als mystisch zu bezeichnen, womit jedoch nur soviel gesagt ist, daß dasselbe über den Verstand hinausgeht, und keineswegs, daß dasselbe überhaupt als dem Denken unzugänglich und unbegreiflich zu betrachten sei." (Hegel, Werke, Glockner, VIII S. 198)

Wenn übrigens Wittgenstein überall dort, wo man nicht in der Weise exakter Sprache reden kann, die Zucht des Schweigens verlangt, dann ist er in der diese Forderung provozierenden Ausgangssituation gar nicht so weit von der Fassung des Irrationalitätsproblems im deutschen Idealismus entfernt, als er selber wissen konnte. Denn in der von ihm ausgesprochenen Gegenüberstellung ist das postulierte Schweigen ein sehr bezügliches Schweigen, nämlich vermittelt über die definierte Möglichkeit einer bestimmten (der exakten) Weise des Aussagens. Wenn nun aber die „Sätze" diese Weise des Aussagens dadurch „erläutern", daß der sie bzw. Wittgenstein Verstehende sie „als unsinnig erkennt, wenn er durch sie — auf ihnen — über sie hinausgestiegen ist" (78, 6. 54 u. 7), muß dann nicht diese Art des Redens als eine *beredte* Art des Schweigens verstanden werden? Wenn der Verstehende tatsächlich über diese Leiter zum „richtigen Sehen der Welt" gelangt ist, kann er sie dann einfach „wegwerfen" und nur mehr „sehen"? Mit anderen Worten: ist der über den „Traktat" vermittelte Sinn des Schweigens nicht schon vom Traktat her mehr als ein beliebiges Stummsein? Tatsächlich: ist die über die Sätze des Traktats erreichte Aufhebung ihres absoluten

Anspruchs (des exklusiven Anspruchs, allein mögliche Rede zu sein) nicht das Bewußtwerden einer Grenze, an der die zunächst fixierte Entgegensetzung von Rede und Schweigen unmöglich wird und sich selbst als innersprachlich – eben als vermittelt erweist? O. Neurath hat daher den Schluß des Traktats völlig mißverstanden, wenn er schreibt: „Der Schluß des Tractatus – ‚Wovon man nicht sprechen kann, darüber muß man schweigen‘ – ist mindestens sprachlich irreführend; es klingt so, als ob es ‚Etwas‘ gäbe, von dem man nicht sprechen könnte. Wir würden sagen: falls man sich wirklich ganz metaphysischer Stimmung enthalten will, so ‚schweige man‘, aber nicht ‚über etwas‘." (141, S. 396) Es geht hier nämlich nicht um „Etwas" im Bereich des Schweigens – analog einem transzendenten Ding im Jenseits der „schlechten Metaphysik" –, sondern um den Sinn des vermittelten Schweigens, das das richtige Sehen der Welt ist. Nach Neurath aber müßte Wittgenstein das nach seinem Traktat allein „Sagbare" (die Welt als „Gesamtheit der Tatsachen", Tractatus 1. 1) zum Schweigen so in Beziehung setzen wie zu einer jenseitigen Welt von nicht sagbaren „Tatsachen", in einer Setzung, die ebenso unmöglich wie primitiv wäre.

Freilich gerät Wittgenstein selbst mit dem Traktat über den Traktat hinaus: Der Sinn des als richtiges Sehen der Welt vermittelten Schweigens gestattet es nicht, die im Gegensatz zum Sinn dieses Schweigens fixierte Rede als die Grenze der „Welt" (im Sinne der Definition des Traktats) zu verstehen; (ebd. 5. 6) behauptet man nämlich dann zugleich, daß es das Unsagbare gibt, von dem geschwiegen werden muß, (ebd. 6. 522) dann wird dieses Unsagbare tatsächlich zu einer rein negativ bestimmten jenseitigen Welt (zur unsagbaren Welt im Gegensatz zur sagbaren Welt) und damit zum berechtigten Anlaß der Kritik Neuraths.

Liegt nun in der Bejahung des „Mystischen" bei Wittgenstein nicht deutlich eine Sehnsucht nach Unsagbarem vor, das nicht einfach als der Bereich des Schweigens überhaupt verstanden werden kann, sondern als der Sinn eines Schweigens, der den ihm entgegengesetzten Absolutheitsanspruch derjenigen Aussageweise sprengt, die diesen Sinn in der Tat zum Verstummen bringen müßte? Wieder sehen wir: Wittgenstein steht hier auf seinem Weg und auf seine Art vor dem Problem des „spekulativen Satzes" bzw. der spekulativen Sprachkritik überhaupt. Sieht sich doch auch Hegel dem „Mystischen" gegenüber vor der Aufgabe, die jeweils bestimmten Sinngehalte dieses „Bereiches" durch die Distanzierung einer ihm in seiner Art Ver-

schlossenheit inadäquaten Rede (des „Verstandes") zugunsten einer
ihn erschließenden Rede (der spekulativen „Vernunft") beizukommen.
Es ergibt sich: ein über eine jeweils bestimmte Redeweise negativ
vermittelter, aber in ihr nicht faßbarer Sinn ist als durch sie vermittelter in gewisser Weise durchaus innersprachlich und kann daher
nicht im Schweigen (in der am „Nichts" verhallenden Rede) erfaßt
werden, sondern nur durch eine Rede, die über die zunächst angesetzte
Redeweise hinausführt und den von ihr bloß negativ ausgegrenzten
Sinn tatsächlich und „positiv" zu vermitteln vermag. Über jede in bestimmter Negation (über die „Leiter" einer bestimmten Redeweise) erreichte Grenze sind wir immer auch schon hinaus.

Das beredte Schweigen ist ein durchaus innersprachliches Phänomen.
Es unterscheidet sich wie das Schweigen dem Du gegenüber von dem
Stummsein der Tiere. Wir sind schon im Zusammenhang mit Jaspers
(S. 36) auf diesen Unterschied zu sprechen gekommen. Es ist das
berechtigte Anliegen aller dialogischen Sprachphilosophie, darauf
hinzuweisen, daß im Sprachsinn von der lautlichen Äußerung her
immer schon der Platz für das Du mit eingeräumt ist, weil alle Rede
der Antwort harrt und daher unmittelbar dialogisch ist. Auch im
lauten und im stillen (nur im Denken bestehenden) Selbstgespräch ist
dies der Fall, und von daher empfängt das Nichtreden als Schweigen
seinen sprachlichen Sinn. Dieser Sinn muß innerhalb der Sprachgemeinschaft begegnend geleistet und empfangen werden. Dieses Leisten
ist als sprachliche Funktion relativ frei: der Wiener etwa spricht bei
einem guten Tropfen von einem „Weinderl, zu dem man Du sagen
muß", und trinkt ihn mit Behagen aus, womit diese Art der Begegnung
ihre kurzschlüssige Erfüllung erfährt. Wirkliche Begegnung aber harrt
der Antwort, schon etwa bei nichtmenschlichem Lebendigem. Dieses
antwortet auch jeweils auf seine Weise, wenn auch nicht mit der
Sprache, so daß hier das Du des Sprachsinns keine adäquate Erfüllung
erfährt: „Betrachte die Heerde, die an dir vorüberweidet: sie weiß
nicht, was Gestern, was Heute ist, springt umher, frißt, ruht, verdaut,
springt wieder, und so vom Morgen bis zur Nacht und von Tage zu
Tage, kurz angebunden mit ihrer Lust und Unlust, nämlich an den
Pflock des Augenblicks, und deshalb weder schwermütig noch über-
drüssig. Dies zu sehen geht dem Menschen hart ein, weil er seines
Menschenthums sich vor dem Thiere brüstet und doch nach seinem
Glücke eifersüchtig hinblickt — denn das will er allein, gleich dem
Thiere weder überdrüssig, noch unter Schmerzen leben, und will es

doch vergebens, weil er es nicht will wie das Thier. Der Mensch fragt wohl einmal das Thier: warum redest du mir nicht von deinem Glücke und siehst mich nur an? Das Thier will auch antworten und sagen: das kommt daher, daß ich immer gleich vergesse, was ich sagen wollte — da vergaß es aber auch schon diese Antwort und schwieg; so daß der Mensch sich darob verwunderte." (F. Nietzsche, Werke, Taschenausgabe [1906] II 107.) Schon hier erhält das Schweigen als ein Nichtantwortenkönnen seinen sprachlichen Sinn in der Begegnung, der sich als ein absichtliches Nichtreden in der Begegnung mit dem zur Antwort befähigten Du des Mitmenschen in spezifischer Weise modifiziert. Hier erst sprechen wir im eigentlichen Sinn von einem Du, womit sich klar ergibt, daß sich auch Sprache und Gemeinschaft (in Gespräch und Selbstgespräch) „gegenseitig herausarbeiten".

Bezüglich der Arten der Sprachkritik sei noch bemerkt, daß man über die logische und die spekulative Sprachkritik hinaus so allgemein und in einem so weiten Sinn von ihr sprechen kann, daß sie im Grunde mit dem, was Philosophie heißt, zusammenfällt. Ich nenne sie dann „universale Sprachkritik". In ihr werden die Wörter wirklich beim Wort genommen: universale Sprachkritik wird universale Sinnphilosophie, in der es keine „nur" verbalen Wendungen geben darf, in der aber auch alle möglichen und wirklichen „Reden" (Logoi) auf ihre jeweilige Sinnebene hin untersucht und gewürdigt werden. Diese Art Sprachkritik schließt sowohl die logische als auch die spekulative Sprachkritik mit ein und ist bestrebt, nichts, was überhaupt mit dem Anspruch philosophischer Rede auftritt, unberücksichtigt zu lassen; vielmehr bezieht sie alle diese Reden auf ihr eigenes Anliegen und versucht sie dafür fruchtbar zu machen, in maiorem perennis philosophiae gloriam. Vielleicht ist Aristoteles der Denker, an dem man — an seinem geschichtlichen Orte — am besten demonstrieren kann, was „universale Sprachkritik" ist. Zu ihr gehört auch nicht zuletzt jene Einsicht, die dieser Denker öfters und auch im ersten Kapitel des ersten Buches der ›Nikomachischen Ethik‹ formuliert hat: „Die Darlegung wird dann befriedigen, wenn sie jenen Klarheitsgrad erreicht, den der gegebene Stoff gestattet. Der Exaktheitsanspruch darf nämlich nicht bei allen wissenschaftlichen Problemen in gleicher Weise erhoben werden, genausowenig wie bei handwerklich-künstlerischer Produktion ... der logisch geschulte Hörer wird nur insoweit Genauigkeit auf dem einzelnen Gebiet verlangen, als es die Natur des Gegenstandes zuläßt."

Diese Einsicht des Aristoteles ist für die Philosophie sehr wichtig. Versteht man unter der innersprachlichen Metaphorik mit Leibniz eine „Analogie der sinnlichen und unsinnlichen Dinge", dann ergibt sich sehr bald, daß es im Rahmen der Philosophie schlechthin undenkbar ist, das Metaphorische auszuschalten. Diese gerät dann erst recht in Scheinprobleme, wenn sie darauf aus ist, auch in ihrem Rahmen eine unmetaphorische Redeweise als allein verbindlich anzusetzen. Ein philosophischer Physikalismus, dem zufolge Sinngebilde wie Sätze als Schallwellen, Druckerschwärze oder Tintenhügel „erklärt" werden, ist schlechthin unsinnig. Am deutlichsten wird die Problematik bei Wörtern, die zunächst und wörtlich genommen eine deutliche Beziehung auf den Raum haben, wie z. B. die Wörter: in, innen, innerlich. Alles „in" drückt primär ein räumliches Verhältnis aus. Was in etwas anderem eingeschlossen ist, was also bei einer materiellen Gegebenheit nicht die natürlicherweise oder jeweils erscheinende Oberfläche ausmacht, ist „in" ihm, ist sein „Inneres". Dabei ist daran festzuhalten, daß alles, was in einem solchen bestimmten Gegebenen als Inneres im strengen Wortsinn ist, selbst auch von räumlicher Beschaffenheit sein muß. Es läßt sich daher grundsätzlich zu räumlicher Erscheinung bringen (äußerlich machen), wie der Hut in der Schachtel, wie „Atome" in Körpern, wie die Gehirnmasse im Schädel usw. oder ist überhaupt nur eine modifizierte Äußerlichkeit, so wenn der Chemiker von der „inneren Oberfläche" z. B. bei aktiver Kohle spricht. Es handelt sich also bei all diesen Unterscheidungen von Innerem und Äußerem nur um eine relative Gegenüberstellung; das „Innere" ist in diesem Sinn tatsächlich nur ein „komparativ", ein vergleichsweise Innerliches. Prinzipiell ist alles (körperlich) Räumliche, ob innen oder außen, erscheinende Wirklichkeit, die wir wahrnehmen und beobachten können.

Nun sprechen wir auch noch in anderem Sinn von Innerem und von Innerlichkeit, freilich nur in sogenannten übertragenen (metaphorischen) Wendungen. Wenn ich sage: „Es geht mir etwas innerlich zu Herzen", „es geht mir ein Mühlrad im Kopfe herum" oder „eine Sache liegt mir schwer im Magen" — so zielen alle diese Redensarten auf etwas anderes, als in ihren Bildern unmittelbar vorkommt. Ich sah einmal einen Trickfilm, der derartige Wendungen im wörtlichen Bildsinn vorführte, zur größten Erheiterung der Zuschauer, die wohl noch nie in so drastischer Weise auf dieses fundamentalphilosophisch bedeutsame Phänomen aufmerksam gemacht wurden. Denn es handelt sich hier tatsächlich um eine fundamentalphilosophisch bedeutsame Sache: ob ich nämlich im Sinne des Aristotelismus frage, wie denn die Wendung: „das Eidos ist ‚in‘ den Erscheinungen" zu verstehen sei, ob ich mich im Sinne des Transzendentalismus mit den Aporien herumschlage, die mit der Wendung „im" Bewußtsein gegeben sind usw. — immer gilt es, erscheinende Äußerlichkeit und eigentliche Innerlichkeit zu unterscheiden und trotzdem zusammenzudenken. Denn Hegels Hinweis, daß das, was *nur* innerlich ist, nur *äußerlich* sein kann, ist völlig berechtigt, weil das nur Innerliche als solches und an sich gedacht vom Äußerlichen in einer Weise „abgetrennt" wird, die es notwendig selbst veräußerlicht: Daher ist z. B. die vom Leibe abgetrennte Seele so schwer anders zu denken denn als eine — freilich in reduzierter Körperlichkeit wesende, trotzdem aber nur komparativ innerliche — äußere Erscheinung (ein Gespenst). Wenn Leibniz — um ein weiteres historisches Beispiel für unsere Problematik zu nennen — behauptet, die Monade habe keine Fenster, dann besagt dieser Satz zunächst nicht mehr, als daß in eigentliche Innerlichkeit (als „Form", als „Geist") nichts auf die Weise eines Vorgangs im Raume (durch Fenster) „hinein"-kommen kann. Diese Einsicht ist noch nie widerlegt worden. Diejenigen aber, die meinen, Leibniz habe dadurch das Individuum in einen fensterlosen Raum eingeschlossen und gleichsam zu einem absoluten Diogenes in einem absoluten Faß gemacht, begehen gerade jenen Fehler, den Leibniz mit seiner bildlichen Wendung hintanhalten will: sie machen die Monade zu dem, was Hegel ebenso bezeichnend wie despektierlich den „Seelensack" genannt hat, der (zumindest) *ein* Loch haben muß, damit etwas in ihn hinein und aus ihm heraus gelangen kann. Wenn Aristoteles wiederum in scheinbarem Gegensatz den Geist (νοῦς) von außen (θύραθεν) in den Leib gelangen läßt, dann verleiht er der menschlichen Monade keineswegs Fenster, durch die das Geistgespenst in sie hineinschlüpfen könnte: vielmehr geht es ihm gerade darum, den Geist von aller primitiven Vermaterialisierung und Vernaturalisierung zu bewahren, d. h. die apperzipierende Monade, um mit Leibniz zu reden, nicht in der nur perzipierenden (naturischen) Monade, die Seele als forma formarum nicht in der Seele als forma corporis oder gar in ungeformter — atomistisch gedachter — Materie untergehen zu lassen. In der Metaphorik von „innerlich" und „äußerlich" kann also — wie sich an unseren Beispielen gezeigt hat — das „innen" und das „von außen" auf denselben Sinn hinauskommen: so wie nämlich das eigentliche Innerliche nicht äußerlich dem Äußer-

lichen gegenübersteht, so steht auch das bildliche „Von außen" des
Geistes nicht äußerlich dem Leibe oder der Materie (dem ihm Äußerlichen, in das er nicht wie bei der Tür oder durch das Fenster hinein-
kommen kann) gegenüber. An Kants Terminologie anschließend, ließe
sich sagen: sowenig das (wörtlich verstandene) Innerliche ein
(„eigentlich") Innerliches ist, sowenig kann das „metaphorische"
Äußerliche ein Äußerliches (in striktem Wortsinn) sein.

Es sei an dieser Stelle darauf hingewiesen, daß schon Leibniz ganz
allgemein eine Untersuchung der „Präpositionen zu, mit, von, vor, in,
außer, durch, für, über, gegen ..." verlangt hat, und zwar im
Zusammenhang mit der uns hier beschäftigenden Metaphorik der
Sprache, der „Analogie der sinnlichen und unsinnlichen Dinge". Er
gibt ein über unsere philosophischen Betrachtungen hinausgehendes
und wesentlich gefährlicheres Beispiel für das (in dem berichteten Falle
freilich absichtliche) Mißverstehen sprachlicher Metaphorik: „Ein
Holländer, der der Religion wenig zugetan war, hat diese Wahrheit
(daß nämlich die Ausdrücke der Theologie, Moral und Metaphysik
ursprünglich von gemeinsinnlichen Dingen hergenommen sind) dazu
mißbraucht, um in einem kleinen flamländischen Wörterbuche die
Theologie und den christlichen Glauben lächerlich zu machen, indem
er in boshafter Wendung den Ausdrücken nicht solche Definitionen
und Erklärungen gab, wie der Sprachgebrauch es verlangt, sondern
wie die ursprüngliche [räumliche] Bedeutung der Worte es zu fordern
schien." (Neue Abhandlungen, 3. Buch, 1. Kap. § 5) Der Schalk wurde
für seine „Gottlosigkeit" bestraft; die Philosophen aber bestrafen sich
selbst und freilich auch diejenigen, die ihnen unkritisch folgen, wenn
sie es in derartigen Bezügen an Achtsamkeit und Genauigkeit — oft
gerade aus dem Wahn der doktrinären Genauigkeitsforderung eines
bestimmten methodischen Anspruchs — fehlen lassen. Auch unser
Holländer hatte im Sinne mancher wissenschaftstheoretischen Forderung der Gegenwart „genau" interpretiert, und gerade dadurch hatte
er gegen den „Sprachgebrauch" verstoßen.

9. NATÜRLICHE SPRACHE, KÜNSTLICHE SPRACHE, METASPRACHE
(Rede und Schrift, Lautdeutung, Etymologie)

Der Ausgangspunkt aller Sprachkritik und allen Philosophierens am Leitfaden der Sprache überhaupt ist die „natürliche" Sprache des immer schon vorausgesetzten unmittelbaren Sprachsinns. Das Wort „natürlich" in der Wendung „natürliche Sprache" ist vieldeutig. Wir wollen seinen Gebrauch an dieser Stelle lediglich durch zwei Gegensatzpaare näher präzisieren. Diese Gegensatzpaare sind 1. natürlich gewachsen — künstlich gemacht, 2. selbstverständlich — entfremdet. Im Sinne des ersten Gegensatzpaares kommt der Muttersprache ein Vorrang vor allen anderen Sprachen zu. Sie ist — so läßt sich sagen — unsere erste menschliche Heimat und der Ausgangspunkt für alle Entwicklung unserer geistigen Existenz. Da der Vorrang der Natürlichkeit der jeweiligen Muttersprache eines menschlichen Individuums zukommt, gibt es in dieser Hinsicht viele natürliche Sprachen, wenn auch nur jeweils eine für das bestimmte menschliche Individuum die Muttersprache sein kann, an der sich alle anderen Sprachen als Fremdsprachen ausweisen. Sie ist gewissermaßen die „Ursprache" für das betreffende Individuum in seiner konkreten Sprachgemeinschaft. Wenn z. B. Dante, durchaus der christlichen Tradition folgend, an der von Gott gegebenen hebräischen Ursprache festhält, so meint er doch, daß dem Gefühl nach jedermann seine Muttersprache für die Sprache Adams halten wird. (1, S. 109; vgl. auch 102. 176. 177) Dieses berechtigte Gefühl hat sich freilich manchmal in nur mehr humoristisch zu nehmenden Äußerungen erfüllt: so habe ich in einem Buch einmal gelesen, daß die Sprache Adams im Paradies schwedisch gewesen sei. Den Nachweis für diese Ansicht erbrachte ein schwedischer Forscher.

Den natürlichen Sprachen stehen alle Arten von künstlichen Sprachen gegenüber, z. B. das Esperanto, besonders ausgebildete Fachsprachen und auch formalisierte Sprachen. Auch der Schriftsprache haftet überall dort schon ein Zug von Künstlichkeit und Gemachtheit an, wo die Bevölkerung in der alltäglichen Kommunikation einen Dialekt spricht.

Im Sinne des zweiten Gegensatzpaares charakterisiert das Wort „natürlich" den Inbegriff aller in Selbstverständlichkeit gesprochenen vertrauten Sprachen, unabhängig von der Art ihrer Aneignung, einschließlich des ursprünglichen Unterschiedes der Muttersprache von anderen Sprachen. Die von dem vertrauten Sprachgebrauch unterschiedenen Sprachen zeigen immer einen Zug von Entfremdung. Erst in dieser Entfremdung kann uns Sprache zum Gegenstand der Reflexion werden. Womit sich weiterhin ergibt, daß zuletzt aller Sprachgebrauch insofern als natürlich bezeichnet werden kann, als wir unmittelbar in ihm stehen und in diesem Vollzug uns Sprache gar nicht als solche, sondern das, was sie jeweils meint, beschäftigt.

Zu bemerken ist hier noch, daß die Entfremdung vom unmittelbaren Sprachgebrauch in allen Sprachen auftreten kann, die wir sprechen, sogar in unserer Muttersprache, etwa dann, wenn wir uns den ursprünglichen Ort einer Metapher zum Bewußtsein bringen. Wir stehen mit allen diesen Hinweisen an der Schwelle des transzendentalphilosophischen Problems der Sprache. Grundsätzlich nämlich läßt sich sagen, daß jede Reflexion auf Sprache, in welchem einzelwissenschaftlichen oder philosophischen Aspekt auch immer, jedenfalls in Distanz zur natürlichen Sprache im Sinne des unmittelbaren Sprachvollzugs und seines unreflektierten Vertrauens im Sprachgebrauch steht. Freilich jeweils in verschiedener Weise. Zwar ist in dieser Distanz immer schon die transzendentale Differenz vorausgesetzt, nicht aber wird sie sich in jeder dieser Positionen zum Bewußtsein gebracht.

Das gilt z. B. auch für die metasprachliche Überhöhung im Rahmen der analytischen Sprachphilosophie. Die Wendung „Objektsprache" hat in der metasprachlichen Überhöhung einen ganz bestimmten Sinn: sie meint als Objekte immer Dinge, die nicht selber Sprache sind; die Metasprache richtet sich dagegen auf die die Dinge besprechende Sprache. Andererseits kann Objektsprache auch so verstanden werden, daß in ihr — wie es in der Tat auch ist — der Schwerpunkt auf dem liegt, was Sprache meint (als Objekt hat), nicht aber, was sie selber als Sprache in diesem Objektbezug ist. Hier zeigt sich der Zusammenhang von metasprachlicher Überhöhung der Objektsprache und der in ihr freilich nicht explizit bedachten transzendentalen Differenz. Ist doch die in metasprachlicher Überhöhung sogenannte Objektsprache als solche in der Unmittelbarkeit des Sprachvollzugs gerade keine Objektsprache, geht doch auch sie dann so in ihren Objekten auf, daß kein Raum für Trennung ihrer selbst von dem, was sie meint, bleibt, ebensowenig bleibt, wie die Möglichkeit, sie als solche von einer Metasprache zu unterscheiden. Ebenso ist natürlich die unmittelbar vollzogene Metasprache in dem aufgehend, was sie als Objekte hat (nämlich die besprochene Sprache), und daher auch in diesem Vollzug selbst nicht auf ihren Unterschied zur Objektsprache hin zu bedenken. Wie wir uns auch wenden: die Unterscheidung von Objektsprache und Metasprache ist selbst nur dann möglich, wenn ich auch in einer immer schon transzendentalen Überhöhung die Metasprache zum Objekt gemacht habe und damit zwei Objektansprachen auf ihren Unterschied hin betrachte. Dieser Unterschied ist von der transzendentalen Differenz her gedacht, aber in der Weise unterschiedlicher Objektbereiche formuliert. Die Unterscheidung von Metasprache und Objektsprache kann daher nicht das letzte Wort der Sprachphilosophie sein, sobald sie sich der fundamentalphilosophischen Problematik im Sinne der transzendentalen Differenz bewußt geworden ist. In der Tat ist diese Unterscheidung fundamentalphilosophisch vorläufig und äußerlich; sie ist naiv von dem Unterschied von Sätzen und Tatsachen her gedacht und übersieht, daß in dem so gefaßten Unterschied auch die Sätze nur Tatsachen (Objekte) sind. Man kann genauso sagen, daß in dieser Unterscheidung übersehen wird, daß es sich bei diesen Tatsachen eben um Sätze handelt. Zuletzt unterscheidet sich die metasprachliche Überhöhung nicht von der einzelwissenschaftlichen Betrachtung der Sprache. Alle Linguistik geht im Grunde auf diese Weise metasprachlich vor. Noch deutlicher tritt die nicht beachtete transzendentale Differenz in Erscheinung, wenn wir uns fragen, welche Sprache es ist, die die Differenz von Objekt- und Metasprache bespricht. Natürlich kann ich die metasprachliche Überhöhung formalisieren und gewissermaßen immer neu ansetzen — doch gerate ich dann notwendig in einen unendlichen Regreß, in dem außerdem der bestimmte Sinn der Unterscheidung von Objekt- und Metasprache verlorengeht.

Wiederum hat sich die große Tradition der europäischen Philosophie diese Problematik längst klargemacht, und zwar in der Reflexion auf die „schlechte Metaphysik", die ein „übersinnliches Jenseits" ansetzt, um damit die Erscheinungen zu erklären, obwohl auch dieses übersinnliche Jenseits Resultat einer Vermittlung ist und damit diese selbst außer sich hat. Wir haben hier im Rahmen der neuzeitlichen Transzendentalphilosophie jene Problematik vor uns, die sich im Rahmen der Ideenmetaphysik als Aporie des „Dritten Menschen" formuliert hat. Wird nämlich die Idee als das „Wesen" der Erscheinung, als eine selbständige, jenseitige Substanz gedacht, dann geht ihr sofort die Erscheinung erschließende und fundierende Funktion verloren, und es bedarf dann zur Vermittlung von dieseitigem Menschen und jenseitigem Menschen eines dritten Menschen (einer weiteren Idee), der (die) nun die Aufgabe des (der) zweiten erfüllen soll. Ist dieser dritte Mensch selbst wiederum als jenseitige Substanz gedacht, dann resultiert ein unendlicher Regreß; so aber verhält es sich auch in bezug auf die jenseitige Welt, sobald diese in der schon kritisierten Weise die Vermittlung außer sich hat. Es bedarf nun einer Vermittlung zwischen Erscheinung und sie fundierendem Jenseits, die jedoch wie der dritte Mensch in der Ideenmetaphysik zur Auflösung des Problems ungeeignet ist, da sie selbst nur als ein jenseits gedachtes Prinzip angesetzt wird, das neuerlich die Vermittlung außer sich hat.

Die Erscheinung ist dann nicht *als* Erscheinung verstanden, sondern wird zu einem sinnlich gegebenen Diesseits, bei dem es zuletzt überflüssig ist, es als Erscheinung zu bezeichnen.

Zum Beleg dieser Ausführungen sei eine einzige Stelle aus Hegels Phänomenologie des Geistes (Werke, Glockner II, S. 119 f.) angeführt. Dort heißt es bezüglich des übersinnlichen Jenseits, daß es „entstanden ist, es kommt aus der Erscheinung her, und sie ist seine Vermittlung; oder die Erscheinung ist sein Wesen und in der Tat seine Erfüllung". Wir sehen: das übersinnliche Jenseits ist entstanden, es ist Resultat der Vermittlung und hat sie als Resultat außer sich. Daher aber kehrt die Betrachtung zu ihrem Ausgangspunkt zurück, nämlich zur Erscheinung, zu deren Erschließung und Fundierung der Vermittlungsgang angesetzt worden war. Dieser aber kann sein Ziel nicht erreichen: anstatt daß das übersinnliche Jenseits die Erscheinung zu erschließen und zu fundieren vermag, erweist es sich als von der Erscheinung her vermittelt. Zwar ist „das Sinnliche und Wahrgenommene, gesetzt, wie es in Wahrheit ist, ... das Übersinnliche". Denn nur auf diese Weise ist das Sinnliche und Wahrgenommene so in seiner Wahrheit begriffen, daß es tatsächlich Erscheinung ist. „Das Übersinnliche ist also die Erscheinung als Erscheinung." Dieser Satz aber besagt im Rahmen der Transzendentalphilosophie nicht mehr und nicht weniger als daß die als Erscheinung begriffene Erscheinung *vermittelte* Erscheinung ist, die so begriffen niemals die Vermittlung als ein Jenseits schlechter Metaphysik außer sich haben und natürlich auch nicht aus einer dies- und jenseitigen Komponente „zusammengesetzt" werden kann. Wenn man diesen Gedankengang eingesehen hat, kann man die — dann ohnehin überflüssigerweise so bezeichnete — „Erscheinung" nicht mit der sinnlich gegebenen Realität zusammenfallen lassen; erst damit aber wird das Jenseits zu einer übersinnlichen Realität im Sinne der schlechten Metaphysik. Hegel sagt daher an der angegebenen Stelle noch folgendes: „Wenn dabei [im Sinne des eben entwickelten Gedankenganges] gedacht wird, das Übersinnliche sei also die sinnliche Welt, wie sie für die unmittelbar sinnliche Gewißheit und Wahrnehmung ist, so ist dies ein verkehrtes Verstehen..." Es ist eben gleichgültig, ob ich Erscheinung als Erscheinung in sinnlicher Immanenz kurzschließe oder in sinnlich-übersinnlicher Differenz durch ein Jenseits ergänze, das als solches doch nie die Wahrheit der Erscheinung sein kann. Denn die Erscheinung ist eben gar „nicht die Welt des sinnlichen Wissens und Wahrnehmens als seiende, sondern sie als aufgehobene oder in Wahrheit... gesetzt. Es pflegt [dann wiederum] gesagt zu werden, das Übersinnliche sei nicht die Erscheinung; dabei wird aber [jetzt wiederum] unter der Erscheinung nicht die Erscheinung verstanden, sondern vielmehr die sinnliche Welt als selbst reelle Wirklichkeit." In diesem Zirkel der sinnlich-übersinnlichen Differenz kann man sich bis zum gegenseitigen Absterben in einem sinnlosen Dialog hin und her bewegen, ohne aus ihm das herausholen zu können, worum es geht, nämlich die Erscheinung *als* Erscheinung. (Vgl. 112 b)

Zurück zur Metasprache: bezüglich ihrer treffe ich mich mit Ausführungen K. O. Apels. Dieser schreibt: „Wenn Sprache in der Weise eines logistischen Kalküls konstruiert werden muß, um als Sprache der Wissenschaft dienen zu können, dann gehört die semantische Rede über die Bedeutung der Zeichen in eine Metasprache; d. h. aber zunächst einmal: sie gehört nicht zur logisch durchsichtigen Sprache der Wissenschaft. Man kann zwar die Metasprache ihrerseits formalisieren und wiederum die Metametasprache usw. ad infinitum, wie B. Russell in der Einleitung zum ›Tractatus‹ vorschlug, aber man erreicht damit niemals die bei der Sprachkonstruktion actualiter verwendete letzte Metasprache, mit deren Hilfe — durch Übersetzung — gleichwohl jede Kalkülsprache semantisch gedeutet werden muß. Ohne diese Deutung durch die jeweils letzte Metasprache ist die formalisierte Sprache zwar objektiv gegeben (ein innerweltlich vorfindlicher Zeichen-Sachverhalt), aber gerade noch nicht semantisch funktionierende Sprache. Wird sie aber mit Hilfe der letzten Metasprache erfolgreich gedeutet, so ist damit zugleich erwiesen, daß wir die logische Form der Sprache, durch die wir nach Wittgenstein Sachverhalte vorstellen können, nicht eigentlich als Sachverhalt vorstellen bzw. konstruieren können, sondern immer schon voraussetzen. Dies meint Wittgenstein, wenn er ausdrücklich sagt: ‚Die Logik (der Sprache) ist transzendental.' " (84, S. 245) Im Sinne der transzendentalen Züge der Wittgensteinschen Philosophie geht es bei dieser Problematik also keineswegs darum, ob nicht auch die Metasprache derselben Sprache entnommen werden kann wie die Objektsprache, sondern um das Verhältnis der aktual-wirklichen Sprache zur, als innerweltlich vorfindlicher Zeichen-Sachverhalt, „gegebenen" Sprache, die als solche gerade „nicht semantisch funktionierende Sprache" sein kann. Es ergibt sich: Objekt- und Metasprache sind methodisch-fiktive Fixierungen, die in bestimmtem Rahmen ihren vorläufigen Sinn haben mögen, zuletzt aber — wie sich schon aus der möglichen Formalisierung des Unterschiedes im Sinne eines unendlichen Regresses ergibt — nichts anderes in Sicht kommen lassen als den in diesem Unterschied unausgetragenen Aspekt der transzendentalen Dialektik der Sprache. (Vgl. 30 § 7, Anm. 4 u. § 18, Anm. 2)

Berücksichtigt man dagegen die transzendentale Differenz, dann zeigt sich von unserem zweiten Gegensatzpaar her, daß jede Sprache natürlich und entfremdet zugleich ist bzw. sein kann, wobei es nicht von der als Objekt betrachteten jeweiligen Sprache als solcher abhängig ist, was sie jeweils ist. In der unmittelbaren Aktualität ihres Vollzuges ist jede Sprache gewissermaßen natürliche Sprache, außerhalb dieses Vollzuges ist sie es nicht. Man kann es auch so sagen, daß die Sprache dann natürlich ist, wenn, obwohl selbstverständlich ich spreche, doch eigentlich nicht ich spreche, sondern die Sprache spricht, so daß ich mich ihrer als eines „Mittels", das ich vorfinde und für bestimmte Zwecke aufgreife, gar nicht bewußt werde. In den herkömmlichen Unterscheidungen der Linguistik wiederum ließe sich sagen, daß Sprache dann und nur dann „natürlich" gesprochen wird, wenn langage und langue in der Unmittelbarkeit der parole „aufgehoben" sind, so daß diese Differenzen nicht nur nicht bewußt sind, sondern in der Einheit des aktualen Vollzugs der unmittelbaren parole wirklich auch gar nicht da sind. Die Frage der natürlichen Sprache in diesem Sinne impliziert fundamentalphilosophisch eine Temporalitätsproblematik besonderer Art, die man nicht übersehen darf, soll das Denken auf diesem schwierigen Gebiet überhaupt Fuß fassen können. Sehr schön hat diesen Zusammenhang R. Reininger (149, S. 175) formuliert, an einer Stelle, die sich mit der Absolutheit bzw. der Relativität der „Kategorien" beschäftigt. Es zeigt sich nämlich, daß trotz der möglichen Relativierung jedes Sprachgebrauchs im nachhinein die im unmittelbaren Vollzug der Gegenwart (im „unmittelbaren Jetzt") wirklichen Kategorien als solche absolut sind und z. B. also nicht von ihrer Herkunft her relativiert werden können: „Alle früheren Aussagen lassen sich ihren wiederkehrenden Formen nach genetisch, sei es psychologisch, historisch oder naturalistisch begreifen, in Hinsicht des unmittelbaren Jetzt, in dem auch die Aussagen über das Vergangene abgegeben werden, versagt diese Betrachtung. Denn in dem Augenblicke, da wir sie auf die eben jetzt in Verwendung stehenden Kategorien anwenden wollen, hebt sie sich selbst auf. Denn ihre Anwendung steht wieder unter denselben Ausdrucksbedingungen, welche sie relativieren will. Eine Relativierung der gegenwärtigen Aussageweisen ist daher immer erst in der Zukunft möglich, für die unmittelbare Gegenwart selbst bedeuten sie ein Absolutum."

Wir sehen, wie wesentlich die Beachtung der transzendentalen Differenz für eine fundamentalphilosophisch orientierte Sprachphilosophie ist. Wir halten hier nur noch fest, daß alles Philosophieren am Leitfaden der Sprache als methodische Reflexion in Distanz zum unmittelbaren Sprachvollzug steht, auch wenn es selbst immer und jeweils „gegenwärtig" unmittelbarer Sprachvollzug ist. Dieser immer schon vorausgesetzte unmittelbare Sprachsinn kann ebenso zur Basis (Kriterium) wie zum Gegenstand der Kritik gemacht werden, womit sich die von uns schon entwickelten verschiedenen Möglichkeiten der Sprachkritik ergeben.

Daß schon die „Schriftsprache" im Verhältnis zum gesprochenen Dialekt etwas Künstliches an sich hat, haben wir schon gehört. Es zeigt sich hier, daß die Schrift als Legitimation des schriftsprachlichen Anspruchs in einem gewissen Gegensatz zur tatsächlich gesprochenen Rede stehen kann. Das Verhältnis von Schrift und Rede gibt freilich ein über diesen Hinweis weit hinausreichendes Thema ab. (Vgl. 17 a, S. 367 ff. u. 48, II S. 382 ff.) Seit Plato dieses Verhältnis zum Problem gemacht hat, ist die Fragestellung nicht mehr aus der Philosophie verschwunden. Plato stellt bekanntlich die in der Gemeinschaft des Philosophierens wirkliche „lebendige und beseelte Rede" über alle Redeschriften. Die im siebenten Brief geschilderte unglückliche Begegnung mit Dionysos auf Sizilien mußte Plato wohl besonders darauf geführt haben, wie ungeschützt die Schrift einem unkundigen Leser ausgeliefert ist und von ihm mißbraucht werden kann. Schon im Freiheitsspielraum der Worte im Gespräch liegt selbstverständlich immer auch die Möglichkeit des Mißverstehens, eine Tatsache, die ja nur die Kehrseite des Umstandes zeigt, daß alle Aneignung immer schon auch Interpretation ist. Nur in der Eindeutigkeit, etwa rechnerischer Zeichen, fällt das Problem der Aneignung (einschließlich der Möglichkeit des Mißverstehens) für jeden Kundigen hinweg. Im Gespräch der Philosophierenden ist dagegen Aneignung auf den Dialog der Denkenden bezogen, d. h. nicht kurzgeschlossen auf eine einmalige fixierte Äußerung und ihr Verständnis durch den Leser. Die platonischen Dialoge sind selbst ein schönes Zeugnis für die Wirklichkeit des urbanen Gesprächs von in Freiheit vereinten und an der Sache interessierten Partnern. Im übrigen ließe sich die gesamte hermeneutische Problematik aus der Gegenüberstellung von Geist und Buchstaben entwickeln.

Doch ist auch die andere Seite der Sache nicht zu übersehen. Gerade Philosophen erfahren immer wieder das Disziplinierende und die Genauigkeit Fördernde schriftlichen Ausdrucks. Doch ist die Verbindlichkeit des Geschriebenen weit über dieses Erlebnis hinaus eine interessante Tatsache. In diesem Sinne warnt z. B. G. Söhngen (165, S. 20) den katholischen Theologen „vor einer vorschnellen apologetischen Nutzanwendung jener platonischen Abwertung der Schrift auf das katholische Traditionsprinzip". Söhngen trifft sich hier im übrigen mit Gedanken des Protestanten Hegel. Th. Bodammer hat in seiner schon erwähnten Monographie (3, S. 124—130) das einschlägige Material bei Hegel zusammengestellt. Über das ausgesprochene und verhallende Wort hinaus hat für Hegel die Schrift die Eigenschaft, „eine eigene selbständige Wirklichkeit darzustellen, die von der Innerlichkeit des Subjektes weithin unabhängig geworden ist . . ." Diese Tatsache ist für Hegel vor allem im Rahmen seiner Rechtsphilosophie und insbesondere in bezug auf vertragliche Vereinbarungen von Bedeutung. Zwar kommt auch allein der sprachlichen Verlautbarung schon eine Verbindlichkeit zu, die jedoch in der schriftlichen Fixierung erst ihre eigentliche, der Willkür der Individuen weitgehend entzogene Bedeutung erhält. Die auf diese Weise von der lebendigen Rede „abgetrennte Wirklichkeit" ermöglicht auf der anderen Seite freilich auch das, was Plagiat heißt bzw. — bei fehlendem Rechtsschutz — den unerlaubten Nachdruck und die mißbräuchliche Vervielfältigung. Damit werden wir wieder auf die platonische Bewertung der Dinge zurückverwiesen und müssen einsehen, daß in der geistigen und kulturellen Wirklichkeit des Menschen das Verhältnis von Rede und Schrift nicht auf eine endgültige Formel

zu bringen ist. Auf Hegels interessante Betrachtungen von der Bedeutung der jeweils eigentümlichen Struktur verschiedener Schrift-
systeme kann hier nur kurz hingewiesen werden. Daß sich die Buchstabenschrift weit über die Hieroglyphenschrift stellt, ist auch insofern
interessant, als es in unseren Tagen immer deutlicher wird, daß die
vielen Bildgeschichten in Zeitungen und Zeitschriften (comic strips)
für die Sprachkultur nicht gerade förderlich sind. Hegel jedenfalls
meint: „Die Buchstabenschrift ist an und für sich die intelligentere;
in ihr ist das Wort, die der Intelligenz eigentümliche würdigste Art
der Äußerung ihrer Vorstellungen, zum Bewußtsein gebracht, zum
Gegenstand der Reflexion gemacht." (Ebd. S. 129) Hegel gewinnt
übrigens von seiner Polemik gegen die Hieroglyphenschrift auch Argumente gegen Leibnizens „characteristica universalis" und meint, daß
eine solche symbolische Begriffsschrift niemals das zum Ausdruck bringen kann, worum es im „Begriff" geht.

Auch im Zusammenhang mit der Rechtschreibreform der deutschen
Sprache spielen die „Grenzen der Schrift" eine philosophisch nicht
uninteressante Rolle. J. L. Weisgerber geht in seiner diesbezüglichen
Schrift (178 a, S. 8 ff.) davon aus, daß die „im wahrsten Sinn welt-
bewegende Kernleistung der Schrift ... darin besteht, daß sie unserer
auf dem Gehörsinn aufbauenden Sprache über den Gesichtssinn neue
Möglichkeiten erschließt". In ihr gewinnt der Sprechakt über das Akustische hinaus Dauer. Die Objektivierung des primär im Gespräch der
Sprachgemeinschaft wirklichen „objektiven Geistes" ist ohne Schrift
nicht möglich, doch ist auf der anderen Seite die Verschriftung einer
Sprache von großer Tragweite. Das „ ‚technische Hilfsmittel', das uns
den einzelnen Sprechakt in einer optisch umgesetzten Form festzuhalten ermöglichte, ergreift nun eine ganze Sprache. Und darüber wird
es aus einem Hilfsmittel zu einem mitgestaltenden Faktor. Mit der
Schrift kommt in den Prozeß des sprachlichen Schaffens eine an eine
bestimmte ‚Techne' gebundene Ausweitung hinein, die notwendig die
primäre Wechselwirkung zwischen einer Sprachgemeinschaft und ihrer
Muttersprache beeinflußt." In der Muttersprache aber vollzieht sich
das „Worten der Welt" durch eine Sprachgemeinschaft. Damit aber
ergibt sich die Frage, „welche Auswirkungen das Hinzutreten der
Schrift für den sprachlichen Grundprozeß, für das Worten der Welt,
hat". Auch auf diese Frage gibt es nur ambivalente Antworten; Weisgerber hält drei Richtungen von Wirkungen der Schrift für folgen-
schwer: „die kumulierende (anhäufende), die retardierende (verzö-

gernde) und die materialisierende (das Stoffliche verstärkende)" (ebd. S. 11). Die Vorteile der ersten dieser Wirkungen liegen auf der Hand: „Die Schriftsprache bringt jedem Mitglied der Sprachgemeinschaft Zugang zu allen Lebensgebieten, erschließt den Ertrag des ‚Wortens der Welt' in einer grundsätzlich allen auswertbaren Form und läßt weit über die speziellen Werte eines schriftlichen Denkmals hinaus Auswirkungen auf die Gesamtentwicklung der Sprache zu. Man darf darüber aber die Gefahren nicht übersehen, die sich in doppelter Hinsicht ergeben: Die anhäufende Wirkung der Schrift macht unsere modernen Schriftsprachen zu Gebilden, die uns über den Kopf zu wachsen drohen; niemand kann noch die neuhochdeutsche Schriftsprache ganz beherrschen oder auch nur überschauen. Und selbst in den erfaßten Teilen ist der Einzelne nur zu oft der Gefahr ausgesetzt, die bereits für Platon die Vorteile der Schrift in das Gegenteil zu verwandeln schien: dem unzulänglichen gedanklichen Durchdringen des schwarz auf weiß Besessenen." (Ebd. S. 11 f.) Die zweite Wirkung der Schrift liegt in der Richtung des „Bewahrens des Früheren". Weisgerber spricht von einem konservativen Zug, der durch die Schrift in die Sprache hineinkommt. Vor allem sind „die mit der Verschriftung der Sprache einsetzenden Wörterbücher und Grammatiken Ansätze für einen vielstufigen Prozeß, der vom Verstärken der Tradition bis zum Bewahren von Überholtem und Unterbinden von Neuerungen führt" (Ebd. S. 12). Es fragt sich — fast in der Richtung von Nietzsches Bewertung der Historie — hier, womit der „Gewinn an geschichtlicher Tiefe, an Stetigkeit, an Geordnetheit, an Sicherheit ... erkauft wird". Die negative Kehrseite der Sache zeigt Weisgerber an der Sprache selbst auf. Die „Starrheit des verschrifteten Systems" ist für ihn besonders deutlich „in gewissen Formenbildungen der Deklinationen und Konjugationen, die einen von den Funktionen her nicht mehr gerechtfertigten Reichtum bewahren und gegenüber den auf eine Reduktion hinarbeitenden Entwicklungstendenzen mit großem Aufwand gesichert werden" (ebenda). Die materialisierende Wirkung der Schrift besteht für Weisgerber in folgendem: durch die Schrift wird — wie schon gesagt — im Worten der Welt „die Überwindung der natürlichen Schranken des Gehörsinns" erreicht. Das ist eine bedeutende Leistung, weshalb „mit Erfindung und der Aufnahme der Schrift für die Menschheit und die einzelnen Völker neue Epochen ihrer Entwicklung einsetzten". Die Gefahren liegen hier „in der Richtung der Materialisierung und der Technisierung", denn nach Weisgerber kommt es durch die Verschrif-

tung zu einer „Verschiebung des Gleichgewichts" im primären Sprach-
prozeß und damit zu einer von Weisgerber als „zunehmende Materialisierung des Sprachprozesses" verstandenen „Verstärkung des sinnlichen
Anteils der Sprache". Weisgerber sieht hier in der Schrift ganz allgemein jene Gefahr für die Sprache enthalten, die Hegel im besonderen
der Hieroglyphenschrift nachgesagt hat. Außerdem aber bildet für ihn
im Rahmen der erwähnten Verschiebung „die Schrift die Ansatzstelle
einer Technisierung innerhalb des Sprachprozesses … Die akustischen
Zeichen der Lautsprache bedürfen gewiß auch schon der menschlichen
Sprechwerkzeuge, um realisiert zu werden. Aber diese Sprechwerkzeuge sind ‚Natur', ihre zeichenhafte Wirkung ist primärer Art. Die
schriftlichen Zeichen dagegen sind ‚Kunst', Techne, sie bedürfen künstlich geschaffener Mittel der Umsetzung, der Schreibformen und
Schreibwerkzeuge. Hier ist der Anfang einer unvermeidlichen Spannung, die sich in vielfältiger Weise durch die ganze Geschichte der
Schrift hindurchzieht und in ihren Auswirkungen viel weiter reicht
als man ahnt. Von Anfang an ist dabei auch die in aller Technik
auftretende Neigung zu beobachten, daß die ‚technischen' Notwendig-
keiten sich in den Vordergrund drängen, daß die ‚Mittel' zum Selbst-
zweck werden, daß die ursprüngliche Relation zwischen Bedürfnis und
Befriedigung sich verschiebt. In diesem Sinne steckt also in dem Aus-
gangsprozeß der Verschriftung eine Gefahr, die als notwendige Gegen-
wehr erfordert, daß die Sprachgemeinschaft dauernd auf die Grenzen
achtet, an denen die der Schrift innewohnenden Vorteile in Schäden
umzuschlagen drohen." (Ebd. S. 14 f.)

Abschließend sei bezüglich der Frage „Sprache und Schrift" auch
noch auf das Problem des genetischen Verhältnisses dieser Gebiete hingewiesen. Mit ihm hat sich speziell Kainz (43, S. 282—287) beschäftigt.
In interessanten Ausführungen widerlegt Kainz die von manchen Lin-
guisten behauptete These vom genetischen Vorrang der Schrift gegenüber der Lautsprache. Damit wird zugleich die Lehre von dem Primat
der gebärdlichen Verständigung vor der akustischen getroffen. Kainz
meint, daß sowohl urgeschichtliche wie tierpsychologische Argumente
die Sprachabhängigkeit der Schrift deutlich machen.

Das Verhältnis von Schrift- und gesprochener Sprache ist auch für
die Versuche der „Lautdeutung" ein Problem, da sie im Falle eines
Unterschiedes zwischen beiden nicht weiß, von welcher dieser Sprachen
sie ausgehen soll. Doch sind bei aller Diskriminierung ihrer Bemühungen (seit der an sich schon durch Plato mit Recht ausgeschalteten Frage,

ob die Wörter von Natur oder durch Setzung sind) die unmittelbaren Valenzen der Laute immer der Gegenstand von Untersuchungen durch Sprachphilosophen und Dichter geblieben. (Vgl. 11. 42 I. 117. 118. 153–155. 169. 181)

Daß die Sprache nicht zufällig Lautsprache ist, haben wir schon gehört; könnte daher nicht auch bestimmten Lauten in ihren besonderen Qualitäten ein besonderer Ausdruckswert „von Natur aus" zukommen?

Zu der unserer Frage vorausgehenden Feststellung noch ein bemerkenswertes Zitat Hegels: „Das Dasein der Worte als Lautäußerung ist unseren Gedanken durchaus notwendig. Wir wissen von unseren Gedanken nur dann, haben nur dann bestimmte wirkliche Gedanken, wenn wir ihnen die Form der Gegenständlichkeit, des Unterschiedenseins von unserer Innerlichkeit, also die Gestalt der Äußerlichkeit geben, und zwar einer solchen Äußerlichkeit, die zugleich das Gepräge der höchsten Innerlichkeit trägt. Ein so innerliches Äußerliches ist allein der artikulierte Ton, das Wort. Ohne Wort denken zu wollen, erscheint daher als eine Unvernunft; es ist aber auch lächerlich, das Gebundensein des Gedankens an das Wort für einen Mangel des ersteren anzusehen. Das Wort gibt den Gedanken ihr würdigstes und wahrhaftes Dasein. Wie der wahrhafte Gedanke die Sache ist, so auch das Wort, wenn es vom wahrhaften Denken gebraucht wird; indem sich daher die Intelligenz mit dem Worte erfüllt, nimmt sie die Natur der Sache in sich auf." (Werke, Glockner X S. 355)

H. Hornstein beschäftigt die gleiche Sache in Formulierungen, die zur Lautdeutung überleiten. Er schreibt (115, S. 108): „Zu den niemals abstrakt erklärlichen Phänomenen der Sprache gehört das Durchdrungensein von Laut und Sinn. Der herkömmliche Vorrang des Bedeutungs-Aspektes verdeckt aber die ‚Leiblichkeit' des Wortes, welche den besonderen Gegenstand der Phonetik bilde. Mit der Preisgabe des Problems an das kategoriale Denken verzichtet man darauf, die Untrennbarkeit beider ‚Seiten' von dem im Sprechen unmittelbar einsichtigen Wesen der Sprache selbst herzuleiten. Es ist doch niemals so, daß ein akustisch aufgefaßtes Gebilde mit einer beliebigen ‚unsinnlichen' Bedeutung verknüpft wird und erst die Gewohnheit diese willkürliche Zuordnung von so heterogenen Dingen assoziativ befestige. Jede solche Erklärung ginge nicht vom Faktum der unscheidbaren Einheit aus, die Laut und Sinn im redenden Meinen jeweils schon verbindet."

Wie aber steht es mit der „Lautdeutung"? Es geht bei diesen Bemerkungen nicht selbst um Lautdeutung, sondern um Hinweise zu diesem Thema, die aus der Einsicht in die Sprache als Energeia folgen. Der „spontan" erzeugte und doch zugleich „gegenständliche" Laut konstituiert in idealer Einheit als die Wirklichkeit der Vermittlung das, was wir mit Hönigswald die Urschöpfung von Sinn genannt haben. Hier geht es immer um das, was Hegel als die Wirklichkeit des Geistes (und alles Logosartigen) beschreibt, nämlich um ein „Im-Anderen-bei-sich-Sein". Der Laut kann schon deshalb auch als solcher unmittelbar Sinn gewinnen, als Wörter bloß durch ihre lautliche Beschaffenheit „Anklang" finden, den in explizites Bewußtsein zu vermitteln die Aufgabe der „Lautdeutung" ist. Diese wird zu Unrecht bespöttelt, wenn sie sich ihrer Grenzen bewußt ist. Die alte Frage also, ob Sprache φύσει oder νόμῳ zu betrachten sei, findet vom Laut her die Lösung, daß sie bezüglich der Sprache überhaupt keine schlüssige Alternative formuliert: ein Wort ist φύσει, soweit und je mehr es Lautgeste ist und immer wieder werden kann (denn auch in späten und abgeleiteten Wortprägungen zeigt sich diese als wirklich und mächtig), νόμῳ, soweit es diese nicht ist oder in ihrer gängigen Bedeutung die ursprüngliche Lautgeste verleugnet.

P. R. Hofstätter (113) spricht daher in diesem Sinne mit Recht von einer Tiefendimension der Sprache, die im unmittelbaren Leben des Lautes, aber auch im Etymologisieren dem konventionellen Worte seinen „Fremdheitscharakter" nimmt. Es geht bei der Lautdeutung freilich darum, sie über das unmittelbare phänomenologische Einleuchten ihres Vorgehens bei bestimmten Lautgebärden hinaus methodisch zu fundieren, da erst dann ihr Sinn und ihre Grenze wirklich bestimmt werden könnten.

Man hat im Zusammenhang mit den Problemen der Lautdeutung interessanterweise aufgezeigt, daß sich der unmittelbare Anklang des Lautes und die konventionelle Bedeutung eines Wortes sogar stören können, z. B. bei dem Wort „Untiefe" (169, 88 a), bei dem wir im „Sprachgefühl" wegen der Qualität des Lautes u dazu neigen, nicht an eine seichte (nichttiefe) Stelle in einem Flusse zu denken, sondern im Gegenteil an eine besonders tiefe. In dieser feinen Beobachtung kommt über sie hinaus ganz allgemein zum Ausdruck, daß wirkliche Sprache als Energeia im Bedeutungsstiften relativ frei und durch keine fixierte Bedeutung (fertiges Ergon) endgültig determiniert ist. Sie kann in schöpferischer Prägung etwa durchaus abgeschliffene Worte von lautlichen Qualitäten her neu ins Licht oder sogar in ein anderes Licht stellen, um sie aus ihrer Entfremdetheit als konventionelles Zeichen zu befreien, und sie kann sich zum gleichen Zweck auch der Etymologie (vgl. 11. 31. 113. 120. 160) bedienen, selbst wenn diese eine — linguistisch beurteilt — falsche ist. Für Schelling „sind etymologische Untersuchungen ein schwieriges und nicht selten schlüpfriges Geschäft und dennoch gerade von einem höheren wissenschaftlichen Standpunkt nicht zu vermeiden, wie denn kaum ein Philosoph des Alterthums zu finden seyn wird, der sich damit nicht bald ausdrücklich, bald wenigstens gelegentlich beschäftigt. Es ist dieß nur natürlich. Denn Wörter auch von tiefster Bedeutung werden im gemeinen Gebrauch allmählich abgenutzt und nur noch fast gedankenlos angewendet, so daß oft die erforschte Abstammung des Worts wieder auf den ursprünglichen Gedanken zurückführt." (Werke, Schröter, V S. 651)

Etymologisieren kann aber in diesem Sinne nicht nur zu der Schelling am Herzen liegenden ursprünglichen Weisheit der gewachsenen Sprache zurückführen, also nicht nur den ursprünglichen Gedanken beleben, sondern auch einen neuen aussprechen, dann nämlich, wenn es falsch ist. Ob es das ist, ist Sache der Sprachforschung, daß aber auch eine falsch aufgegriffene Etymologie eine durchaus sinnvolle Möglichkeit sprachlicher Bedeutungsstiftung sein kann, muß Philosophie als Anwalt der Sprache als Energeia betonen: wer könnte z. B. bestreiten, daß Hegel im Zusammenhang seiner Gedanken sehr sinnvoll und doch etymologisch falsch redet, wenn er das bloße „Meinen" als „subjektiv" im Gegensatz zum „Wissen" mit dem Possessivpronomen „mein" in Zusammenhang bringt. Wissenschaftliche Etymologie und verächtlich bloß sogenannte Wortspiele leben im konkreten Sinn der Sprache als Energeia in durchaus gleicher Dignität, was über die Reflexion dieser Dinge hinaus ohnehin die große Dichtung, z. B. Shakespeare, unmittelbar belegt. Auch tote Sprachen können von hier aus wieder in lebendigen Sprachen Bedeutung gewinnen, obwohl sich gerade auch daraus der Unterschied in der Behandlung beider deutlich machen läßt: bei toten Sprachen liegt es näher, sie als bloßes Ergon zu betrachten, weil ein Wandel, eine Erneuerung oder auch eine Verwandlung dieses Ergons aus lebendiger Energeia gewöhnlich nicht mehr in Erscheinung tritt. So kann man etwa die klassischen Sprachen als abgeschlossenes Sprachwerk betrachten, das höchstens durch neue Funde, nicht aber durch neues Sprechen als Energeia verändert oder vermehrt werden kann. An sich freilich lebt auch der Sinn dieses

Sprachwerkes nur im konkreten Sinn unseres jetzigen Sprachvollzuges. Sonst wären ja alle jene Zeugnisse, die Spuren des Erdenwallens vergangener Sprache als Energeia, überhaupt nur als materielle Gegebenheiten, vergleichbar nicht entzifferten Papyri oder Bausteinen von Tempeln, die ein verständnisloses Volk Spätgeborener zum Aufbau ihrer Hütten verwendet. Daher hat auch der Humanismus, der Sprache im wesentlichen als Bildungsgegenstand, nicht aber als Bildung κατ' ἐνέργειαν sah, die eigene Sprache und Sprache überhaupt mehr als ein Mittel zur Übersetzung dieser Bildungswerte denn als wirkliche Sprache zu sehen vermocht.

Auch Kainz (120, S. 22 f.) bemerkt mit Recht, daß der Sprachgebrauch in seiner Geschichtlichkeit für die Bedeutung eines Wortes maßgebend ist. Daher ist das schon im Namen Etymologie zum Ausdruck gebrachte Programm nicht durchführbar. „Da ἔτυμος ‚wahr', ‚echt', ‚wirklich' bedeutet, wollte man durch die Aufnahme dieses Ausdrucks in die Bezeichnung eine Forschungsabsicht zur Geltung bringen, daß man in der Ausgangsbedeutung eines Wortes dessen ‚wahren' und ‚eigentlichen' Gehalt zu sehen habe, das ‚Etymon' somit die ‚richtige' Bedeutung präsentiere. Diese Auffassung ist unhaltbar und daher längst aufgegeben. Die Wörter machen im Verlauf der Entwicklung Bedeutungswandlungen durch, die ihren semantischen Gehalt grundstürzend ändern, ja ins Gegenteil verkehren können." Damit ergibt sich als der positive Sinn für die philosophische Etymologie der folgende: Sie „ist ein methodisch thematischer Teilaspekt einer philosophischen Wortforschung, welcher das Zustandekommen der Bedeutungserfüllung philosophischer Termini erhellen möchte, wobei alle späteren Wandlungen auf die Ausgangskonzeption bezogen bleiben, die deswegen freilich nicht als die allein gültige angesehen wird. Man unterschätze den Terminus nicht! Quod non est in verbo, non est in cogitatione. Durch einen glücklich gebildeten Begriff und seine einprägsame Wortung tritt etwas Neues, etwas, das vorher in dieser Gestalt noch nicht vorhanden war, in die Welt des Geistes ein, gewinnt dort Existenz und Bestand." Trotzdem grenzt Kainz die philosophische Etymologie von einem etymologisierenden Philosophieren in der Art Heideggers ab, ohne in Abrede zu stellen, daß dessen etymologisches „Sichvergreifen ... in Ausnahmefällen ein glücklicher Griff gelungen ist" (ebd. S. 39). Zuletzt entscheidet freilich der Sprachgebrauch, ob es sich hier um einen glücklichen Griff oder ein Sichvergreifen handelt, da es schließlich nur darauf ankommt, ob sich ein eingeführtes Wort und seine Interpretation als sinnvoll erweist und durchsetzt oder nicht.

Abschließend sei in diesem Kapitel noch festgehalten, daß sich in der ebenfalls in der Wissenschaft vielgebrauchten Wendung „Alltags"-sprache in einer meist nicht bedachten Unterscheidung der Sinn von „natürlicher" Sprache im Unterschied zu künstlichen Sprachen und derjenigen von selbstverständlichem im Unterschied zu entfremdetem Sprachgebrauch überschneiden.

10. DER FUNDAMENTALPHILOSOPHISCHE (HERMENEUTISCHE) ZIRKEL
Kant und Hamann

Im Rahmen der transzendentalphilosophischen Sprachphilosophie überhaupt haben wir schon öfters den Unterschied zwischen transzendental-dialektischer und transzendental-hermeneutischer Position erwähnt, freilich auch behauptet, daß diese beiden Richtungen aufeinander angewiesen sind, sobald sie jeweils von ihrem Ausgangspunkt her tatsächlich fundamentale Sprachphilosophie sein wollen.

Im Sinne der ersten Position läßt sich im Hinblick auf den immer schon vorausgesetzten unmittelbaren Sprachsinn ebenso wie im Hinblick auf die Sprachlichkeit aller Reflexion überhaupt von einem „Sprachapriori" alles gegenständlichen Weltbewußtseins und damit in bezug auf das spezifische In-der-Welt-Sein des Menschen reden. Die Frage nach diesem Sprachapriori geht also notwendig in die fundamentalphilosophische Voraussetzungsproblematik ein. Wir werden diese Sachlage am Beispiel einer Konfrontation von Kant und Hamann herauszustellen versuchen. Dabei werden wir besonders die Schwierigkeiten der transzendentalen Sprachphilosophie berücksichtigen müssen, die darin besteht, daß alles Sprachapriori nur in besonderer (bestimmter) Sprache wirklich sein kann. In der Sprachlichkeit des Menschen sind also immer schon ein transzendentales Sprachapriori und eine bestimmte geschichtliche Sprache vereinigt. Von dieser Einsicht her wird die transzendentale Sprachphilosophie mit der Notwendigkeit gedanklicher Konsequenz zu dialektischen Formulierungen veranlaßt. Daß auch in transzendentaler Funktion als Sprachapriori Sprache immer schon bestimmte und damit geschichtliche Sprache ist, wird nun besonders von der zweiten Position, der transzendental-hermeneutischen Sprachphilosophie, betont. Diese freilich weist das sozusagen umgekehrte Dilemma gegenüber der transzendentalen Sprachphilosophie auf. Von der geschichtlichen Bestimmtheit jeder Sprache her scheint sich das Sprachapriori im Sinne der transzendentalen Sprachphilosophie nicht aufrechterhalten zu lassen. Damit aber droht der Verlust der Einsicht in die transzendentale Differenz.

Mit ihr aber ginge für die hermeneutische Sprachphilosophie alle fundamentalphilosophische Bedeutung verloren. Sie wäre dann nur eine in der Art der Einzelwissenschaft betriebene Form der Geistesgeschichte und philosophisch als eine bestimmte Art des Historismus zu bezeichnen. In zugespitzter Formulierung läßt sich sagen, daß dann die hermeneutische Sprachphilosophie jenes Sprachapriori unreflektiert „an sich" hat, das die transzendentale Sprachphilosophie ungeschichtlich „für sich" fixiert.

Es ist klar, daß solche Fixierungen nicht der Natur der Sache entsprechen: das Sprachapriori im Sinne des transzendentalen Aspektes und die immer schon geschichtliche, bestimmte Sprache im Sinne des hermeneutischen Aspekts der Sprachphilosophie können nicht wie zwei Bereiche, etwa verschiedene Sprachwelten, einander gegenübergestellt werden. Sie sind im wirklichen Sprechen in der Tat immer schon vereinigt und in ihm auch gar nicht unterscheidbar (vgl. Sprache als parole S. 97). Außerdem wissen wir: ein dialektisches Ganzes liegt immer dann vor, wenn die „Momente" der betreffenden konkreten Wirklichkeit zwar unterscheidbar, nicht aber als Relationen von „realen" bzw. „logischen" Gegenständen erklärbar sind.

Im bloßen Aspekt des Ergon ist daher Sprache in dem herausgestellten dialektischen Sinn überhaupt nicht anzusprechen. Anderseits ist sie als solche Voraussetzung jeder Analyse, in welchem philosophischen oder einzelwissenschaftlichen Aspekt auch immer. Wir müssen hier die fundamentalphilosophische Voraussetzungsproblematik von der linguistischen Erforschung des Weltbildes einer bestimmten Sprache (Humboldt, Weisgerber) unterscheiden. Im ersten Sinn ist von Sprachlichkeit und Welthaben überhaupt (also vom Sprachapriori trotz der geschichtlichen Bestimmtheit aller Sprache) die Rede, im zweiten von einer im Ergon-Aspekt betrachteten bestimmten Sprache in der Welt, in dem sich das Einssein von Welt und Sprache unterscheiden läßt in gegebene Welt und gegebene Sprache, d. h. aber zuletzt in eine sozusagen sprachlose Weltgegebenheit und ein analog diesem Gegebenen aufgefaßten Vorgang innerhalb der Welt von bestimmter Beschaffenheit, nämlich die jeweils auf ihre weltbildhaften Implikationen untersuchte bestimmte Sprache. Wäre diese vergegenständlichende Reflexion auf Sprache nicht möglich, dann lebten wir in der Sprache in der gleichen Unmittelbarkeit wie das Tier in seiner „Umwelt", von deren Bestimmtheit und Beschaffenheit jeweils nur wir wissen, nicht aber das betreffende Tier weiß. Dann hätten wir freilich auch kein

Problem der Sprache überhaupt, sei es in der Form der philosophischen Vermittlungs- und Voraussetzungsfrage, sei es im linguistischen Aspekt des Weltbildes einer bestimmten Sprache. Alle diese Fragen erstehen erst in dem „Staunen" (Plato) der beginnenden Reflexion auf die Unmittelbarkeit der fraglos gesprochenen Sprache (der Muttersprache), wie es uns sehr schön H. Gomperz (105, S. 205) an jenem französischen Kind aufzeigt, das bemerkt haben soll: „Wie seltsam ist die deutsche Sprache: im Französischen ist das Brot pain, und heißt auch pain: dagegen im Deutschen ist's doch auch pain, heißt aber Brot." In der Unmittelbarkeit unreflektierter Muttersprache leben wir eben tatsächlich (obwohl diese Unmittelbarkeit immer schon Vermittlung ist) in der Welt und nicht in einem bestimmten „Weltbild", das an „Welt an sich" relativiert und damit als solches durchschaut werden könnte. Es kann eben niemals ein bestimmtes sprachliches Weltbild auf die sprachlose Welt als solche bezogen werden. Vielmehr erfahren wir im Vergleich verschiedener sprachlicher Weltbilder jeweils die Besonderheit eines bestimmten sprachlichen Weltbildes, auch in der Reflexion auf die Muttersprache. Wenn ich z. B. ihre Paradoxien oder ihre Inkonsequenzen durch sie selbst zur Sprache bringe, messe ich sie in ihrer ursprünglichen Unmittelbarkeit an einer im Verhältnis zu dieser Ursprünglichkeit „fremden Sprache", etwa an der aus ihr selbst entwickelten Rede „exakter Wissenschaftlichkeit". Kurz: Sprache als konstitutives Moment in der Vermittlung aller Gegenständlichkeit überhaupt und bestimmte Sprache als konstitutives Moment in der Vermittlung eines bestimmten gegenständlichen sprachlichen Weltbildes müssen sehr wohl unterschieden werden und bleiben doch aufeinander bezogen, weil zuletzt beide Aspekte nicht voneinander abgetrennt und isoliert werden dürfen, da eben auch die fundamentalphilosophisch relevante Gegenstandskonstitution überhaupt immer schon in bestimmter Sprache sich vollzieht und mit ihr zusammenfällt. Bestimmte Sprache ist als Sprache in fundamentalphilosophischer und gegenstandskonstitutiver Hinsicht, d. h. transzendental, „absolut", als bestimmte im Vergleich mit anderen bestimmten Sprachen relativ und nur jeweils konstitutiv für ein bestimmtes sprachliches Weltbild. Zuletzt aber gibt es eben tatsächlich keine sozusagen sprachlich nackte Gegenständlichkeit an sich, sondern alles Ansich ist zugleich vermittelt überhaupt und in bestimmter Sprache vermittelt, so daß sich die „Weltbilder" bestimmter Sprachen nicht an dem caput mortuum eines durch die Negation aller Vermittlung bestimmten Ansich, sondern nur gegenseitig in ihrer jeweiligen Bestimmtheit relativieren, ohne daß die jeweils in Frage stehende Sprache ihre in transzendental-gegenstandskonstitutivem Sinn absolute Funktion einbüßt.

Wenn also, in der Betrachtung des Weltbildes einer bestimmten Sprache zum Unterschied anderer derartiger Weltbilder, die „Zwischenwelt" der jeweils betrachteten Sprache in methodisch einwandfreier und sachlich notwendiger Abstraktion zum „Gegenstand" der Untersuchung gemacht wird, so darf doch dabei nicht vergessen werden, daß Gegenstandswelt und sprachliche Zwischenwelt sich nicht in der Weise gegenständlicher Welten gegenüberstehen können, soll die sprachliche Zwischenwelt tatsächlich eine *sprachliche* Zwischenwelt sein und — bildlich gesprochen — das „Umschaffen" der gegebenen Welt „in das Eigentum des Geistes" (Humboldt) zustande bringen. Wo einander bloß gegenständliche Bestimmtheiten gegenüberstehen, gibt es ausschließlich Realverhältnisse; hier kann von Vermitteln nicht die Rede sein, da eben alles Gegenständliche als solches die Vermittlung außer sich hat, in dem zitierten Bild Humboldts z. B. als den aus der aktualen Synthese herausgenommenen „Geist", der dann wiederum seinerseits den Inhalt seiner vermittelnden Aktualität als sprachliche Zwischenwelt zu einer Gegenstandswelt außer sich (unterschieden von Welt an sich) machen muß. Die sprachliche Zwischenwelt ist also Forschungsgegenstand nur im Vergleich mit anderen sprachlichen Zwischenwelten, wo aber in der Tat das Umschaffen der Welt in das Eigentum des Geistes sich vollzieht, da fällt die bestimmte sprachliche Zwischenwelt mit dem konkreten In-der-Welt-Sein bestimmten geschichtlichen Menschentums zusammen und läßt unmittelbar keine Distanzierung der bestimmten Weltbildhaftigkeit mit Hilfe einer Zwischenwelt zu. Nur die in konkreter Sprache aufgehobene sprachliche Zwischenwelt (das in konkreter Sprache aufgehobene bestimmte sprachliche Weltbild) ist im strengen Sinn als Eigentum des Geistes zu bezeichnen.

Das transzendentale Sprachapriori läßt sich daher weder als ein eigener Bereich ansetzen noch „mundan", d. h. aus innerweltlichen Relationen (schon konstituierter Erfahrung) ableiten. Nicht an der Sprache, wohl aber an einem Logosartigen, dem „Erkennen", hat sich die große Philosophie unserer Tradition seit Plato und Aristoteles immer wieder das klargemacht, was man in neuzeitlicher Rede kurz zusammenfassen kann unter dem Titel ›Überwindung des Affektionsmodells in der Philosophie des Erkennens‹. In das Erkennen (Bewußtsein) kommt eben niemals etwas „hinein", analog dem physiologischen

Vorgang der „Affektion" von Sinnesorganen und nervösem Apparat durch Außenweltreize, denn damit tritt ein empirisches „Subjekt", das als bestimmte Gegenständlichkeit selber vermittelt ist, an die Stelle des „transzendentalen Ich" (Kant), das nur als aktuale Synthesis zu denken ist, die immer schon vorausgesetzt ist, wenn von einem „gegenständlichen Subjekt" (als letztes Wort ein Widerspruch in sich wie „hölzernes Eisen") gesprochen wird. Kant hat daher eine „empirische Affektion", eine „Physiologie des Verstandes", als Grundlage der Auflösung der Frage nach der Möglichkeit des Erkennens ausdrücklich und für jeden, der seine Ausführungen verstanden hat, endgültig widerlegt. Aus dieser Ablehnung des Affektionsmodells entsprangen für Kant freilich mannigfache Verlegenheiten. Innerhalb des Affektionsschemas ist die ursprüngliche Einheit von Vermittlung und Sein zwar immer schon vorausgesetzt, aber niemals einholbar. Auch kann die Transzendentalphilosophie im Rahmen dieses Modells nicht jene Stufe der Selbsterkenntnis erlangen, die ihre verbindliche Darstellung ermöglicht. Sogar die nicht eigentlich sprachphilosophisch orientierte Fundamentalphilosophie kann sich dieser Einsicht nicht verschließen. Daher stellt z. B. auch Hegel das Vermittlungsproblem sofort in den Zusammenhang der Sprachlichkeit des Geistes: der unmittelbaren Gewißheit gegenüber ist die Sprache das „Wahrhaftere". Wir werden uns mit diesen Ausführungen auch weiterhin beschäftigen. (12. Kapitel) An der Kantischen Transzendentalphilosophie selbst hat der vom „Sakrament der Sprache" ausgehende Magus im Norden, Hamann („Metakritik"), diese Problematik erkannt und formuliert. Die reine Vernunft Kants ist für ihn das Resultat einer Reihenfolge von Purismen, deren letzter der „Purismus der Sprache" ist: „Die erste Reinigung der Philosophie bestand nämlich in dem teils mißverstandenen, teils mißlungenen Versuch, die Vernunft von aller Überlieferung, Tradition und Glauben daran unabhängig zu machen. Die zweite ist noch transzendenter und läuft auf nichts weniger als eine Unabhängigkeit von der Erfahrung und ihrer alltäglichen Induktion hinaus ... Der dritte höchste ... Purismus betrifft ... die Sprache, das einzige, erste und letzte Organon und Kriterion der Vernunft ohne ein ander Kreditiv als Überlieferung und Usum." Und nun stellt Hamann sogleich an die Stelle der „Rezeptivität der Sinnlichkeit" bei Kant die „Rezeptivität der Sprache". Er ist damit über die Problematik des Affektionsschemas mit einem Schritt hinaus, da er als die Voraussetzung der kritischen Reflexion im Sinne Kants keinerlei

Affektionsvorgänge ansetzt, sondern eben den unmittelbaren Sinn der
unreflektierten Sprache, die insofern, als transzendentales Moment
alles Gegenstandsbewußtseins, nicht selber wieder naturalistisch bzw.
überhaupt einzelwissenschaftlich gegenständlich erklärt, sondern nur
als Sinn hingenommen, d. h. „gelernt" werden kann. In diesen Einsichten wurzeln ebenso Hamanns Kampf gegen die Abstraktionen der
Transzendentalphilosophie Kants dort, wo historische Schlacken ihren
eigentlichen Geist, den Hamann freilich nicht verstanden hat, ver-
dunkeln, als auch seine Ablehnung jeder empirischen Erklärung des
Sprachursprungs als letztes Wort, die notwendig in einen Zirkel führen
muß. Hamann hat in diesem Sinne durchaus grundsätzliche Gedankengänge Humboldts vorweggenommen. Die Vorordnung des unmittelbaren Sprachsinns vor die Probleme der Sinnlichkeit hat er Kant
gegenüber auch in einem Brief betont: „So wahr ist es, daß Sprache
und Schrift die unumgänglichsten Organa und Bedingungen alles
menschlichen Unterrichts sind, wesentlicher und absoluter wie das
Licht zum Sehen und der Schall zum Hören." Wird diese Problematik
des Voraussetzens in der Transzendentalphilosophie von ihr selbst nicht
erkannt, dann wird „Sprache ... der Mittelpunkt des Mißverstandes
der Vernunft mit ihr selbst".

In differenzierterer, aber nicht grundsätzlich bedeutsamerer Weise
als zwischen Hamann und Kant, wird unsere Problematik zwischen
Kant und Herder ausgetragen; ich darf diesbezüglich auf meine Einleitung zu Herders Sprachphilosophie (29; vgl. auch 1. 18. 21/22. 25.
45. 48/I. 55/56. 64. 70. 71. 108. 162) verweisen. Für eine verstehende
Nachwelt handelt es sich bei diesem Gespräch Hamann — Kant —
Herder jedenfalls um eine großartige Angelegenheit. In einer kurzen
Charakteristik der Akteure des Gesprächs ließe sich vielleicht sagen:
Kant entdeckt durch seine Unterscheidung von transzendentalem und
empirischem Ich die Dialektik des „Subjekts, das die Vermittlung ist";
er läßt sich, trotz der systematischen Entfaltung seines Grund-
gedankens, nicht auf diese Dialektik selbst ein, die für ihn nur
kritisch-prohibitiv ins Treffen geführt wird und in ihrer Sprachlichkeit
undurchschaut bleibt. Herder erkennt die Bedeutung der epoche-
machenden Reflexion Kants nicht, sieht aber trotz seiner unzureichen-
den Polemik ihre (modern gesprochen) existentiellen Grenzen; er
überspringt diese Dialektik methodisch unvermittelt, d. h. philosophisch von vornherein überholt und doch motivlich im Recht: ebenso
mit seinem Rekurs auf den Sprachsinn wie mit seiner Humanitäts-

lehre, der zufolge „der Zögling der Schöpfung", der Mensch, sich in erster Linie in Natur und Geschichte als Ebenbild des Schöpfers zu bewähren und zu erfüllen habe. Hamann schließlich bindet diese Ebenbildlichkeit an ihre konkrete geschichtliche Wurzel, das in Jesus Christus Fleisch gewordene und allein Gott und Gottes Wollen offenbarende „Wort", den „Logos", in dem absoluter Sinn und geschichtliches Ich eins und wirklich offenbar sind und nicht erst in transzendentaler Reflexion dialektisch eröffnet werden müssen.

Die Bedeutung Hamanns als Mentor Herders tritt in der Gegenwart immer stärker in Erscheinung: er habe gegen Kant die in der Erkenntnistheorie übersehene Sprachproblematik in Sicht gebracht, dadurch den abstrakten Idealismus überwunden und die Vernunft selbst in den Raum des Menschlichen zurückgeholt. Nach Hornstein „übersieht die Erkenntnistheorie meistens, was die Sprache an gar nicht eigens reflektierter ,Einsicht' schon mitbringt. Das ist weit mehr als nur eine ,Vorarbeit'. Die Welt stellt sich jeder gegenständlich ausgeführten, intentionalen Erkenntnis schon dar im Modus der Zugänglichkeit. Sie erweist sich als eine unaufbrauchbare Basis der wissenschaftlichen Forschung im engeren Sinn. Nicht erst der theoretische Akt bringt Welt und Bewußtsein zusammen, als ob das erkennende Subjekt sich seinem Gegenstande nähern müsse, um eine Seite an ihm bewußt herauszustellen. Schon lange bevor der Mensch sich, in der Künstlichkeit methodischen Verhaltens, auf Objekte bezieht, die ihm wissenschaftlich relevant erscheinen, ist die Welt im unsichtbaren Fangnetz der Sprache gefangen, sie braucht nicht erst in das Bewußtsein zu kommen, weil das Bewußtsein schon immer, auf den Bahnen der sprachlichen Bedeutung, ,außer sich' bei den Dingen der Welt ist." (115, S. 105) Im Sinne dieser Hinweise kommt es schon bei Hamann zur Forderung dessen, was H. Wagner (172, S. 67) als „Begriff der konkreten Vernunft" bezeichnet: „Dieser Begriff der konkreten Vernunft, wie ihn die spekulative Auflösung gewisser Schwierigkeiten der Sprachphilosophie erzwingt, besagt eine Folgerung für die Philosophie überhaupt und betrifft ihr Selbstverständnis als Idealismus. Der ältere Idealismus hat uns begreifen gelehrt, daß der Boden der Philosophie nicht eher betreten ist, als bis die Vernunft als extramundan begriffen ist. Die Vernunft ist kein möglicher Weltgegenstand, Rückgang auf sie heißt Hinausgang aus der Welt. Die Folgerung nun, die wir aus dem obigen Ergebnis zu ziehen haben, heißt demgegenüber: Bleibt man dabei stehen, die Vernunft als extra-

mundan zu denken, so bleibt man in einem abstrakten Idealismus
stecken. Die Philosophie vollendet sich spekulativ, indem sie auf die
erste Umwendung, welche die Reflexion auf die Vernunft und den
Hinausgang aus der Welt einleitet, eine zweite folgen läßt: in dieser
aber ist zu begreifen, daß die Vernunft gewiß zwar extramundan
ist, aber so, daß sie gleichzeitig wesentlich auf die Welt bezogen bleibt.
Noch genauer: daß es zur Absolutheit der Vernunft gehört, sich
wesentlich auf die Welt zu beziehen und anzuweisen. Die Sprache
aber ist das eindrucksvollste Dokument für die ganze Konkretheit
und Realität dieser Weltbezogenheit und ‚Weltlichkeit‘ der Vernunft.“
    E. Metzke schließlich interpretiert Hamanns Polemik gegen die von
der Sprache gereinigte Vernunft in der Richtung auf die auch sittlich
verstandene Sprachlichkeit des Menschen, die wir bei Liebrucks kennengelernt haben. Auch sieht er ganz klar, daß in Hamanns Polemik kein
sensualistischer Reduktionismus gegen Kants Transzendentalismus zum
Zuge kommen soll. Es handelt sich dementsprechend bei Hamanns
Besinnung auf die sprachliche Bedingtheit der Vernunft „nicht darum,
in empiristischer oder sensualistischer Weise diese oder jene kausale
Abhängigkeit des Geistes festzustellen, sondern — und das ist der
entscheidende Schritt, den Hamann tut, — es geht darum, das Wirk-
lichkeitslose und Entmenschlichte der aufklärerischen Vernunftprin-
zipien und Vernunftansprüche bloßzulegen und die Vernunft selbst in
den Raum des Menschlichen zurückzuholen und sie so wieder einzu-
wurzeln. Dieser Schritt erfolgt, indem Hamann als tragenden Grund
der Vernunft und ihrer Möglichkeiten die Sprache freilegt ... Er stößt
auf die Sprache als konkrete und unauflösliche Bedingung der Vernunft, hinter die man nicht zurückkann, auch Kant nicht.“ (55, S. 281 ff.)
Von der so verstandenen Sprachlichkeit her zeigt sich das ursprüngliche
Weltverhältnis des Menschen bei Hamann als „geistig und sinnhaft-
leibhaft zugleich, wie es die Sprache ist“ (56, S. 315). Metzke sieht
darin ebenso eine Wendung des Denkens „auf dem Boden der christlichen Tradition“ (ebenda), „die erste prinzipielle Loslösung der
neuzeitlichen Philosophie von der Orientierung an Descartes und der
mathematischen Naturwissenschaft wie den Ansatz zu einer neuen
Grundlegung der Philosophie und des ganzen Systems des Wissens,
der ‚intellektualischen Welt‘, wie Hamann im kritischen Anschluß an
Bacons Begriff des globus intellectualis sagt. Die Tragweite dieses
Vorgangs wird heute sichtbar in der Krise der überkommenen
Wissenschaft.“ (55, S. 288)

Von den Erörterungen über das „sprachliche Weltbild" her, das niemals zu einer sprachlosen Welt in Verhältnis gesetzt werden kann, zeigt sich von neuem, daß die in bestimmtem Rahmen berechtigte Annahme, daß eine Aussage, d. h. das, was der Satz meint, in einer oder in verschiedenen Sprachen auf verschiedene Weise formuliert werden kann, fundamentalphilosophisch nichts Letztes bedeuten kann. An sich gäbe es ohne diese Tatsache nicht das, was man *Übersetzen* aus einer Sprache in eine andere nennt. Zu dieser Materie noch ein paar Bemerkungen. Die nicht ausbleibende Antwort in der menschlichen Begegnung erfolgt stets in einer bestimmten und als Antwort verstandenen Sprache. Nicht der Mensch überhaupt antwortet, sondern das bestimmte Du in oder aus bestimmter Sprachgemeinschaft, d. h. in immer schon geschichtlicher Begegnung. Das „Schweigen" des Tieres hat daher — wie wir schon wissen — keinen innersprachlichen Sinn, die in dieser Begegnung vermißte Antwort bringt nur das Fehlen der Humanitas überhaupt (an einem zeitlichen Mitgeschöpf) ins Bewußtsein, ist aber keine Begegnung in der Sprache als bewußter Zeitlichkeit, d. h. in der die Natur überhöhenden Geschichtlichkeit. Von hier aus versteht sich auch der Sinn der Fremdsprache. In der Begegnung sich fremder und zugleich nicht verstehender Sprachen fehlt nicht die durch die Natur verwehrte Möglichkeit der Antwort überhaupt, sondern nur ihre Wirklichkeit in konkreter geschichtlicher Erfüllung. Diese wiederum kann grundsätzlich immer hergestellt werden, weil eben, wo Sprache ist, eine intermonadisch konstituierte Gegenständlichkeit und ihre Mitteilung in geschichtlicher Begegnung immer vermittelt werden können. „Wer in einer Sprache spricht, ist damit ipso facto allen nur möglichen Sprachsystemen im Sinne der Übersetzung erschlossen und zugeordnet" (35, S. 118 ff. u. S. 137; vgl. 17a, S. 362 ff.), mag er sich auch von seiner Sprachgemeinschaft her gewissen fremden Sprachen verwandter (in „Sprachverwandtschaft näher") als anderen fühlen, eine Erfahrung, die ohnehin in jeder Du-Begegnung irgendwie sich ereignet. Übersetzung ist daher immer möglich, wo eine fremde Sprache überhaupt verstanden wird, verstanden aber wird jede Sprache grundsätzlich, weil Sprache ist. Freilich, sowenig eine Fremdsprache durch bloßes Vokabellernen (sozusagen nur in der lexikalischen Ebene des Namens, in der keine Synthesis und damit keine Gegenstandskonstitution und kein in ihr bewußt werdender Sinn möglich ist) erworben wird, sowenig ist Übersetzung eine bloße Zuordnung von Sprachsystem zu Sprachsystem im bloßen Aspekt des Ergons. Sie geht sozusagen immer über die Energeia des ganzen Sprachsinns in der konkreten Ausprägung einer geschichtlichen Sprachgemeinschaft; eine Tatsache, die ebenso die Schwierigkeiten des Übersetzens wie die Bereicherung (Differenzierung der Sinnmöglichkeiten) im Überwinden dieser Schwierigkeiten zur Folge hat. Häufig mag freilich das Resultat dasjenige sein, das Cervantes bespöttelt, wenn er von der Arbeit des Übersetzens sagt, sie „gleiche der Kehrseite der flämischen Tapeten, welche wohl die Figuren zeigen, aber doch von Fäden so übersponnen seien, daß die Glätte und der Glanz der Vorderseite vollständig" vermißt werde. Schließlich stellt uns jede Aneignung fremden Sinns vor ein Problem, weshalb sich auch innerhalb der Sprachgemeinschaft zunehmende Intimität der Begegnung ihre eigene Sprache schafft: vom Dialekt-Sprechen bis etwa zur Sprache der Liebenden und ihrem Verstummen. In ihm spricht sich über ihren Sinn in der Du-Begegnung hinaus freilich auch die „Kehrseite" aller Sinnaneignung in der Sprache aus, die auch nur äußerlich (in technischer Verwendung des „Sprachmittels") aufgegriffen und mißbraucht werden kann. Die Frage nach der „Echtheit" ist auch im Rahmen der Sprache wesentlich und tief. Die Möglichkeit und Wirklichkeit des Betrugs und des Selbstbetrugs mit der Sprache ist wohl ein noch stärkeres Zeugnis als der in ihr mögliche und wirkliche Irrtum für die menschliche Situation und die Ohnmacht des Geistes.

Trotz der grundsätzlich uneingeschränkten Möglichkeit der Übersetzung von einer Sprache in eine andere und derjenigen der verschiedenen Formulierungen einer Aussage in derselben Sprache, bleibt es durchaus problematisch, ob es gewissermaßen die Aussage an sich gibt, an der sich alle in bestimmter Formulierung ausgesprochenen Sätze relativieren lassen. Es stünde ja dann ein Sachverhalt in Frage, der unabhängig von aller sprachlichen Formulierung so einsichtig wäre, daß die verschiedenen sprachlichen Formulierungen nur bestimmte Perspektiven dieses Sachverhaltes darstellten. Es ist von hier aus im übrigen verständlich, daß die Wissenschaft auf die Hervorbringung von Sprachen bedacht ist, die einen Sachverhalt über alle Bedingtheit geschichtlich bestimmter Sprachen hinaus „exakt" erfassen läßt. Immer wird in dieser Hinsicht die Mathematik das große Vorbild für die Schaffung formalisierter Sprachen bleiben. Gerade deshalb ist es auch klar, daß „Sätze an sich" (Bolzano) nur dort anzusetzen sind, wo formalisierte Sprachen jeden Erdenrest der Vieldeutigkeit, d. h. aber der notwendigen hermeneutischen Auseinandersetzung (präzisierender Deutung in bestimmter geschichtlicher Situation bzw. an bestimmtem Sprachwerk) hinter sich gelassen haben. Wir verstehen jetzt besser, daß und warum sich alle nichtanalytischen Sprachphilosophien durch die negative Wendung kennzeichnen lassen, daß ihre Untersuchungen sich nicht mit Sprache als einem innerweltlich Gegebenen abfinden können. Sie gehen eben über die Analyse des Gegebenen zurück auf den Ursprung des Gegebenen; wo von Ursprung die Rede ist, liegen immer auch Zeitprobleme (Temporalitätsprobleme) vor. In dieser Hinsicht zielt die transzendentale Sprachphilosophie auf das „zeitlose Sprachapriori" alles Sinnes überhaupt, relativ unabhängig von der jeweils konkreten Sinnverwirklichung in bestimmter geschichtlicher Sprache. In einer Modifikation von Ausführungen Kants ließe sich von ihr sagen, daß sie auf das fundamentale „Entspringen" von Sinn ihr Augenmerk richtet, obwohl sie durchaus weiß, daß aller konkrete Sinnvollzug zeitlich „beginnt" und in der Zeit verläuft. Sie meint aber, daß mit der Aufgabe der Problemdimension des nicht innerzeitlichen „Entspringens" von Sinn die Sprachphilosophie als Fundamentalphilosophie und als Philosophie des Sprachsinns früher oder später — entweder naturalistisch und psychologistisch oder „geistesgeschichtlich" — nivelliert wird und außer Sicht gerät. In der transzendentalen Sprachphilosophie liegt daher von Haus aus die Tendenz zur „Synthese" ihrer selbst mit der hermeneutischen Richtung, da sie sonst über die allgemeine Konstatierung eines fundamentalphilosophisch relevanten Sprachapriori hinaus nichts aussagen könnte. Die hermeneutische Richtung wiederum betont von sich aus besonders die immer schon lebensvolle „Geschichtlichkeit" alles konkreten Sprachsinns. Wie aber der Transzendentalphilosophie Kants überhaupt — mit dem Hinweis nämlich, daß alles Erkennen mit einem innerzeitlichen Erfahrungsvorgang „beginne" — die Gefahr droht, naturalistisch oder psychologistisch in eine „Physiologie" des Verstandes (Locke, Herder) nivelliert zu werden, so droht der hermeneutischen Sprachphilosophie ihrerseits und im besonderen, d. h. in der Betonung der konkreten Geschichtlichkeit aller Sprache, die Gefahr, die Fundamentalphilosophie in Sprachgeschichte (bzw. geistesgeschichtlich in der immer geschichtlich konkreten Sprachlichkeit geistiger Existenz) aufgehen zu lassen und aus dem Auge zu verlieren. Das fundamentalphilosophische „Mehr" der transzendentalen Dimension über den innerzeitlich gegebenen Sprachsinn und seine geschichtlichen Gebilde hinaus formuliert sich im Rahmen der hermeneutischen Sprachphilosophie als hermeneutischer Zirkel. Von ihm kann man im engeren Sinn der hermeneutischen Sprachphilosophie, aber auch in einem allgemeineren Sinn sprechen; es ergibt sich dann die Notwendigkeit, in vierfacher Weise von dem sprachphilosophisch fundamentalen Zirkel zu reden, und zwar erstens das philosophische Voraussetzungsproblem überhaupt betreffend, zweitens in Zusammenhang mit dem Problem des Ursprungs der Sprache, drittens im Hinblick auf das schon von Humboldt zitierte Wunder der Sprachaneignung durch jedes Kind und viertens im engeren Sinn des hermeneutischen Zirkels.

1. Die erste Problematik haben wir beispielhaft schon an dem Hinausgehen Hamanns über Kant kennengelernt. Die transzendentale Voraussetzungsproblematik führt in diesem Sinn notwendig auf das Problem der Vermittlung als Sprache. Das Subjekt, das die Vermittlung nicht außer sich hat, sondern diese selbst ist, kann nur als Subjekt in Sprachlichkeit gedacht werden. Wieder werden wir damit auf Sprache als Sinnapriori zurückverwiesen. Der fundamentalphilosophische Zirkel besteht hier darin, daß ich in ursprünglicher Weise das voraussetzen muß, wovon ich in transzendentaler Differenz, d. h. im Unterschied zu allem unmittelbar Gegebenen ausgehen muß. Damit aber tritt die Vermittlung selbst aus ihrer nicht aussagbaren Ursprünglichkeit in eine gegenständliche Differenz, die zwar in negativen Wendungen distanziert, nicht aber so ausgeschaltet werden kann, daß ich bestimmte sprachliche Vermittlung jeweils und sprachliches Sinnapriori in ihrer konkreten Einheit aussagen könnte. Nur scheinbar handelt es sich bei derartigen Einsichten um philosophische Verstiegenheiten; denn in der Tat ist mit der beschriebenen Voraussetzungsproblematik in allgemeinster Weise jene Struktur formuliert, die in allen anderen Formen der in Sprachlichkeit unvermeidbaren Zirkularität des Denkens zum Ausdruck kommt.

2. Sehr schön läßt sich diese Tatsache an dem vielerörterten Sprachursprungsproblem aufzeigen. Wir werden im Kapitel über das Universalienproblem (12. Kapitel) von dem Zirkel der Abstraktionstheorie sprechen. Es geht dabei um das zirkuläre Bezogensein eines immer schon vorausgesetzten Allgemeinen auf das durch die Abstraktion resultierende Allgemeine. Dieser Zirkel nun hat − fundamentalphilosophisch betrachtet − eine nahe Beziehung zum Problem des Sprachursprungs. Der Ort des Sprachursprungs ist derjenige der Geburt von Theorie aus einem Lebensvollzug vor der Differenz von Theorie und Praxis. Sprache gehört an diese Stelle der „Lichtung" der

Unmittelbarkeit und beweist damit ihre enge Bindung an die „Idee".
Als ein in erster Distanzierung des unmittelbaren Lebensvollzugs
sprachlich Fixiertes und Geschautes läßt diese aus der Allgemeinheit
eines jeweils unexplizierten Ganzen jenes Welthaben resultieren, das
in weiterer Differenzierung unsere bestimmte gegenständliche Welt
zum Inhalt hat. Das Wunder, von dem, wie wir wissen, an dieser Stelle
Humboldt spricht, bleibt ein Wunder. Es ist aber nun ein bestimmtes,
ja sogar ein beobachtbares Wunder, das sich tatsächlich in jedem
Sprache erlernenden Kind aufs neue ereignet. Zuletzt erwacht freilich
auch das noch so differenzierte Welthaben in jeder theoretischen Intention neu, aus jenem Wunder des Geistes, mit dem Humboldt den
Sprachursprung in Verbindung bringt. Von dem von Humboldt in
seiner bestimmten Irrationalität (bestimmten Zirkelhaftigkeit) ausgesagten Wunder der Sprache her, läßt sich die Grenze aller empirisch-
genetischen Sprachtheorie aufweisen und bestimmen. Überspringt man
wie alle empirisch-genetische Sprachtheorie diese Voraussetzungsproblematik, dann gerät man — durchaus analog zu der Theorie der
Abstraktion — in der Tat auch in der Sprachphilosophie in zirkuläre
Aporien. Sie sind in unserer Tradition immer wieder zum Ausdruck
gekommen. In ihrem Sinn wendet sich z. B. schon Herder gegen Con-
dillac und dessen „hohle Erklärung von der Entstehung der Sprache".
Zu den Sätzen dieses Aufklärers: „Um zu begreifen, wie die Menschen
unter sich über den Sinn der ersten Worte eins geworden, die sie
brauchen wollten, ist genug, wenn man bemerkt, daß sie sie in Umständen
aussprachen, wo jeder verbunden war, sie mit den nämlichen Ideen
zu verbinden usw.", bemerkt Herder geradezu wegwerfend: „Kurz,
es entstanden Worte, weil Worte da waren, ehe sie da waren — mich
dünkt, es lohnt nicht, den Faden unseres Erklärers weiter zu verfolgen,
da er doch an nichts geknüpft ist." (32, V S. 19 f.) Es ist nun freilich ohne
weiteres klar, daß auch Herder selbst in seiner „Ursprungsschrift" mit
seiner biologisch-psychologischen Rückführung der Sprache auf die
„Reflexion" dem gerügten Zirkel nicht völlig entgeht. Auch wenn
Hamanns Lehre, daß Gott den ersten Menschen im Paradies in der
Sprache unterrichtet habe, für ihn mehr gewesen sein sollte, als sein
Interpret Nadler meint, nämlich daß es sich in dieser Lehre „nur um
einen biblischen Ausdruck für das verstandesmäßig Unerkennbare"
(56 a, S. 220) gehandelt habe — jedenfalls legt er den Finger auf den
wunden Punkt in Herders gegensätzlichen Argumentierungen, wenn
er zweifelt, ob es diesem „Apologisten des menschlichen Sprach-

ursprungs je ein Ernst gewesen, sein Thema zu beweisen oder auch
nur zu berühren." Ohne Zweifel sah Herder an diesem Punkte den
Gegensatz zu Hamann für nicht so wichtig an; auch nach ihm verdirbt
man die Sache in der Ursprungsfrage, wenn man „die Menschen
erst zeitenlang, als Tiere, mit Geschrei in den Wäldern schweifen, und
sich nachher, weiß Gott woher, und weiß Gott wozu, Sprache erfinden"
(32, V S. 21) läßt. Man darf eben nicht vergessen, daß das menschliche
Geschöpf „gleich vom ersten Moment an kein Tier, sondern ein Mensch,
zwar noch kein Geschöpf von Besinnung, aber schon von Besonnenheit
ins Universum erwache" (ebd. S. 94 f.). Und auch Herder selbst rekur-
riert in der Ursprungsschrift an diesem Punkte auf Gott: „Über die
ersten Momente der Sammlung muß freilich die schaffende Vorsicht
gewaltet haben, doch das ist nicht Werk der Philosophie, das Wunderbare in diesen Momenten zu erklären; so wenig sie seine Schöpfung
erklären kann." Doch formuliert Herder scharf die resultierende zirkuläre Situation (den „ewigen Kreisel"): „Ohne Sprache ... hat der
Mensch keine Vernunft [und umgekehrt] — wo kommen wir da je hin?
Wie kann der Mensch durch göttlichen Unterricht Sprache lernen, wenn
er keine Vernunft hat? Und er hat ja nicht den mindesten Gebrauch
der Vernunft ohne Sprache. Er soll also Sprache haben, ehe er sie hat
und haben kann, oder vernünftig werden können ohne den mindesten
eignen Gebrauch der Vernunft?" (Ebd. S. 40) In der Tat: auf diese
Weise „kreiselt das Ding immer fort" bis auf unsere Tage, wenn man
fundamentalphilosophische und empirisch-einzelwissenschaftliche Fragestellung nicht auseinanderhält.

Die Philosophie muß sich immer für das Wunder der Sprache offen-
halten: „Was für ein unbegreifliches Band verknüpft eine Idee unserer
Seele und einen Schall?" (56 a, S. 437) So fragt Hamann, und Humboldt sagt bezüglich dieses Bandes, bezüglich dieser Relation, daß es
— mit ihr verglichen — „eigentlich nichts Gleiches im ganzen Gebiete
des Denkbaren gibt" (37, S. 51 f.). Mit dieser Unableitbarkeit von
„Sinn" hat sich in differenzierten Gedankengängen und in Verbindung
mit sprachphilosophischen Fragen besonders auch Th. Litt (49, S. 168
u. ö.; vgl. auch H. Glockner: 104, S. 91 ff.) beschäftigt: „Sinn ist nur
dann dasjenige, was dieser sein Name besagen will, wenn er ganz und
gar in sich selbst ruht, aus sich selbst lebt, durch sich selbst aussagt,
was er ist und bedeutet — wenn er also jeder Zurückführung auf ein
nicht, ein noch nicht Sinnhaftes spottet ..." Zwar „steht es uns frei,
jeden natürlichen Vorgang, jeden natürlichen Stoff, der als angebliches

‚Mittel' dem ‚Zweck' der Sinnfixierung dient, als ‚Sache' ins Auge zu fassen. Jedes Hörbare, Sichtbare, Tastbare — überhaupt jedes den Sinnen Faßbare ist, ob es nun der Sinndarstellung dient oder nicht, möglicher Gegenstand der ihm zugeordneten Sach-Erkenntnis. In vollendeter Gestalt wird uns diese Erkenntnis geboten durch die einschlägigen Teildisziplinen der strengen Forschung. Aber wenn wir uns durch die Mechanik, die Akustik, die Optik, die Chemie, die Anatomie, die Physiologie über die Beschaffenheit der natürlichen Bewegungen, Kräfte, Stoffe unterrichten lassen, die in der behaupteten Weise als Mittel fungieren — sind wir dann über das Geheimnis der Versinnlichung des Unsinnlichen aufgeklärt? ... Nichts anderes lehren uns die bereits geschaffenen und in Gebrauch befindlichen Ausdrucks-‚Mittel', wenn wir sie der gleichen Fragestellung unterwerfen. Sobald ein sinnhaltiges Gebilde in das Licht der Sach-Erkenntnis gerückt wird, kommt gerade das außer Sicht, was seinen ‚Sinn' ausmacht. Das hörbare Wort wird Muskelbewegung, Luftschwingung, Membranerschütterung, Nervenerregung — das sichtbare Zeichen wird je nachdem Stein, Metall, Holz, Faserstoff, Furche, Kerbe, Farbstrich mitsamt den zugehörigen Bewegungen, Ätherschwingungen, Organfunktionen usw. Von Sinn — keine Spur! Wenn aber die Sach-Betrachtung an dem bereits produzierten Ausdrucksgebilde gerade das zum Verschwinden bringt, wodurch es ‚Ausdruck' ist — wie dürfte man annehmen, daß an der Prägung dieses Gebildes die nämliche Betrachtung in irgend einem Sinn und Umfang beteiligt gewesen wäre! Nein: wenn wir den Weg nachgehen, auf dem das sinnlich Wahrnehmbare sich zum Ausdrucksgebilde fortentwickelt hat, dann bewegen wir uns in einer Richtung, genau entgegengesetzt derjenigen, die von dem sinnlich Wahrnehmbaren zur ‚Sache' weiterführt."

In dieser Antinomik aber steht jede Betrachtung der Sprache überhaupt, auch wenn sie über die Sprache als „vorhandene Sache unter anderen Sachen" nicht hinausdenkt, weil sie auch in diesem Falle selber Sprache in anderer Weise „vollzieht", in anderer Weise als „Gegenstand" bedenkt. Stünde ich nicht im Sprachvollzug schon immer im „Sinn", kein empirisches Werden überhaupt könnte jemals das zunächst Sinnlose sinnvoll werden lassen.

Für uns aber gilt es von dem Gesagten her jene grundsätzliche Grenze aller genetischen Betrachtung der Sprache einzusehen, und zwar sowohl im Sinne realer als auch im Sinne logischer „Genese", im Sinne des natürlichen und geschichtlichen Werdens und Entstehens wie im

Sinne der „Ableitung". Sprache als Sinn ist auf einmal und sozusagen völlig „ausgewachsen" da, als ein zeitlich nicht faßbares und logisch nicht ableitbares „Entspringen" vergleichbar dem Mythos von der Geburt der Athene aus dem Haupte des Zeus. Der wissenschaftliche Wert genetischer Betrachtungen an ihrem Platze wird durch diese einschränkenden Bemerkungen nicht betroffen: Die Beobachtung der Ausbildung der Sprachfähigkeit („Dynamis") beim Kinde, aber auch die phylogenetische Untersuchung der zur Sprache notwendigen Voraussetzungen haben zu wertvollen Aufschlüssen geführt. Ebenso kann die Bedeutung der geschichtlichen Behandlung des Sprachwerkes (als „Ergon" im weitesten Sinn des Wortes) in der Sprachwissenschaft gar nicht hoch genug eingeschätzt werden, trotzdem kommen wir mit allen diesen Errungenschaften dem philosophisch-zentralen Anliegen der Erfassung der Sprache ihrem Wesen nach und als „Urschöpfung von Sinn" um keinen Schritt näher. Wir setzen sinnvolle Sprache bei jedem dieser Erklärungsvorgänge immer schon voraus. „Damit der Mensch nur ein einziges Wort wahrhaft, nicht als bloßen sinnlichen Anstoß, sondern als artikulierten, einen Begriff bezeichnenden Laut verstehe, muß schon die Sprache ganz und im Zusammenhange in ihm liegen ... So natürlich die Annahme allmählicher Ausbildung der Sprachen ist, so konnte die Erfindung nur mit Einem Schlage geschehen. Der Mensch ist nur Mensch durch Sprache; um aber die Sprache zu erfinden, müßte er schon Mensch sein. So wie man erwähnt, daß dies allmählich und stufenweise, gleichsam umzechig, geschehen, durch einen Teil mehr erfundener Sprache der Mensch mehr Mensch werden, und durch diese Steigerung wieder mehr Sprache erfinden könne, verkennt man die Untrennbarkeit des menschlichen Bewußtseins und der menschlichen Sprache, und die Natur der Verstandeshandlung, welche zum Begreifen eines einzigen Wortes erfordert wird, aber hernach hinreicht, die ganze Sprache zu fassen." (Humboldt 37, S. 51)

Auch W. Stegmüller (167, S. 785) rechnet das „Erlernen einer Umgangssprache durch ein menschliches Wesen ... zu den Tatsachenkomplexen, deren Erklärung zugleich eine der schwierigsten und wichtigsten Aufgaben der Wissenschaft bildet". Er spricht unter Bezug auf N. Chomsky von einer „kleinen Revolution" in bezug auf diese Frage, an der sich alle „behavioristischen Spekulationen" als undurchführbar erwiesen haben. Es sei unfruchtbar und müßig, das Erlernen einer Sprache auf „empirische Weise" erklären zu wollen. Nach Chomsky müsse man deshalb „zu den angeborenen Ideen und Prinzipien von

Descartes zurückgreifen" (ebenda). Das Zurückgreifen auf „angeborene Ideen" mutet freilich nach Kant und Hegel für das philosophisch gebildete Bewußtsein reichlich antiquiert an. Zuletzt geht es nämlich bei derartigen Rückgriffen um nichts anderes als um die transzendentale Differenz in einer vom Problembewußtsein der Gegenwart her freilich überholten Sprache. Daher kann die Problematik auch nicht durch die systematische Entwicklung der Tiefenstruktur der Grammatik im Unterschied zu ihrer Oberflächenstruktur bewältigt werden. (Ebd. S. 786) Es mag naheliegend sein, für das Erlernen der Sprache „ein schematisches Analogiemodell aus der Automatentheorie" (ebd. S. 787 ff.) heranzuziehen, wobei man davon ausgehen muß, „daß das menschliche Gehirn von Geburt an auf bestimmte strukturelle Merkmale natürlicher menschlicher Sprachen ‚programmiert‘ sei". Es erübrigt sich, auf das in dieser Weise reduzierte Modell der Sprachaneignung in philosophischem Rahmen einzugehen. Man müßte sich in bezug auf solche Modelle doch erst einmal ernstlich zum Problem machen, in welchem Sinn denn überhaupt die „Beobachtung von sprachlichem und außersprachlichem Verhalten" (ebd. S. 409) die Rede sein kann bzw. was das „und" in der zitierten Wendung zu besagen hat. Stegmüller (ebd. S. 469) bezeichnet es ausdrücklich als eine „Fiktion, von Tatsachen in einem sozusagen absoluten, d. h. sprachunabhängigen Sinn zu reden". Er findet die Neigung zu einer solchen Rede in der Philosophie weit verbreitet. Nur in der Philosophie?

3. Wenn Humboldt das Wunder der Sprache zunächst im Hinblick auf die „Nation" formuliert, dann stellt er unsere Zirkelproblematik gewissermaßen an den Ort, an dem sie aus der Frage nach dem allgemeinen Sprachursprung qua Menschwerdung in denjenigen des Ursprungs bestimmter geschichtlicher Sprachen (Ursprung bestimmter Sprachgemeinschaften) übergeht. Die in der Sprachlichkeit fundierte Geschichtlichkeit des Menschen wäre an sich freilich auch gegeben, wenn die Menschheit nur eine Sprache sprechen würde bzw. ursprünglich (vor dem „Turmbau zu Babel") gesprochen hätte. Trotzdem stellt sich für unsere Erfahrung das Problem der Sprachaneignung in einem als das Hereinwachsen in ein bestimmtes, als Muttersprache wirkliches sprachliches Weltbild und als die Wiederholung des Erwerbs der Sprachlichkeit im Sinne der Menschwerdung überhaupt. Zuletzt ist freilich alles sinnvolle Sprechen (und alles menschliche Sprechen ist so lange sinnvoll, als es nicht in Analogie zu einer Grammophonplatte wie bei B. Russell oder in der Art des Plapperns von Papageien ver-

standen wird) im Hinblick auf das in allem konkreten Sprechen ver-
wirklichte Sinnapriori wiederholter Sprachursprung. In jedem sinnvoll
gesprochenen Satz wiederholt sich die Menschwerdung, erhebt sich der
Mensch aus der Unmittelbarkeit bloßer Lebensvollzüge in eine Unmittelbarkeit, die Vermittlung ist. Wir sind wieder bei Gedankengängen des ersten Punktes angekommen und können jetzt in paradoxer
und doch einsichtiger Weise sagen, daß der grundsätzliche Voraussetzungszirkel der Philosophie mitten durch den wirklichen Menschen
geht bzw. nichts anderes ist als die Grundbefindlichkeit dieses Geschöpfes.

4. Der hermeneutische Zirkel im engeren Wortsinn sieht zuletzt von
der Ursprünglichkeit der Zirkularität der Sprachlichkeit im Sinne der
bisher behandelten Aspekte ab. Er formuliert diese Zirkularität nur
innerhalb des Rahmens von Geschichtlichkeit. Man kann in seinem
Sinne mit Recht darauf hinweisen, daß alles stets sprachlich vermittelte
Verstehen auf einem bestehenden Verständnis („Vor"verständnis) beruht. Im Rahmen des bestimmten Vorverständnisses aber erneuert sich
notwendig die fundamentalphilosophische Ursprungsfrage selbst.
Würde jedes bestimmte Vorverständnis ein anderes bestimmtes Vorverständnis voraussetzen, geriete man unausweichlich in einen unendlichen Regreß. Dieser läge gewissermaßen als ein metasprachliches
Problem vor jedem bestimmten Verstehen, so wie das, was gewöhnlich
Metasprache genannt wird, eine nachträgliche Überhöhung bestimmten
Sprachsinns darstellt. Ohne die Dimension transzendentaler Ursprünglichkeit der Sprachlichkeit führen beide metasprachlichen Ansätze in
den unendlichen Regreß, übrigens — wie wir schon wissen (S. 113) —
durchaus im Raum längst formulierter Aporien, nämlich analog dem
Regreß des „dritten Menschen" in der Ideenontologie und dem Regreß
des transzendentalen Ich im neuzeitlichen Transzendentalismus. (Vgl.
S. 113 f., S. 116)

Dieser unendliche Regreß muß ebenso vermieden werden wie der
Kurzschluß der Sprachphilosophie im scheinbaren Rekurs auf die bloße
Sprachunmittelbarkeit. In ihm fiele die daseiende Vermittlung Mensch
gewissermaßen aus der Geschichte in die Natur zurück. Nur in ihrem
Rahmen wäre übrigens Interpretation schlechthin als Interpretation
im Sinne eines sich wiederholenden Vorgangs denkbar. An sich aber
ist alle Interpretation gewissermaßen „Über"interpretation, woraus
zu entnehmen ist, daß ein in dieser Richtung geäußerter Vorwurf etwas
durchaus Problematisches enthält. Es liegt nämlich im Sinne des Inter-

pretierens, nicht Wiederholung um der Wiederholung willen zu sein, sondern Aneignung eines in seiner Unmittelbarkeit in bestimmter Weise Entfremdeten. Es gilt für alles gegebene Vergangene (Geschichte) wie für alle gegebenen Sinngebilde (Sprache als Ergon), daß es in gewisser Weise entfremdet sein muß, damit es Aufgaben aneignender Interpretation stelle. Es ist ein altes philosophisches Motiv, in dieser Hinsicht den Unterschied von natürlichem und geschichtlichem Dasein zu überwinden und zu einem freilich nur analogen Begriff von Interpretation zu gelangen, da ja diese in gewissem Sinn tatsächlich nicht nur eine Tätigkeit des Menschen ist, sondern zu allem Lebendigen gehört, das nur über einen zeitlichen Aneignungsprozeß zu dem wird, was es ist, sei es in der Natur, sei es in der Geschichte. Alles Lebendige ist in dieser Hinsicht als daseiende Aneignung zu begreifen, wobei sich dann die so verstandene „Aneignung" als ein Allgemeinbegriff fassen läßt, der Sprache als Interpretation im gesamten Bereich des Lebendigen umfaßt, wobei sich dieser Begriff der Sprache (ähnlich demjenigen tierischer Kommunikation) an der eigentlichen Aneignung menschlicher Interpretation als ein nur analoger erweist. Der Philologe Nietzsche neigte zu einer solchen Auffassung der Interpretation, und zwar im Rahmen seiner Metaphysik des „Willens zur Macht", der sich als die alles Lebendige kennzeichnende „Aneignung" noch am besten interpretieren läßt, soll er nicht der schlechten Metaphysik verfallen. Im Sinn dieses Konzepts nennt jedenfalls Nietzsche ebenso die „Assimilation" eine Art der „Interpretation", wie die „Interpretation" eine Art der „Assimilation". In der Tat ist es die Notwendigkeit, jeweils über die eigene Vergangenheit hinauszukommen, die alles Lebendige als einen Vollzug von Überinterpretation charakterisieren läßt. Wird nun freilich Interpretation als eine bestimmte Weise der Vermittlung von der Assimilation her gedacht, kann es leicht dazu kommen, daß sie — wie auch bei Nietzsche selbst — naturalisiert wird. Dann verschwindet die transzendentale Differenz in einer Auffassung von Sprache, in der diese mit Spazierengehen und Schlafen gleichgesetzt werden kann. Umgekehrt: wird Natur im wesentlichen von der interpretierenden Aneignung (Arbeit) des Menschen her verstanden, dann verschwindet sie in ihrer Eigenständigkeit in den immer geschichtlichen Naturbegriff jeweiliger menschlicher Praxis — wie weitgehend im Marxismus. Zuletzt aber würden wir niemals aus dem unendlichen Regreß des Vorverständnisses heraustreten können, wäre die Vergessenheit meiner Erfahrung in der Vergangenheit nicht auch noch interpretierbar als die Frage nach jenem Sinnapriori, die als eine Frage von Vergessenheit und Erinnerung Plato mit seiner Anamnesislehre gestellt hat. Hier geht es wieder um den transzendentalen Voraussetzungszirkel innerhalb des hermeneutischen Zirkels, d. h. aber um eine Frage, die ebenso auf die sprachphilosophische Seite des sogenannten Universalienproblems (12. Kapitel) wie auf die schon erörterte Problematik des Unterschieds von Tier und Mensch (13. Kapitel) verweist.

11. TRANSZENDENTALE
UND HERMENEUTISCHE SPRACHPHILOSOPHIE,
TRANSZENDENTALE SPRACHGESCHICHTE

Um die Auseinandersetzung und Vermittlung aller gegenwärtig vorhandenen Positionen der Sprachphilosophie hat sich K. O. Apel in seinen Veröffentlichungen (1. 81—85; s. a. 77) Verdienste erworben. In allen seinen Bemühungen sieht es Apel für das Verhältnis von Philosophie und Sprache als grundlegend an, ob man Sprache bloß als Gegenstand der Philosophie oder auch als Bedingung der Möglichkeit von Philosophie ins Auge faßt. Sobald man nach den in der Sprache liegenden Bedingungen der Möglichkeit sinnvoller Sätze fragt, „behandelt man de facto die Sprache als eine transzendentale Größe im Sinne Kants". (1, S. 22) Apel sieht von hier aus die Grenzen einer nur analytischen Sprachphilosophie, obwohl man auf der anderen Seite nicht übersehen darf, „daß die innere Dialektik der Probleme selbst gerade in der Entfaltung der neopositivistischen Sprachkritik zu einer höchst interessanten und neuartigen Freilegung der transzendentalen Dimension der Sprachproblematik geführt hat" (ebd. S. 23). Diese innere Dialektik der Sprachproblematik hat Apel immer wieder besonders an Wittgenstein und seiner philosophischen Entwicklung aufgezeigt. Der Sache nach geht es hier um die Problematik der Metasprache. (9. Kapitel) An ihr ist nicht zu übersehen, „was es für die Transzendentalphilosophie der Sprache bedeutet, daß die Umgangssprache bei jeder Konstruktion logisch eindeutiger Sprachen als letzte Metasprache fungiert" (ebd. S. 25). In diesem Sinn enthält für Apel „die Umgangssprache ein nie einholbares Sinnapriori unseres Weltverstehens", das freilich nicht so ohne weiteres „mit dem Apriori des kantischen ‚Bewußtseins überhaupt' und seinen Kategorien in Analogie zu setzen ist" (ebd. S. 26). Es fragt sich hier freilich, ob es für das transzendentale Problem der Sprache nicht wichtiger ist, die Analogie vom Sprachapriori und dem Apriori Kants mehr auf das Gemeinsame des Ansatzes als auf seinen Unterschied hin zu betrachten. Jedenfalls ist auch für Apel „das Problem der wahren Rede gar nicht wesentlich ein solches der reinen Logik; d. h. aber, modern interpretiert, daß die

Wahrheit der menschlichen Rede nicht primär auf einer logisch richtigen
Zeichenrepräsentation vermeintlich vorgegebener Welt-Tatsachen beruht, sondern auf der eine Tatsachenordnung allererst offenbar machenden Deutung der Welt als bedeutsamer Situation des Menschen" (ebd.
S. 28). Wieder zeigt sich hier ein gemeinsamer Zug des Apriorischen
bei Kant und desjenigen der Sprache, auch insofern, als in beiden
Ansätzen „die Tendenz des logischen Positivismus" sich als undurchführbar erweist, nämlich die Tendenz, „alle sinnvollen Probleme der
Erkenntnis gemäß der Alternative zu behandeln: entweder handelt
es sich um apriorische Wahrheiten im Sinne einer tautologischen Explikation der Zeichenregeln eines Sprachsystems, oder es handelt sich
um aposteriorische Wahrheiten; dann müssen sie in den außerhalb der
Sprache liegenden, zu bezeichnenden Tatsachen begründet sein. Die
Schwierigkeiten, welche bei der Durchführung dieses Programms einer
Verifikation aller sinnvollen sprachlichen Sätze sich ergaben, sind
bekannt. Vergeblich versucht man, in sogenannten ‚Protokollsätzen‘
das empirische Fundament der Satzwahrheit zu isolieren. Sowenig
man über die Sprache selbst hinausgehen konnte, sowenig konnte man
die apriorischen Voraussetzungen übersehen, die mit jedem sprachlichen
Ausdruck hinsichtlich der Auffassung der Tatsachen schon im Spiel
waren." (Ebd. S. 29) Mit den hier herausgestellten Schwierigkeiten der
analytischen Sprachphilosophie konnte nach Apel auch die pragma-
tistisch-behavioristische Sprachphilosophie (seit der pragmatistischen
Wendung durch Morris, 1938) nicht fertig werden. Apel stützt diese
Kritik durch ein hermeneutisch interessantes Beispiel, in dem er den
Satz Jesu: „Das Reich Gottes ist unter Euch" zitiert und dann schreibt:
„Wie steht es nun hier mit der Erklärung des Sinns durch Verhaltenspraxis? Es soll nicht etwa geleugnet werden, daß es nützlich, ja sogar
notwendig ist, den aramäischen Sprachgebrauch zur Zeit Christi (wenn
man will, sogar: das ‚Verhalten‘, das die von Christus gebrauchten
Wörter und Wendungen zu seiner Zeit hervorzurufen pflegten) historisch zu erforschen. Auch soll nicht verkannt werden, daß die Worte
Christi ganz im Sinne des Pragmatismus auf eine Verifikation durch
Verhaltenspraxis (‚An ihren Früchten sollt ihr sie erkennen‘) geradezu
angelegt sind. Aber kann man sich Hoffnung machen, jemals die Bedeutung der Worte Christi durch ‚Reduktion‘ auf den ‚aramäischen
Sprachgebrauch‘, genauer: auf ein irgendeinmal vorgekommenes ‚Verhalten‘ zureichend verstehen zu können? Muß nicht vielmehr angenommen werden, daß solche Worte (man denke an die Evangelien

insgesamt als sprachgeschichtliches Ereignis) nicht nur den ‚Sprachgebrauch' der Juden und aller Völker, in deren Sprache sie übersetzt wurden, sondern schlechterdings die menschliche Daseinspraxis überhaupt geändert haben, ohne doch bis heute durch irgendein praktisches Verhalten in einem Situationskontext in ihrem Sinn erschöpfend dargestellt zu sein?" (Ebd. S. 33) Apel fordert eine Ergänzung der am Denkstil einer generalisierenden naturwissenschaftlich orientierten pragmatistisch-behavioristischen Bedeutungstheorie durch dialektische Formulierungen. Er findet Ansätze dazu in der pragmatistischen Sprachphilosophie selbst, etwa in der Richtung, daß jeder Sinn einerseits zwar durch gewesene und zukünftige Daseinspraxis vermittelt sei, andererseits aber als solcher zum Bewußtsein kommen muß, um seinerseits die gewesene und zukünftige Praxis vermitteln zu können. In seiner Kritik nähert sich Apel gelegentlich deutlich Liebrucks an; so wenn er meint, daß eine generalisierende Wissenschaft vom Zeichenverhalten stets die Neigung verraten wird, „das Verhältnis von Sinn und Verhaltenspraxis nach dem Muster des ungeschichtlichen tierischen Instinktverhaltens aufzufassen. Beim Tier läßt sich ja tatsächlich von einer völligen Äquivalenz von Sinn und Verhalten (im Sinne des Wittgensteinschen Satzes ‚Wenn alles sich so verhält als hätte ein Zeichen Bedeutung, dann hat es auch Bedeutung') reden; hier gibt es keine ‚Sinnereignisse', die geschichtlich eine Situationswelt neu eröffnen und damit auch ein neues Verhalten begründen, wie sie der humanistische Geisteswissenschaftler als sein eigentliches Thema ins Auge fassen muß." (Ebd. S. 34) Es fällt hier freilich auf, daß in dieser geisteswissenschaftlichen Kritik der transzendentale Aspekt der Hermeneutik deutlich zurücktritt. Diese Tatsache kommt auch in dem folgenden Satz zum Ausdruck: „Das Wesen der Sprache kann deshalb nicht anthropologisch erklärt werden, weil es als Vermittlung von Sinn und Praxis mit dem geschichtlichen Wesen des Menschen identisch ist." (Ebd. S. 39) In solchen Wendungen scheint mir der Begriff des Menschen in seinem geschichtlichen Wesen ebenso (hermeneutisch) einseitig aufzugehen, wie in der (naturalistischen) Reduktion seines Begriffs auf ein biologisches Mängelwesen im Ansatz bei Gehlen.

Besonders deutlich wird die hier angeschnittene Problematik in dem Versuch einer sprachgeschichtlichen Konkretisierung des sprachlichen Sinnapriori im Anschluß an Heidegger durch J. Lohmann (129; s. a. 128. 111). Dieser schließt auf seine Art durchaus an Motive der Transzendentalphilosophie Kants an. Er sieht das „eigentliche Ziel" seiner Bemühungen in einer „Art von kopernikanischer Wendung", indem er versucht, „nicht mehr wie bisher die Sprache als Ausdruck des ‚Denkens' (im Sinne des Gedachten und Vorgestellten), sondern vielmehr umgekehrt das reine ‚Denken' Descartes' als eine im Verlaufe der menschlichen Geschichte (die von Anfang an Sprachgeschichte ist) erst nach und nach sich bildende Ausscheidung, und sozusagen ‚Abfall' des natürlichen Miteinanderredens der Menschen zu erklären . . ." (129, S. 7) Die „Sprachgeschichte" erhält dabei gewissermaßen die Aufgabe, die Transzendentalphilosophie im Sinne Kants zu konkretisieren und ihr damit zu ihrem eigentlichen Selbstverständnis zu verhelfen. Es ist klar, daß sich mit der so gestellten Aufgabe die Distanzierung jeder Art Positivismus in Sprachphilosophie und Einzelwissenschaft verbindet, dem zufolge „‚Sprache' lediglich als ein fixiertes und sozusagen ‚sterilisiertes' ‚Objekt' der Beobachtung erforscht worden ist" (ebd. S. 13; s. a. S. 19 f.). Ein großer Teil des Buches ist der kritischen Polemik gegen diese — vom Tatsachenbegriff der neuzeitlichen Naturwissenschaft her bestimmte — Einstellung zur „Sprache" gewidmet. Sie verbindet sich mit der ideologiekritischen Entlarvung moderner Positionen, insbesondere derjenigen des „wissenschaftlichen Sozialismus", der in seinem Begriff nach Lohmann „die prinzipielle säkuläre Absolutheit des modernen Wissenschafts-Begriffes mit der ganz andersartigen Absolutheit des Ideals einer eschatologischen Welt-Religion verbindet" (ebd. S. 16).

Das „Grund-Gesetz" der auf die angegebene Weise fundamentalphilosophisch bestimmten — mit der „Menschheits-Geschichte in ihrem wesentlichen Aspekte" identischen — Sprachgeschichte ist in dem Satz ausgesprochen, „daß die menschliche Geschichte, als Sprach-Geschichte, einen Prozeß darstellt, bei dem die zunächst sehr konkreten Kategorien des Miteinander-Redens der Menschen sich (vermöge einer ihnen von Anfang an innewohnenden Tendenz) schließlich an bestimmten Punkten der Erde zu ‚reinen' Kategorien geläutert haben, und daß diese immer noch unbewußten Kategorien der Sprache dann endlich, nachdem sie eine bestimmte Stufe der Läuterung erreicht haben, dazu tendieren, wenn die gesellschaftlichen Bedingungen dem günstig sind, in das bewußte Denken ‚umzuspringen', um dort neue geistige Formen hervorzubringen" (ebd. S. 49).

Gewissermaßen handelt es sich also bei diesem Vorgang um die Geburt der Reflexion aus der Sprache; Lohmann knüpft dabei in interessanter und eigentümlicher Weise am transzendentalen Ich der neuzeitlichen Philosophie an, an Herders „Besonnenheit" und an der (ursprünglichen) Apperzeption bei Leibniz und Kant. Dabei kommt Herder ein gewisser Vorrang zu, da Leibniz und Kant — ohne Herders „Geschichtsbewußtsein" — die fundamentale Sprachgeschichte „auf die mentale Funktion reduzieren, die in diesem Prozeß Gestalt gewinnt, und die dann Kant auf das von sich aus (‚spontan') denkende cartesianische ‚Subjekt' eingeschränkt sich vorstellt, während Leibniz den Prozeß des Bewußtwerdens in einer kühnen spekulativen Konstruktion auf alle überhaupt denkbare ‚Individualität' im Kosmos ausweitet. Beide übersehen gleichermaßen, trotz des gewaltigen Unterschiedes ihres Weltbildes, den kollektiven Ursprung dieser Individualität (des ‚apperzipierenden' Ichs) in der Sprache, den Herder jedenfalls im Prinzip gesehen hat" (ebd. S. 63 f.). Insofern ist die Sprache für Lohmann die „absolute Subjektivität", aus der „alle Subjektivität kommt und lebt". Erst im Sinne dieser Einsichten läßt sich die „berühmte kopernikanische Wendung" Kants wirklich vollziehen, während die Transzendentalphilosophie bei Kant selbst notwendig „abstrakt" (ebd. S. 65) bleiben muß. So läßt sich nun kurz sagen: Sprachgeschichte im Sinne Lohmanns ist Konkretisierung der Transzendentalphilosophie: die besondere Weise des bewußten und selbstbewußten Inderweltseins der menschlichen Subjektivität erklärt sich aus einem Prozeß des Zusichkommens aus der Kollektivität des absoluten Subjekts Sprache. Das natürliche Bewußtsein des Menschen, das für den Transzendentalphilosophen im Sinne der transzendentalen Deduktion resultiert, entsteht bei Lohmann aus der „Sprachgeschichte".

Wiederum durchaus im Sinne gewisser Bestrebungen Herders soll damit die Sprachgeschichte die Kluft überbrücken, die zwischen der sich „in den einzelnen Tier- und Pflanzenarten manifestierenden Gattungs-Vernunft (‚Instinkt') und dem bewußt zweckgerichteten handelnden menschlichen Individuum (Wille)" besteht. Zusammenfassend kann Lohmann schreiben: „Nach der von uns entwickelten Doktrin von der Rangstufenfolge der ‚Intentionalitäten', in der die individuell bewußte Intentionalität, als welche wir uns selbst erkennen und kennen, nur den, soweit wir wissen, letzten Ausläufer des allgemeinen Welt-,Trends' darstellt (der aus dem faktischen Miteinander-Reden der Menschen schließlich erwuchs), ist dagegen das ‚Meinen' des Individuums nur ein Abkömmling dieses allgemeinen Welt-Trends, der zuvor die Sinn-Gerichtetheit des ‚Meinens' in der Sprache nicht nur hervorgebracht hat, sondern hervorbringen mußte. Das ‚Meinen' (in) der (‚natürlichen'),

noch keiner prinzipiellen ‚Reflexion' unterworfenen Sprache ist, wie
wir immer wieder feststellten, als ein vom Standpunkte des individuellen Bewußtseins aus gesehen ‚instinktives' Meinen die natur-
gegebene Brücke und Zwischenstufe zwischen dem instinktiven Handeln des Tieres und dem (in der Idee jedenfalls) vom Selbstbewußtsein
rational gesteuerten Verhalten des individuellen ‚Subjektes', als welches
wir uns selbst empfinden." (Ebd. S. 77)

Aufschlußreich ist auch noch folgender Passus: „Wir stellen . . .
die menschliche Sprach-Geschichte als Ganzes zwischen die beiden extremen
Punkte ihres ganzen Verlaufes, die wir nunmehr als solche (vorläufig)
konstruiert haben, d. i. einerseits die (hypothetische) allererste Entstehung der ‚Besonnenheit' Herders (die wir jetzt definiert haben als
den ersten Schritt zur Ablösung von der Unmittelbarkeit des Lebens
und Erlebens), und andererseits der permanente Akt des Sich-selbst-
Findens der Urteils-Funktion in der indogermanischen ‚Copula' . . .
aus welcher als Keim sodann in Griechenland Philosophie und Wissenschaft erwuchsen (und zwar als ‚Idee' zunächst, dem in Europa dann
— nicht ohne Rückschläge — die Jahrtausende der Ausführung dieser
Idee gefolgt sind)." (Ebd. S. 83 f.)

Diese Hinweise und diese Zitate müssen zur Charakterisierung der
Position Lohmanns (der „Panlinguistik") hinreichen. Die Sprachgeschichte muß von ihrem Terminus a quo (der „Besonnenheit" überhaupt) den Terminus ad quem (das Urteil als der Grundfunktion „der
reinen Theorie, als der Form der Wissenschaft") resultieren lassen,
wobei in diesem Prozeß Menschwerdung und Weltkonstitution eingeschlossen sind: die Sprachgeschichte ist damit der Prozeß „einer
apriorischen Konstituierung, und nicht bloß aposteriorischen Bezeichnung (der dem Menschen als Menschen begegnenden ‚Welt')" (ebd.
S. 210; s. a. S. 238 f.).

Die fundamentalphilosophische Problematik des Buches liegt in der
Art der versuchten Konkretisierung des transzendentalen Ansatzes
durch die „Sprachgeschichte". Wir wissen: in aller ernst zu nehmenden
Sprachphilosophie wird der Unterschied von unmittelbarem Sprachvollzug und der Reflexion auf ihn (das Sprechen mit der Sprache von
der Sprache) eine Rolle spielen. Im ersteren gehen wir unmittelbar
in dem (besprochenen) Gegenstand auf, in der zweiten fragen wir
transzendental nach der Möglichkeit der Gegenstände (der sprachlichen
Gegenstandskonstitution). Lohmann kennt durchaus diese Differenz
und setzt sie auch — mit Recht — innersprachlich an. Es fragt sich aber,

ob dieser Ansatz „sprachgeschichtlich" so konkretisiert werden kann, daß der „Besonnenheit" überhaupt (erste Distanzierung der Unmittelbarkeit) eine Art eigentliche Besonnenheit (explizite Reflexion als zweite Distanzierung des unmittelbaren „unbewußten" und „instinktiven" Sprachgebrauchs) gegenübergestellt und die zweite Stufe aus der ersten „sprachgeschichtlich" entwickelt wird. Es ergibt sich dabei eine Art sprachliches Tierreich als Vermittlung zwischen tierischem Dasein und eigentlicher Humanität, das in transzendentaler Funktion schwer denkbar erscheint. So wie auch in der Epoche der Besonnenheit zweiter Stufe immer noch und meistens Sprache als selbst unreflektierter Vollzug statthat, so scheint es umgekehrt unmöglich, eine Sprache zu fixieren, die nur unmittelbare Reflexion (Besonnenheit erster Stufe) gewesen wäre, zumal wenn man dieses sprachliche Tierreich — übrigens in ausdrücklichem Gegensatz zu dem von Lohmann gern zitierten Humboldt — sich gelegentlich über „hunderttausende von Jahren" (ebd. S. 78) erstrecken läßt. Ich glaube nicht, daß man auf diese Weise dem Problem der Reflexion (des spezifischen Inderweltseins des Menschen in seiner Sprachlichkeit) wirklich näherkommt. Ich stimme mit Lohmann darin überein, daß Sprache „das existierende Paradox" ist, „indem sie in gleichem Maße Natur und Geist ist" (ebd. S. 164), wie aber „dieser Widerspruch sich in ihrer Geschichte auflöst" (ebenda), das bleibt mir rätselhaft bzw. unvermittelt. Bezeichnend ist, daß in diesem Zusammenhang auch die bloß verbalen (ebenso unbrauchbaren wie unbestimmten) Wendungen Teilhard de Chardins herangezogen werden; in seinem Sinne will Lohmann das in Frage stehende Verhältnis „so beschreiben: vorbereitend im ‚Urmenschen', und endgültig im ‚Homo sapiens' erfolgte ein individuell noch unbewußter Durchbruch in die ‚Noosphäre' Teilhard de Chardins, was darauf dann in der Form des Europäers schließlich nach und nach zur Erreichung der eigentlichen ‚Noosphäre' des bewußten Bewußtseins führte." (Ebd. S. 173 f.; s. a. S. 140)

In solchen und ähnlichen Hinweisen rächt es sich, daß Lohmann auf die in dieser Hinsicht in der Gegenwart ebenso grundsätzlich wie weithin geführte Diskussion der „Sprachphilosophie" nicht entsprechend eingeht. Dadurch bewegen sich tatsächlich seine Ausführungen „sozusagen im Zick-Zack, zwischen der Mitteilung von Tatsachen und grundsätzlichen Ausführungen hin und her" (ebd. S. 121).

Eine zweite grundsätzliche Schwierigkeit sehe ich in der mangelnden Differenzierung der zweiten Stufe der Besonnenheit. In ihr ist der ersten Stufe (dem sprachlichen Tierreich) sehr Verschiedenes ohne genaue Durchführung der Thematik gegenübergestellt. Ich erwähne nur: Bewußtheit (gegen Unbewußtheit und Instinkt), Individualität (gegen Kollektivität), Selbstbewußtsein (gegen bloße Bewußtheit, aber auch Unbewußtheit), explizite Reflexion auf die Sprache (gegen unmittelbaren Sprachvollzug), „Besitz des Begriffes" (gegen den zunächst „unbewußten Besitz" des Begriffes, ebd. S. 221), reine Theorie (gegen unmittelbare Sprachpraxis außerhalb europäischer Wissenschaftlichkeit) usw.

Hier liegen überall Probleme vor, die einer genauen Klärung bedürfen, zumal dann, wenn mit ihnen außerdem noch die Frage der „Metasprache", der „Verfremdung" (ebd. S. 90) und der „Funktionalisierung" der Sprache verbunden werden.

Trotz dieses Mangels an Vermittlung der aufgegriffenen Themata läßt sich abschließend sagen, daß diese Themata um eine Reihe von „Kernpunkten" versammelt werden, die im Gespräch zwischen „Philosophie und Sprachwissenschaft" von zentraler Bedeutung sind. Das Buch Lohmanns kann in diesem Gespräch als Fortschritt bewertet werden, der beiden Seiten viele Anregungen bringt, die es verdienen, aufgenommen und entwickelt zu werden.

Die bei Lohmann auftretenden Schwierigkeiten mögen in einer philosophisch durchgebildeten Hermeneutik weniger deutlich in Erscheinung treten: zuletzt aber werden sie auf ihre Art wohl in jeder Sprachphilosophie auftreten, in der — im Rahmen transzendentalen Denkens überhaupt — hermeneutische und transzendental-dialektische Ansätze einander gegenübergestellt werden. Bei Apel geschieht dies dadurch, daß einem formalen Apriorismus das geschichtliche Apriori bestimmter Sprache entgegengesetzt wird. Apel betont andererseits das Gemeinsame jener transzendentalen Positionen der Sprachphilosophie, die im Rahmen der deutschen Philosophie und Sprachwissenschaft „auf dem besten Wege scheint, das metakritische Vermächtnis der sprachphilosophischen Außenseiter unserer klassischen Transzendentalphilosophie: Hamann, Herder und W. v. Humboldt, endlich einzulösen" (1, S. 42). Bezüglich der deutschen Sprachwissenschaft denkt Apel in diesem Zusammenhang mit Recht besonders an L. Weisgerber und seine Schule. Innerhalb des gemeinsamen transzendentalen Anliegens sieht Apel Hamann und Herder so, daß diese die Bedingungen der Möglichkeit der Weltkonstitution „im Medium der geschichtlichen Sprache ... gefordert hatten, ohne ihrerseits die Denkmittel der Tran-

szendentalphilosophie würdigen zu können". Er folgt damit meiner
Auffassung der Sachlage, wie ich sie in der Einleitung zu den ›Sprachphilosophischen Schriften‹ von Herder niedergelegt habe. (29)

An E. Cassirer und R. Hönigswald kritisiert Apel die „formalisie-
rende Transzendentalphilosophie der Sprache". Sie sei „noch weit entfernt von einer Philosophie, welche ihre eigenen Bedingungen der
Möglichkeit aus der sprachgeschichtlichen Situation des abendländischen
Denkens sich vermitteln läßt" (ebd. S. 43). Diesen Positionen gegenüber bedeutet die Konzeption Th. Litts insofern einen Fortschritt, als
sie „die Hegelsche Dialektik in die sprachphilosophische ‚Wiederholung' der Transzendentalphilosophie einbezieht". Doch fragt er auch
in bezug auf Litt, „ob die Aufrechterhaltung des Anspruches der formalen Selbstergründung des Geistes unter Preisgabe der substantiell-
geschichtlichen Reflexion nicht eine Unterschätzung der von Hegel
bereits erkannten inneren Wechselbezogenheit von Form und Inhalt
des Geistes und demzufolge einen Rückfall in den ungeschichtlichen
Formalismus der Kantischen Transzendentalphilosophie darstellt"
(ebd. S. 47).

Die substantiell geschichtliche Reflexion läßt die Philosophie zur
Hermeneutik werden: „nicht, sofern sie auf die Leistungen der geisteswissenschaftlichen Hermeneutik formal reflektiert, sondern, sofern sie
sich selbst in das seit den Griechen im Abendland bestehende Gespräch
der Philosophen hineinzustellen hat und dieses abendländische Gespräch der Philosophie in die heutige Begegnung der großen Welt-
kulturen; noch allgemeiner gefaßt: sofern sie den Menschen der Gegenwart in die Situation seines sprachvermittelten In-der-Welt-Seins
einzurücken hat?" (Ebd. S. 48) Hier scheint mir freilich die Frage nicht
unberechtigt zu sein, ob nicht das Gespräch der großen Denker unserer
Tradition ohnehin immer das war, was Apel hier für die transzendentale Hermeneutik beansprucht? Das wäre nämlich durchaus auch dann
möglich, wenn dieses Gespräch die Sprachlichkeit des Menschen selbst
nicht explizit bedacht hätte.

Von der „Wiederholung des Problems der Erkenntniskritik im Medium der Sprache" (ebd. S. 49) würdigt Apel auch meine eigenen
sprachphilosophischen Bemühungen und diejenigen von J. Derbolav.
Meine Dialektik des Logosartigen ist für Apel dadurch interessant,
daß sie „im Vollzug eben der von uns im Anschluß an Th. Litt charakterisierten ‚Selbstaufstufung' der Sprache bzw. des Geistes, d. h. in
Ergänzung der Kantischen Reflexion auf die Bedingungen der Mög-

lichkeit der unmittelbaren Gegenständlichkeit der Welt die dialektische
Reflexion auf die Bedingungen der Möglichkeit der Transzendental-
philosophie (der ‚Sprache zweiten Grades‘ in der Terminologie Litts),
zu einer Art philosophischen Rehabilitierung des sogenannten ‚naiven,
unmittelbaren Sinns‘ der primärsprachlichen Erschlossenheit unserer
Daseinswelt gelangt, m. a. W.: zur Konstatierung einer gehaltlichen
Dimension des sprachlichen Sinnapriaris, die dem formalen Apriori
der Selbstvoraussetzung und Selbstergründung des Logos und seinem
Pathos der Selbstgewißheit durchaus entgegengesetzt ist — so sehr, daß
Heintel zu ihrer angemessenen Berücksichtigung ein ‚positives Denken‘
im Sinne des späten Schelling fordert. Heintel selbst charakterisiert
diese Dialektik des Logos folgendermaßen: ‚Das Paradoxe dieses ganzen Gefüges von Reflexionen liegt darin, daß sich in der transzendentalen Überhöhung (gemeint ist die Kantische Fragestellung) die unmittelbare Gegenständlichkeit in ihrem ‚Ansich‘ als ein Moment von
‚Sinn‘ herausgestellt und das peripher-lineare Denken (gemeint ist das
alltägliche, einzelwissenschaftliche und noch realontologische Denken
in der ‚intentio recta‘) sich als naiv erweist, — daß sich aber im dialektischen Denken auf die Voraussetzung jener höheren Reflexion der
unmittelbare, naiv-gegenständliche Sinn als diese Voraussetzung her-
ausstellt und sozusagen wiederum das Recht der Erstgeburt antritt.“
(Ebd. S. 50) Apel selbst führt seine transzendentale Hermeneutik auf
Heidegger zurück, „notfalls mit Heidegger gegen Heidegger denkend . . .“ Er schreibt: „Unter dem Grundansatz einer transzendentalen
Hermeneutik verstehen wir den ‚Zirkel im Verstehen‘, der sich aus dem
‚Sich-vorweg-Sein‘ des ‚In-der-Welt-Seins‘ als ‚geworfener Entwurf‘ als
Grundstruktur aller menschlichen Erkenntnis hinsichtlich des dyna-
mischen Ineinandergreifens ihrer konstitutiven Momente ergibt.“ (Ebd.
S. 55) In der Überwindung der phänomenologischen Position erkennt
Heidegger nach Apel, „daß auch die Phänomenologie mit ihren
theoretisch-thematischen Aussagen nicht voraussetzunglos-deskriptiv
schlechthin gegebene Sachstrukturen aufweisen kann, sondern als ‚Hermeneutik‘ des Daseins in eine je schon sprachlich ausgelegte Situation
unter Voraussetzung eines eigenen sprachlichen ‚Vorgriffs‘ einzusprin-
gen hat. Der Rückgang hinter die theoretische ‚Aussage‘ bedeutet nicht
Rückgang hinter die Sprache, sondern existentiale Fundierung der
theoretischen Sprache in einer vortheoretischen, in der sich die Verständlichkeit der Situation konstituiert. Die von Heidegger immer
betonte ‚Artikulation‘ auch der vorprädikativen ‚Verständlichkeit‘ der

Situation weist gerade auf diese vortheoretische Sprache hin." (Ebenda) In solchen Wendungen gerät die transzendentale Hermeneutik in das fundamental-philosophische Problem von Theorie und Praxis, das freilich kaum in dem Ansatz eines vortheoretischen sprachlichen Verständnisses bzw. in der Gegenüberstellung von formaler und hermeneutischer Transzendentalität zu lösen sein wird. (Vgl. 30 § 38 u. 39) Apel bezieht in diesem Zusammenhang die Heideggersche Position direkt auf Humboldt: da er meint, daß Heidegger nicht einen „Rückgang hinter die Sprache überhaupt" vollziehe, sondern vielmehr den „Primat der Sprache als ‚Rede' (d. h. etwa, um mit W. v. Humboldt zu reden, als ‚Energeia') gegenüber der Sprache als innerweltlich Zuhandenem oder gar lediglich Vorhandenem (d. h. als ‚Ergon' im Sinne Humboldts)" (ebd. S. 56) herausstelle. Dieser Primat der Sprache läßt sich im Anschluß an Humboldt und noch mehr von Einsichten der traditionellen Transzendentalphilosophie auch ohne Heidegger vertreten und begründen.

Heideggers Ansatz ergibt sich für Apel „mit innerer Notwendigkeit, soll die Philosophie der im Begriff des ‚Historismus' unwiderruflich fixierten Problemsituation gerecht werden. Dieser Problemsituation zufolge muß sich die Philosophie heute durch die Geschichte des ihr vorausgehenden Weltverständnisses vermitteln, ohne dabei den stets offenen Horizont der Zukunft, des Seinkönnens und Zu-sein-Habens (und insofern auch des Sollens!) preiszugeben. Diese bedingt m. E. den Unterschied einer seinsgeschichtlich-transzendentalen Hermeneutik einmal im Vergleich zu den historisch-hermeneutischen Geisteswissenschaften, zum andern im Vergleich zu Hegels spekulativer Geschichtsmetaphysik." (Ebd. S. 58) Transzendental im Gegensatz zu den Geisteswissenschaften ist diese Hermeneutik insofern, als sie die „methodische Vergegenständlichung der hermeneutischen Geisteswissenschaften rückgängig zu machen" sucht, wobei sie „freilich hinsichtlich der Faktensicherung auf die Arbeit der empirischen Geisteswissenschaften angewiesen bleibt, d. h. ihre ‚Wahrheit' der seinsgeschichtlichen Situation durch deren ‚Tatsachenrichtigkeit' vermitteln muß" (ebd. S. 59 f.).

Von der anderen Seite distanziert sich die transzendentale Hermeneutik „von Hegels spekulativer Geschichtsmetaphysik. Während diese sub specie aeternitatis den notwendigen Gang des Geistes als Geschichte seiner dialektischen Selbstreflexion begreift und d. h. im Selbst-Bewußtsein der Subjektivität gleichsam zur Ruhe bringt, muß

die transzendentale Hermeneutik die Seinsgeschichte in ihrem Zugleich
von positiver Sinnoffenbarung und Verbergung möglichen Sinns prinzipiell aus der stets noch erst zu ergreifenden Möglichkeit der Zukunft
her deuten." (Ebd. S. 60) Apel schließt seine Kritik folgendermaßen:
„Aus dem Bisherigen dürfte nun auch verständlich werden, inwiefern
eine transzendentale Hermeneutik der Sprache sich von der von Kant
und Hegel herkommenden Transzendentalphilosophie der Sprache, wie
wir sie etwa bei Litt und Heintel trafen, trotz aller Verwandtschaft
in der Überhöhung des positivistischen Zeichenbegriffs der Sprache,
unterscheiden muß." (Ebenda) Im Grunde vermittelt sich die transzendentale Hermeneutik auf diese Weise durch zwei Negationen bzw.
zwei Distanzierungen. Nämlich erstens der Positivität der Geistesgeschichte, andererseits der spekulativen Geschichtsmetaphysik Hegels
sub specie aeternitatis. Apels Auffassung von Hegel ist hier nicht
unwesentlich von Heidegger her bestimmt und steht im Gegensatz zur
Hegel-Interpretation Liebrucks'. Nach Apel soll alle idealistisch orientierte Transzendentalphilosophie „zwischen ‚der' Sprache . . . und den
bestimmten Sprachen ein für allemal unterschieden und die letzteren
den empirischen Sprachwissenschaften als ‚Gegenstände' überwiesen"
(ebd. S. 61) haben. Diese Charakterisierung hat eine gewisse strukturelle Ähnlichkeit mit der Kritik Heideggers an der „Idee" bei Plato
und der in ihrem Zeichen stehenden abendländischen Metaphysik.

Auf die Fraglichkeit dieser Kritik sind wir schon eingegangen (S. 29,
vgl. S. 180 f.). Auch wird in ihr gerade das aus der „idealistisch orientierten Sprach*philosophie*" wieder entfernt, was sie als *Sprach*philosophie gewonnen hat: „Denn wenn in die transzendentale Voraussetzungsproblematik möglicher Erkenntnis überhaupt die Sprache als
‚sinnlich-geistiges' Phänomen konstitutiv einbezogen wird, dann bedeutet das eben auch eine bestimmte Modifikation im transzendentalen
Ansatz, nämlich nicht bei einem reinen transzendentalen Bewußtsein,
sondern — wie E. Heintel formuliert — bei der ‚daseienden Transzendentalität' des Menschen, die sich ihrerseits als wesentlich sprach-
vermittelt erweist." (H. Fahrenbach, 14 a, S. 259 und S. 304)

Insofern können nach Fahrenbach meine sprachphilosophischen Arbeiten „vielleicht am ehesten als exemplarisch für die heutige Problem-
lage einer transzendentalphilosophischen Sprachreflexion angesehen
werden, weil sie deren Problemansatz in seiner sachlichen Offenheit
und mit Bezug auf die anderen Richtungen fundamentaler Sprachphilosophie methodisch reflektieren. Eine transzendentale Sprachphilo-

sophie hat — im Rahmen der erkenntniskritischen Frage nach den apriorischen Bedingungen möglicher Erfahrung und des dafür nötigen Rückganges auf die ‚daseiende Transzendentalität‘ (bzw. die konkrete Subjektivität) — zunächst die Aufgabe, das ‚Sprachapriori‘ möglicher Erfahrung und Erkenntnis zu klären, und zwar sowohl hinsichtlich ihrer strukturell-allgemeinen Sprachbedingtheit als auch im Hinblick auf ihre jeweils konkrete Bestimmtheit durch eine besondere Sprache... Während der erste Aspekt das primäre Thema einer transzendental-logischen Sprachphilosophie (im engeren Sinn) darstellt, fällt der zweite in den Bereich einer (transzendental-)hermeneutischen Sprach-thematik. Beide Aspekte verweisen jedoch aufeinander und gehören für eine ‚fundamentalphilosophische Sprachphilosophie‘ zusammen...“

Auch für H.-G. Gadamer (17 a) ist im Anschluß an grundsätzliche Gedanken Heideggers das hermeneutische Problem jedenfalls kein Spezialproblem, etwa der geisteswissenschaftlichen Methodenlehre. Ganz abgesehen, daß es auch eine theologische und eine juristische Hermeneutik gibt, steht für ihn fest, daß „das Verstehen und Auslegen von Texten nicht nur ein Anliegen der Wissenschaft“ als Einzelwissen-schaft darstellt, sondern „offenbar zur menschlichen Welterfahrung insgesamt gehört“ (17 a, S. XIII). Insbesondere ist es der Methoden-begriff der neuzeitlichen Naturwissenschaft, gegen den sich Gadamers universale Hermeneutik absetzt: „Ihr Anliegen ist, Erfahrung von Wahrheit, die den Kontrollbereich wissenschaftlicher Methodik über-steigt, überall aufzusuchen, wo sie begegnet und auf die ihr eigene Legitimation zu befragen. So rücken die Geisteswissenschaften mit Er-fahrungsweisen zusammen, die außerhalb der Wissenschaft liegen: mit der Erfahrung der Philosophie, mit der Erfahrung der Kunst und mit der Erfahrung der Geschichte selbst. Das alles sind Erfahrungsweisen, in denen sich Wahrheit kundtut, die nicht mit den methodischen Mitteln der Wissenschaft verifiziert werden kann.“ (Ebd. S. XIII f.) Das „außerhalb der Wissenschaft“ muß immer von der Methodik der neu-zeitlichen Naturwissenschaft und jenen Bemühungen her verstanden werden, diese wissenschaftliche Methode mit Wissenschaft selbst zu-sammenfallen zu lassen. Es geht Gadamer in diesem Sinne zunächst um die Absicherung der Hermeneutik gegen eine neopositivistisch ver-standene Einheitswissenschaft. Doch reicht der philosophische Anspruch seiner Hermeneutik weiter. Gehört sie doch, wie wir schon gesehen haben, „zur menschlichen Welterfahrung überhaupt“, woraus sich für ihre philosophische Tragweite der Anspruch ergibt, „eine Erfahrung

von Wahrheit anzuerkennen, die nicht nur philosophisch gerechtfertigt
werden muß, sondern die selber eine Weise des Philosophierens ist"
(ebd. S. XV). Diese Weise des Philosophierens steht — wie gesagt —
im Zeichen Heideggers. Sicher ist Gadamer zuzustimmen, daß sich von
Heideggers existentialer Analyse des Daseins her „der Problemkreis
der geisteswissenschaftlichen Hermeneutik plötzlich" (ebd. S. 25) ganz
anders zeigt. Diesem neuen Aspekt der Sache ist das Buch Gadamers
gewidmet: Verstehen ist nun der „ursprüngliche Seinscharakter des
menschlichen Lebens" (ebd. S. 246) selber.

Im Sinne unserer Thematik ergibt sich hier freilich an Gadamer
und noch mehr an betont existenzphilosophische Positionen die Frage
nach der Differenz zwischen dem Verstehen als „Seinscharakter des
menschlichen Lebens" selber und dem Verstehen als philosophischer
Hermeneutik. Hier geht es um das fundamentalphilosophische Problem
der Reflexion überhaupt, an dem sich ihrem Ansatz nach die Positionen
der transzendentalen und der hermeneutischen Sprachphilosophie
scheiden.

Gadamer ist sich dieser Problematik durchaus bewußt und betont
ganz in unserem Sinne, daß der hermeneutische Zirkel als ein „ontologisches Strukturmoment des Verstehens" (ebd. S. 277) zu fassen ist.
Wenn auch mit dieser Einsicht jene angedeutete Problematik zwischen
transzendentaler und hermeneutischer Sprachphilosophie nicht ausgetragen ist, so sichert diese doch Gadamer vor allem Absinken in
einen fundamentalphilosophisch bedeutungslosen Historismus, für den
das Problem der (transzendentalen) Geschichtlichkeit überhaupt nicht
da ist. Gadamer wendet sich ausdrücklich gegen die naive Selbstinter-
pretation der Historie, die in ihrem Streben nach der Objektivität
ihres Gegenstandes im Sinne des Objektivitätsbegriffs der modernen
Naturwissenschaft ihre „eigene Geschichtlichkeit vergißt. Hier muß
von einem schlecht verstandenen historischen Denken an ein besser zu
verstehendes appelliert werden. Ein wirklich historisches Denken muß
die eigene Geschichtlichkeit mitdenken. Nur dann wird es nicht dem
Phantom eines historischen Objekts nachjagen, das Gegenstand fort-
schreitender Forschung ist, sondern wird in dem Objekt das Andere
des Eigenen und damit das Eine wie das Andere erkennen lernen. Der
wahre historische Gegenstand ist kein Gegenstand, sondern die Einheit
dieses Einen und Anderen, ein Verhältnis, in dem die Wirklichkeit der
Geschichte ebenso wie die Wirklichkeit des geschichtlichen Verstehens
besteht, eine sachangemessene Hermeneutik hätte im Verstehen selbst

die Wirklichkeit der Geschichte aufzuweisen. Ich nenne das damit Geforderte ‚Wirkungsgeschichte'. Verstehen ist seinem Wesen nach ein wirkungsgeschichtlicher Vorgang." (Ebd. S. 283) In diesem Vorgang werden historisch vergangener Horizont und der Horizont, in dem der Verstehende lebt, vereinigt. Verstehen ist insofern für Gadamer ein Verschmelzungsvorgang dieser Horizonte, die einander nicht außerhalb dieser wirklichen Horizontverschmelzung gegenübergestellt werden und fixiert werden dürfen. Andernfalls würden wir ja tatsächlich in den schon charakterisierten unendlichen Regreß des Vorverständnisses geraten. Freilich erneuert sich auch auf diese Weise die Frage nach dem Unterschied zwischen Verstehen als Seinscharakter des menschlichen Lebens und Verstehen als Hermeneutik. Dieses Problem ist damit nicht aufgelöst (was Gadamer auch gar nicht behauptet), daß man „den Horizont, in dem der Verstand lebt, und den jeweiligen historischen Horizont, in den er sich versetzt", einander nicht gegenüberstellen kann. Denn das Problem jener Differenz besteht genauso dem Horizont gegenüber, in dem der Verstand lebt, wie demjenigen, in den er sich versetzt.

Das Verstehen im Sinne des ursprünglichen Seinscharakters des menschlichen Lebens und der Bezug zum Verschmelzungsvorgang der Wirkungsgeschichte sind die Voraussetzungen für Gadamers Sprachphilosophie. Der leitende Gedanke dabei ist, „daß die im Verstehen geschehende Verschmelzung der Horizonte die eigentliche Leistung der Sprache ist". (17 a, S. 359). Auf der Sprachlichkeit des Verstehens beruht „die Konkretion des wirkungsgeschichtlichen Bewußtseins" (ebd. S. 367). Damit wird „das hermeneutische Phänomen nach dem Modell des Gespräches" betrachtet. Textverständnis und Gespräch haben als Terminus a quo die Sache, die in ihnen zur Sprache kommt. Dabei ist für die Gesprächspartner Sprache immer schon unverfügbar vorausgesetzt. (Ebd. S. 360) Insofern ist das „Denken, das seinen Ausdruck sucht, nicht auf den Geist sondern [im Wort] auf die Sache bezogen" (ebd. S. 403). Gadamer meint, daß deshalb „bei der Bildung des Wortes keine Reflexion tätig" sei. Der Sinn dieses Satzes wird davon abhängen, was man unter Reflexion versteht bzw. wie ursprünglich man sie ansetzt. Jedenfalls ist auch der unmittelbare Vollzug von Sprachsinn von allen sonstigen unmittelbaren Lebensvollzügen zu unterscheiden. Hier liegen freilich in gleicher Weise für die hermeneutische wie für die transzendentale Sprachphilosophie Probleme vor, die man wohl kaum anders denn als „dialektische" bezeichnen kann. Schließlich gelangen wir auch bei Gadamer zu der schon erörterten Dialektik der Relativität bestimmter Sprache und ihrer jeweiligen transzendentalen Absolutheit in Verbindung mit dem Problem des „sprachlichen Weltbildes" in diesem Zusammenhang. Gadamer interpretiert Humboldt von seiner Hermeneutik her nur bezüglich „der Erweisung der Sprachansicht als Weltansicht" (ebd. S. 419). Sprache ist in dieser Hinsicht weder die Abbildung einer vorgegebenen Seinsordnung noch ein manipulierbares Zeichen, vielmehr ist es ihre „Mitte allein, die, auf das Ganze des Seienden bezogen, das endlich geschichtliche Dasein des Menschen mit sich selbst und mit der Welt vermittelt" (ebd. S. 433). Welt ist nur, sofern sie sprachlich vermittelt ist, Sprache ist nur, sofern sie Welt vermittelt. Die so verstandene Sprache hat „universelle ontologische Bedeutung. Was zur Sprache kommt, ist zwar ein anderes als das gesprochene Wort selbst. Aber das Wort ist nur ein Wort durch das, was in ihm zur Sprache kommt. Es ist in seinem eigenen sinnlichen Sein nur da, um sich in das Gesagte aufzuheben. Umgekehrt ist auch das, was zur Sprache kommt, kein sprachlos Vorgegebenes, sondern empfängt im Wort die Bestimmtheit seiner selbst." (Ebd. S. 450) Mit diesen Sätzen scheint mir nun durchaus in allgemeinster Weise das Problem der transzendentalen Sprachphilosophie formuliert zu sein. Dieses hat seinen Sinn auch unabhängig von der Einsicht in den Zusammenhang von Sprachansicht und Weltansicht in jeweils bestimmter geschichtlicher Sprache. Es ist notwendig, den Unterschied dieser Aspekte zu sehen, auch wenn sie natürlich nicht auseinandergerissen werden dürfen. Vielmehr ergibt sich aufs neue, daß transzendentale und hermeneutische Sprachphilosophie aufeinander angewiesen sind, soll ihnen fundamentalphilosophische Relevanz zukommen, dies gerade auch dann, wenn „die spekulative Seinsverfassung, die der Hermeneutik zugrunde liegt, von dem gleichen universalen Umfang wie Vernunft und Sprache ist" (ebd. S. 452).

Auf einem wesentlich einfacheren Reflexionsniveau und meistens auch mit deutlicher Distanzierung der Philosophie stellt auch aller Sprachpragmatismus (bei dem späten Wittgenstein und im Anschluß an ihn) mit seinem Rekurs auf den unmittelbaren Sprachsinn als Sprachgebrauch den Anspruch, an die Stelle der bisherigen Philosophie zu treten. Dabei tritt nun freilich ein fatales Dilemma auf. Denn ein derartiges Denken könnte sich im unmittelbaren Sprachsinn bewegen und in ihm bleiben dann, und nur dann, wenn es in einem völlig unspezifischen, universalen und daher auch philosophisch-methodisch

nicht weiter differenzierten Ansatz allen faktischen Sprachgebrauch
überhaupt sich zur Voraussetzung machte. Dieser Ansatz ist nun
durchaus möglich und brauchbar, bedeutet dann aber tatsächlich keine
spezifische philosophische Methode zum Unterschied von anderen
philosophischen Verfahrensweisen, sondern die allgemeinste Weise der
Kennzeichnung dessen, was Anfang des Philosophierens überhaupt
heißen kann, nämlich die Anerkennung alles unmittelbaren Sprachsinns
in Theorie und Praxis in universaler Unvoreingenommenheit. Ist doch
mit dieser Charakteristik gar nichts anderes umschrieben als jenes
Postulat der „möglichst großen Voraussetzungslosigkeit" der Philosophie am Beginn ihrer eigenen und spezifischen wissenschaftlichen
Aufgabe. In einer so gefaßten sprachpragmatisch fundierten Philosophie bewegt sich zuletzt alles Denken überhaupt. In ihr wird daher
das Philosophieren höchstens durch das Philosophierenkönnen (als
positive Leistung) definiert: der gute Philosoph wird in ihr gut, der
schlechte schlecht denken, nicht aber liegt in ihr als solcher schon ein
Kriterium der Unterscheidung brauchbaren und unbrauchbaren Philosophierens. Soll sie aber doch ein solches Kriterium an die Hand
geben, dann muß sie sich mit bestimmten Maßstäben und bestimmten
Ansprüchen, die zu vermitteln sind, über den unmittelbaren Sprachsinn erheben, d. h. vom Ausgang alles Denkens zur Fundierung spezifisch philosophischer Methodik fortschreiten. Sie muß also aus tole-
ranter (aber auch risikoloser) Weisheit universaler Anerkennung alles
unmittelbaren Sprachsinns zur kritischen (und stets riskanten) Fundierung dessen gelangen, was erst in diesem besonderen Risiko Philosophie, insbesondere im Sinne ihres fundamentalen Wissensanspruchs,
heißen kann und in unserer Tradition immer geheißen hat. Kurz: man
kann im unmittelbaren Sprachsinn gut und schlecht, kritisch und
unkritisch philosophieren, will man aber das eigene Verfahren als
gut und kritisch rechtfertigen, dann kann man es nicht dadurch tun,
daß man sich auf den unmittelbaren Sprachsinn in seiner universalen
Vorausgesetztheit beruft.

Wir haben die natürliche Sprache unsere erste menschliche Heimat
genannt, in der wir uns wie in einem selbstverständlichen Besitztum
bewegen, in das wir einfach hineingewachsen sind. Doch tragen wir
eben auch schon in der natürlichen Sprache als unmittelbarer Reflexion
das allgemeine Schicksal geistigen Daseins: die Ungebrochenheit des
Lebens ohne eigentliche Sprache ist ein für allemal verloren. Die schon
in der natürlichen Sprache wirkliche Transzendierung des Geschehens-

ablaufs ermöglicht die bewußte Distanzierung der vorsprachlichen Unmittelbarkeit und damit „besonnenes" (Sinn voraussetzendes, reflektierendes) Handeln. Da aber außerdem alle Reflexion auf Sinn den unmittelbaren Sinn (natürliche Sprache) voraussetzt, läßt sich das Problem der Spannung von Sein und Sinn nie „außerhalb" des Sinns, „außerhalb" der Sprache stellen. Frage ich nach dem Verhältnis von Sein und Sinn, Sprache und Sein, „außerhalb" alles bestimmten Sinns unmittelbarer Sprache, dann bewege ich mich in sprachlichen Fiktionen. Man kann eben Sprache und Sein nicht in der Weise einer Seinsrelation einander gegenüberstellen, weil dann Sprache in natürlicher Haltung so fixiert wird wie etwas, das gerade nicht dadurch gekennzeichnet ist, daß es etwas anderes meint, als es selber ist. Im natürlichen Sprachgebrauch stehend, bleibt also Sprache als solche für mich grundsätzlich anonym, ich denke und formuliere unmittelbar in ihr, aber nicht methodisch an ihr orientiert; ich denke dann unbeschwert von der transzendentalen Differenz von Sprache und Sein und kann daher auch mein Vorgehen nicht als „am Leitfaden der Sprache" erfolgend von anderen philosophischen Verfahrensweisen absetzen und seinen Vorrang in kritischer Unterscheidung von ihnen ins rechte Licht stellen. Wende ich mich aber dieser methodischen Fundierung meines Vorgehens am „Leitfaden der Sprache" zu, dann stehe ich immer schon, ob ich es wahrhaben will oder nicht, in der transzendentalen Differenz von Sprache und Sein: ich habe dann den natürlichen Sprachgebrauch (den unmittelbaren Sprachsinn) hinter mir gelassen und kann ihn nicht als rechtfertigende Instanz für jenes Vorgehen „am Leitfaden der Sprache" zitieren. Wir bewegen uns eben im unmittelbaren Sprachsinn durchgehend in Unterschieden, die gerade nicht sprachlich sind, in denen vielmehr die Sprache anonym bleibt und bleiben muß. Es ist daher auch unstatthaft, zur Begründung des Vorgehens „am Leitfaden der Sprache" die allgemeine sprachliche Vermitteltheit alles und jedes „Gegenstandes" überhaupt anzuführen, weshalb in dem folgenden Zitat Hegels (Werke, Glockner XVIII S. 133) die Möglichkeit einer Peripetie liegt, die — fundamentalphilosophisch ausgeführt — von größter Bedeutung für den Systemgedanken dieses Denkers überhaupt ist: „Die Griechen achteten das reine Wort und die reine Behandlung eines Satzes ebenso als die Sache. Und wenn Wort und Sache einander entgegengesetzt wird, ist das Wort das Höhere; denn die nicht ausgesprochene Sache ist eigentlich ein unvernünftiges Ding, das Vernünftige existiert nur als Sprache." Der erste Satz dieses Zitats besagt, daß die Griechen (ob es sich so verhalten hat oder nicht, soll uns hier nicht beschäftigen), im unmittelbaren Sprachsinn stehend, sich auf die transzendentale Differenz von Wort und Sache (Sinn und Sein, Vermittlung und Gegenstand) nicht eingelassen haben; der zweite Satz aber stellt innerhalb der Entgegensetzung der transzendentalen Differenz Wort, Sinn und Vermittlung über Sache, Sein und Gegenstand. Im Rahmen dieser Entgegensetzung läßt sich die Gegenrechnung sofort und ohne Mühe präsentieren, indem man etwa den zweiten Satz bei Hegel folgendermaßen formuliert: „Wenn Wort und Sache einander entgegengesetzt werden, ist die Sache das Höhere; denn das Wort (die Vermittlung) für sich genommen ist leer, ist bloße Sprachlichkeit als solche ohne konkrete Verwirklichung in immer gegenständlich bestimmter Sprache."

Die nicht zu voller Klarheit gebrachte transzendentale Differenz zwischen unmittelbarem (in den „Sachen" aufgehobenem) Sprachsinn und der — freilich immer auch sprachlichen — Reflexion auf ihn hat zur Folge, daß nicht nur die verschiedenen Reflexionsbezüge ununterschieden in die am Leitfaden der Sprache orientierte Methode eingehen, sondern daß auch die Fundamentalphilosophie in unauflösbare und schiefe Fragestellungen gerät. Dazu kommt es folgendermaßen: im unmittelbaren Sprachgebrauch bewegen wir uns in einer Sinnuniversalität, die — als eine in sich geschlossene Totalität — nichts „außer sich" hat, und zwar nicht deshalb, weil ihr Horizont gewissermaßen unendlich wäre, sondern deshalb, weil im unmittelbaren Sprachgebrauch nicht zugleich auf die Grenzen seines jeweiligen Horizonts reflektiert werden kann. Sprache als aktuale Vermittlung bleibt in diesem Horizont anonym, sie fragt dabei ebensowenig nach sich selbst als Vermittlung (d. h. nach ihrer Differenz zu dem, was sie meinend nicht selbst ist) — wie nach der Möglichkeit, den jeweilig aktual vermittelten Horizont zu überschreiten. Auf diese Weise intensiv (ohne Differenz von „Wort und Sache") und extensiv (ohne Differenz von Diesseits und Jenseits ihres Horizonts) bei sich zu Hause, hat sie sozusagen überhaupt keinen Horizont; denn ein Horizont, dessen Grenzen nicht explizit reflektiert werden, ist eigentlich gar kein Horizont. Schon die Horizonthaftigkeit des unmittelbaren Sprachsinns ist daher „an ihm" nur für unsere Reflexion, wenn wir ihn verlassen haben; dann aber vermögen wir seine Art Universalität und Totalität nie wieder einzuholen. Sofort tritt nämlich nun nicht nur die Vielfalt möglicher reflektierender Rückbezüge, die als bestimmte Möglich-

keiten notwendig andere Möglichkeiten — sich in bezug auf sie abgren-
zend und definierend — außer sich haben, auf, sondern auch jene
fundamentale transzendentale Differenz von Sprache und Sein („Wort
und Sache"), in der Sprache als solche erst aus ihrer Anonymität ins
Bewußtsein tritt. Nun kann ich aber — wie wir schon wissen — am
Leitfaden der Sprache nur philosophieren, wenn Sprache als solche aus
ihrer Anonymität ins Bewußtsein getreten ist, d. h. wenn sie vom Sein,
das sie meinend nicht selber ist, unterschieden ist. Im unmittelbaren
Sprachsinn des Sprachpragmatismus dagegen bewege ich mich zwar in
der Sprache, dann aber gerade nicht am Leitfaden der Sprache. Anders
formuliert: Sprache ist intensiv (jenseits der Differenz von Wort und
Sache) und extensiv (jenseits der Horizontproblematik) nur total und
universal im unmittelbar aktualen Sprachsinn, niemals aber in der —
wenn auch selbst sprachlich vermittelten — Reflexion auf diesen
unmittelbar aktualen Sprachsinn. In transzendentaler Differenz kann
also von der Universalität des sprachlichen Horizonts nicht mehr die
Rede sein, außer in jenem schon erwähnten allgemeinsten und formalen
Sinn, daß nichts ist, was nicht in einem vermittelt und unmittelbar
zugleich ist. Von dieser allgemeinsten und formalen Definition des
Transzendentalismus her gelange ich aber ebensowenig zu einem
bestimmten, methodisch relevanten Philosophieren am „Leitfaden der
Sprache" wie vom unmittelbaren Sprachsinn des Sprachpragmatismus
her. Im ersten Fall ist zwar der allgemeine (aber inhaltlich leere) und
formale Anspruch auf Universalität der Sprache als Vermittlung, im
zweiten Falle die fraglose Totalität der jeweils aktualen sprachlichen
Vermittlung formuliert, von beiden Seiten her aber komme ich niemals
zu einem methodisch relevanten Leitfaden der Sprache für das Philosophieren. Bei aller Bedeutung im einzelnen und im Sinne jenes allgemeinen sprachkritischen Gedankens, die Wörter beim Wort zu nehmen,
ist so der Sprachpragmatismus der späten und reifen neopositivistischen
Sprachanalyse fundamentalphilosophisch eigentümlich unklar und
ungedeckt: im Versuch der Begründung der eigenen Position wird er
daher immer entweder bei dem allgemeinen Gedanken des Transzendentalismus oder bei dem — immer schon sozusagen illegal zu einem
Reflexionsstandpunkt modifizierten — unmittelbaren Sprachsinn uner-
laubte Anleihen machen müssen. Im ersten Fall verliert er alle
bestimmte Sprache in der Allgemeinheit des formalen Vermittlungs-
gedankens, im zweiten Fall müßte er Sprache in jener Anonymität
belassen, in der allein sie in der Tat „absolut" (intensiv und extensiv

beziehungslos) sein kann: in beiden Fällen gibt er sich selber in seinem
Anspruch auf, eine fundamentalphilosophisch relevante Methode zu
begründen.

Alles Philosophieren am Leitfaden der Sprache erhält daher seine
jeweils methodisch-wissenschaftliche Bedeutung nur dann, wenn
genauer angegeben wird, in welchem Sinn an die „Gegebenheit"
Sprache angeschlossen wird, d. h. welche (immer abstrakte) Bestimmtheit an der vorausgesetzten Sprache zum Leitfaden des Denkens wird.
Kommt es zu diesem Anschluß an eine bestimmte Sprache ohne
fundamentalphilosophische Rechtfertigung, wie z. B. im Neopositivismus bei seiner unreflektierten Bindung an die Sprache der „exakten"
Naturwissenschaft, dann resultiert mit Notwendigkeit eine petitio
principii; kommt es zu diesem Anschluß ohne genauere Angabe, was
an der vorausgesetzten bestimmten Sprache zum „Leitfaden" erhoben
wird, z. B. durch den Hinweis auf ein „Vorwissen", das einmal inhaltlich, einmal linguistisch (formal-grammatikalisch) verstanden wird,
dann resultiert mit Notwendigkeit eine unklare Pauschalhaltung, die
so tut, als stünde sie immer in der (fraglosen) Einheit von Wort und
Sache, während sie doch tatsächlich in transzendentaler Differenz an
das von der „Sache" unterschiedene „Wort" (d. h. an die verschiedensten Möglichkeiten abstrakten Bezuges auf Sprache) gebunden ist. Auf
Grund dieser Ausführungen ergibt sich, daß wir erstens die durch
die transzendentale Differenz und ihre Aufhebung umschriebene
fundamentalphilosophische Problematik der Sprache unterscheiden
müssen von allem Philosophieren am Leitfaden der Sprache im
speziellen Wortsinn, daß wir zweitens dieses Philosophieren am Leitfaden der Sprache im Bezug auf den jeweils zum Ansatz genommenen
Aspekt an der als gegeben vorausgesetzten Sprache differenzieren und
präzisieren müssen, soll dieses Philosophieren für uns einen genauen
methodischen Sinn erhalten.

Philosophisch haben wir damit den Raum, in dem am Leitfaden der
Sprache philosophiert werden kann, schon herausgestellt; er reicht von
der allgemeinen Transzendentalität der Sprache (alles, was ist, ist
sprachlich vermittelt) bis zu der totalen Aktualität des konkreten
Sprachvollzugs, in dem sich freilich alle theoretische Intention auf
Sprache in der Sprachpraxis unmittelbaren Sinns aufhebt. Zwischen
dem über bestimmte Sprache hinaus relevanten Sprachapriori und der
(beziehungslos aktualen) bestimmten Sprache (die in den Dingen aufgehend, selbstvergessen, auch keine andere Sprache oder Sprechweise

außer sich hat) gibt es nun freilich viele Möglichkeiten, sich auf bestimmte Sprache zu beziehen und am Leitfaden der Sprache zu philosophieren. Hier wird man zunächst den Rückbezug auf den „Inhalt" einer Sprache von demjenigen auf die „Form" unterscheiden müssen. Im ersten Aspekt sind schon die lexikalischen Bestände und die „Wortfelder" einer Sprache bedeutsam, ebenso die etymologische Herkunft ihrer Wörter und vielleicht sogar ihre Lautdeutung, z. B. bei in dieser Hinsicht verschiedenen „Ausdrücken" für dieselbe Sache in verschiedenen Sprachen. Im zweiten Sinne reichen die Rückbezüge von generellsten Merkmalen eines Sprachtypus (z. B. des „Satzes" im indoeuropäischen Raum) über gemeinsame „Strukturen" verwandter Sprachen bis zu der speziellen Eigenart der Grammatik einer bestimmten Sprache (z. B. des Griechischen). In beiden Fällen ist dabei noch zu berücksichtigen, daß Sprachlichkeit nur in Geschichtlichkeit (in konkreter geschichtlicher Sprache) wirklich ist, weshalb wir ja erstens in allem Philosophieren am Leitfaden der Sprache von bestimmter Sprache ausgehen müssen, auch wenn wir an über sie hinausreichenden abstrakten (im Vergleich mit anderen Sprachen gemeinsamen oder verschiedenen) Momenten ansetzen — weshalb wir zweitens den geschichtlichen Stand einer Sprache und ihrer Tradition mitberücksichtigen können bzw. müssen. Abschließend sei nur noch bemerkt, daß ohne den Rückbezug auf die fundamentalphilosophische Problematik alles Philosophieren am Leitfaden der Sprache notwendig zu (einzelwissenschaftlicher) Linguistik werden muß (was heute manche sogenannte Philosophen ganz gerne hätten), ganz wie ohne diesen Rückbezug alle Hermeneutik zu (einzelwissenschaftlicher) Geistesgeschichte werden muß.

12. DAS UNIVERSALIENPROBLEM

Die Bedeutung der Sprachlichkeit als einer der spezifischen Bedeutungen des menschlichen In-der-Welt-Seins läßt sich auch in einer Reflexion auf das herausstellen, was „konkret" heißt. Dem Konkreten steht gewöhnlich das Abstrakte gegenüber. Wie in einem bekannten Ratespiel, bei dem die erste Frage heißt: „Ist das Ding konkret oder abstrakt?" — wird in dieser Gegenüberstellung das Konkrete gewöhnlich als ein in Raum und Zeit Gegebenes, grundsätzlich Wahrnehmbares betrachtet. An sich freilich weist die sprachliche Bedeutung von konkret in eine andere Richtung: das „Zusammengewachsene" läßt darauf schließen, daß in allem Konkreten eine Differenz immer schon überwunden ist, die analog, sagen wir der Verwirklichung eines tierischen Individuums entsprechend, der sich in seiner Entwicklung ausprägenden Artgesetzlichkeit zu denken sein wird. In diesem Sinne versteht z. B. Leibniz die „wahrhafte Einheit" der Monaden. Sie sind wohlfundierte Phänomene (phaenomena bene fundata), also „konkret" nur insofern, als in ihnen immer schon einfache, als solche nicht wahrnehmbare Allgemeinheit und das diese Einheit erscheinen lassende Mannigfaltige in Raum und Zeit vereinigt sind. Von Aristoteles bis Hegel ist im Rahmen unserer Tradition das Konkrete eine „Synthese" und nicht bloß das vorhandene Gegebene in seiner wahrnehmbaren Erscheinung. Im Grunde liegt ja schon im Begriff, in der Bedeutung des Wortes Erscheinung ein Hinweis darauf, daß das Konkrete als Erscheinung mehr ist als das, was wahrnehmungsmäßig gegeben ist. In diesem Sinne betont — wie wir schon wissen (S. 114 f.) — Hegel immer wieder, daß Erscheinung als Erscheinung begriffen über die bloße Erscheinung hinauszugehen verlangt.

Im Rahmen einer Sprachphilosophie hätte es genügt, darauf hinzuweisen, daß schon das lautlich formulierte Sprachgebilde sich in die alltagssprachliche, aber auch weithin in der Philosophie angenommene Disjunktion von konkret und abstrakt nicht einordnen läßt. Sprachliche Sinngebilde wären ja dann nur akustische Gegebenheiten und als solche keine Sprachgebilde. Jede verlautbarte und verstandene Sprachäußerung zeigt, daß die Gegenüberstellung von konkret und abstrakt überall dort unzureichend ist, wo es nicht möglich ist, in methodischer Abstraktion sich lediglich an die rein äußerliche räumliche Erscheinung und ihre Veränderungen in der Zeit zu halten. Zuletzt kommt eine solche methodische Abstraktion (die z. B. grundlegend für die neuzeitliche mathematische Naturwissenschaft ist) darauf hinaus, daß wir allen metaphorischen Sprachgebrauch, in dem wir räumliche Ausdrücke nicht unmittelbar räumlich verstehen dürfen, aufgeben müßten. Es wäre recht lustig, einen sagen wir der physikalistischen Einheitswissenschaft huldigenden Philosophen beim Wort zu nehmen und ihn zu veranlassen, alle seine Sprachäußerungen im alltäglichen Verkehr mit anderen Menschen in seine alles Metaphorische aus-schaltende Einheitssprache zu „übersetzen".

Die Sprache selbst ist also ein Beispiel dafür, daß wir im Gebrauch der Wörter „konkret" und „abstrakt" vorsichtig sein müssen.

Von hier aus aber läßt sich auch die sprachliche Seite eines berühmten und berüchtigten Problems der Philosophie in Sicht bringen, nämlich des Universalienproblems. Philosophisch gehört dieses Problem in die Gesamtthematik des spezifisch menschlichen In-der-Welt-Seins. Der erste bedeutende Philosoph, der diese Sachlage in unserer Tradition erkannt hat, ist Plato mit seiner Ideenlehre gewesen. Wir können an dieser Stelle die Problematik nicht in ihrer historischen Entwick-lung betrachten. Wer aber jemals sich um das bemüht hat, was bei Plato „Idee" heißt, wird sehr bald in unlösbare Schwierigkeiten ge-raten sein, wenn er den Versuch unternahm, das Gegensatzpaar „konkret und abstrakt" (im Sinne von wahrnehmungsmäßig immanent und transzendent) mit dem Gegensatzpaar „real und ideell" zusammen-fallen zu lassen. Denn die Idee ist ein Allgemeines, das nicht wahr-nehmungsmäßig gegeben (insofern nicht real), trotzdem aber auch kein Ideelles im Sinne eines lediglich von Menschen gebildeten Abstraktums ist. Vielmehr ist die Idee ein Allgemeines, ohne das konkretes Seiendes nicht sein und nicht gedacht werden kann, außer in jenen metho-dischen Abstraktionen, in deren Rahmen rein äußerliche und räum-liche Erscheinung und ihre Veränderungen (Bewegungen) zum Gegen-stand gemacht werden. Mit diesen Hinweisen haben wir das sprach-philosophische Universalienproblem von seinen Ursprüngen her zunächst einmal in Sicht gebracht. Wir müssen es jetzt näher betrachten und in bestimmte sprachphilosophisch relevante Aspekte hinein ver-folgen. Doch sei hier noch angemerkt, daß Hegel unsere Problematik sehr schön im Zusammenhang der Herausstellung der Vieldeutigkeit des Wortes „Realität" behandelt hat. Er schreibt (Werke, Glockner, IV S. 125 f.): „Realität kann ein vieldeutiges Wort zu sein scheinen, weil es von verschiedenen, ja entgegengesetzten Bedeutungen gebraucht wird. Im philosophischen Sinn wird etwa von bloß empirischer Realität als einem wertlosen Dasein gesprochen. [Damit wird das eigentliche Sein von der erscheinenden Mannigfaltigkeit abgetrennt und so in der Tat ebenso zu einem bloßen Abstraktum wie jenes rein räumliche Äußerliche im Sinne der trivialen Bestimmung des Konkreten.] Wenn aber [daraufhin] von Gedanken, Begriffen, Theorien gesagt wird, sie haben keine Realität, so heißt dies, daß ihnen keine Wirklichkeit zukommt; an sich oder [nur] im [dann abstrakten] Begriff könne die Idee einer Platonischen Republik z. B. wohl wahr sein. Der Idee wird hier ihr Wert nicht abgesprochen, und sie neben der Realität auch belassen. Aber gegen [auf diese Weise von der Wirklichkeit abgetrennte, daher nur] sogenannte bloße Ideen, gegen bloße Begriffe gilt das Reelle als das allein Wahrhafte. — Der Sinn, in welchem das eine Mal dem äußerlichen Dasein die Entscheidung über die Wahrheit seines Inhalts [d. h. dem betreffenden Seienden Konkretheit] zugeschrieben wird, ist ebenso einseitig, als wenn die [dann in der Tat nur ideelle und abstrakte] Idee [ohne die erscheinendes Seiendes nicht wohlfundierte Erscheinung und nicht konkret sein kann, selbst abstrakt und damit] als gleichgültig gegen das äußerliche Dasein vorgestellt und gar für um so vortrefflicher gehalten wird, je mehr es von der Realität entfernt sei."

An dem von Hegel als unhaltbar herausgestellten Gegensatz scheiden sich häufig die Gemüter, ohne daß man freilich bedenkt, ob eben dieser Gegensatz in der Tat haltbar sei. Die eine Seite läßt die Erscheinung im räumlich-zeitlichen, wahrnehmbar Gegebenen aufgehen und muß damit zuletzt das Konkrete mit diesem Gegebenen zusammenfallen lassen und alles Allgemeine als nur abstrakt (nur sprachlich-nominalistisch, nicht ontologisch relevant) ansetzen. Die andere Seite meint, dieses ontologisch relevante Allgemeine nur retten zu können, wenn sie es seins- und wertmäßig höher stellt als die erscheinende Realität, womit sie freilich die Voraussetzungen der Gegenseite teilt und sie im Rahmen des gemeinsamen Gegensatzes nur bestätigt; denn wenn es tatsächlich darum ginge, die erscheinende Realität oder (ausschließend) das Allgemeine (Ideelle) auf seinen Seinswert hin einzuschätzen, dann ist es klar, wie die Entscheidung ausfallen muß. Sie ergibt sich jedoch in beiden Fällen nur von jener beiden Seiten gemeinsamen Vorentscheidung her, die zuletzt auf der Bedeutung des Wortes konkret fundiert ist, die wir in jenem Gesellschaftsspiel kennengelernt haben.

Innerhalb des für uns als unhaltbar durchschauten Gegensatzes gilt Hegels schon erwähnte Wendung: „Die Sprache ist das Wahrhaftere." Was ist damit gemeint? Im Sinne des die Problematik simplifizierenden Vorurteils stehen sich das Allgemeine als ein Ideelles und Abstraktes und das Einzelne als ein Reales und Konkretes in vollständiger Disjunktion gegenüber. Der historischen Herkunft entsprechend wollen wir diese die „vollständige Disjunktion des Nominalismus" nennen. Die Hauptschwierigkeit ergibt sich in ihrem Rahmen im Hinblick auf die Frage, was denn das angeblich konkrete Einzelne überhaupt sein soll, wenn es tatsächlich das Allgemeine überhaupt (als Ideelles und Abstraktes) außer sich hat. Wie soll es dann noch als konkret gedacht und — was für uns hier wichtiger ist — überhaupt noch ausgesagt werden können? Wir bewegen uns mit diesen Hinweisen genau in jener Ursprungssituation, aus der als erste vorgeschlagene Lösungsmöglichkeit die platonische Idee entsprungen ist. Am bisherigen Endpunkt der Diskussion läßt sich die gleiche Problematik etwa so formulieren, daß man fragt, wie denn von einem Einzelnen, das alles Allgemeine (als Ideelles und Abstraktes) außer sich hat, eine Aussage möglich sein soll: denn dieses „nur" Einzelne ist gewissermaßen sprachlich nackt, so daß sich überhaupt nicht einsehen läßt, wie das als solches nicht aussagbare Einzelne und die zu ihm (bei konsequenter Haltung) völlig beziehungslosen allgemeinen Bestimmungen (Prädikate) zusammenkommen sollen. Selbst in einer Ähnlichkeitsabstraktion hat man in das Einzelne immer schon mehr hineingelegt, als ihm zukommen dürfte, wenn es tatsächlich in vollständiger Disjunktion alles Allgemeine (als Ideelles und Abstraktes) außer sich hat.

Das von aller Allgemeinheit entblößte einzelne Gegebene ist wirklich nur für das, was Hegel als „sinnliche Gewißheit des unmittelbaren Wissens" vorführt. Uns interessiert an diesem Lehrstück Hegels nur der sprachphilosophische Aspekt der Sache, d. h. zunächst die allgemeine Konfrontation des Einzelnen als des vermeintlich Konkreten und des Allgemeinen als des Nur-Abstrakten in einer „Zweiheit, welche ... als vollkommener Gegensatz erscheint, der aber so sehr Schein ist, daß, indem das eine begriffen und ausgesprochen wird, dann das andere unmittelbar begriffen und ausgesprochen ist" (Hegel, Werke, Glockner V S. 12 f.). Das unmittelbare Bewußtsein „weiß das

Einzelne" (ebd. II S. 82), tatsächlich aber ist dieses Wissen nur ein ver-
meintliches Wissen: wir *meinen* in der sinnlichen Gewißheit nur das
Einzelne, während es tatsächlich „gar nicht möglich ist, daß wir ein
sinnliches Sein, das wir meinen, jetzt sagen können" (ebd. S. 84). In
diesem Sinne also ist für Hegel „die Sprache ... das Wahrhaftere; in
ihr widerlegen wir selbst unmittelbar unsere Meinung ..." (ebd. S. 84.)
Es ist schon für das Verständnis Hegels, mehr aber noch für unseren
Zusammenhang wichtig, daß die Sprache nur insofern das Wahrhaftere
ist, als das nicht aussagbare gemeinte Einzelne nur vermeintlich das
konkrete Individuelle, in Wahrheit aber eine Fiktion ist, wie gleich
noch näher entwickelt werden soll; stünde nämlich die Sprache tatsächlich im „Schein" jenes Gegensatzes zu dem Nur-Einzelnen, dann
wäre sie keineswegs das Wahrhaftere, sondern in der Tat ein Nur-
Abstraktes und Ideelles. Darüber haben wir schon alles Einschlägige
ausgeführt. In der „wahrhaften" Wahrheit der Sprache ist also das
Nur-Einzelne und das Nur-Allgemeine immer schon aufgehoben und
in ihrer Gegensätzlichkeit als fiktiv (als „Schein") durchschaut, sofern
das Einzelne *sein* und Vermittlung *möglich* sein soll. Deshalb sagt ja
Hegel auch ausdrücklich, daß in jener fiktiven Gegensätzlichkeit „so
wenig ich das, was ich bei jetzt, hier, meine, sagen kann, so wenig
bei Ich" (ebd. S. 86). In jener Gegensätzlichkeit zu dem (unmittelbar
„gegebenen") Nur-Einzelnen wird eben auch das Ich als Vermittlung
zum (unmittelbar „gewissen") Nur-Einzelnen, jede „Synthese" wird
ausgeschlossen. Damit aber ist dem nur vermeintlich ausgesagten Dies
(hier und jetzt) nur mit dem Aufzeigen beizukommen: „Zeigen müssen
wir es uns lassen, denn die Wahrheit dieser unmittelbaren Beziehung
ist die Wahrheit dieses Ich, das sich auf ein Jetzt oder ein Hier ein-
schränkt. Würden wir nachher diese Wahrheit vornehmen oder entfernt
davon stehen, so hätte sie gar keine Bedeutung; denn wir höben die
Unmittelbarkeit auf, die ihr wesentlich ist. Wir müssen daher in denselben Punkt der Zeit oder des Raums eintreten, sie uns zeigen, d. h.
uns zu demselben diesem Ich, welches das gewißwissende ist, machen
lassen." (Ebd. S. 87 f.) Schon Plato hat erkannt, daß sich die so als
„Maß" verstandene sinnliche Gewißheit schließlich in die „augenblick-
liche" Unmittelbarkeit verflüchtigt, die schlechthin nicht aussagbar ist:
„Sie meinen dieses Stück Papier ... aber was sie meinen, sagen sie
nicht. Wenn sie wirklich dieses Stück Papier, das sie meinen, sagen
wollten ... so ist dies unmöglich, weil das sinnliche Dieses der Sprache,
die dem Bewußtsein, dem Ansichallgemeinen angehört, unerreichbar

ist." (Ebd. S. 90) Zuletzt ist die sinnliche Gewißheit und damit die
den Nominalismus fundierende Gegensätzlichkeit von Nur-Einzel-
nem (als real und konkret) und Nur-Allgemeinem (als ideal und
abstrakt) tatsächlich nur „Schein", das fiktive Resultat einer Bewegung
der Sprache an ihrer Grenze vor der Versenkung ihrer selbst und aller
Unterschiede in der Nacht der Unmittelbarkeit. Man darf sie daher
auch keineswegs mit der „unmittelbaren Orientiertheit" verwechseln,
in der z. B. — nach einer gelegentlichen Bemerkung Kants — der Ochse
nicht *weiß*, was die Stalltür ist (zu ihr also auch nicht in der Differenz
von Wissen, Sagen und Meinen steht), sehr wohl aber durch sie in den
Stall findet. Es wird sich zeigen, daß zu aller „Orientiertheit" das
Allgemeine gehört: nicht nur die Sprache und die in ihr vermittelte
„Welt" des Menschen, sondern auch die (vorsprachliche) „Umwelt"
des Tieres (zuletzt aller naturischen Monaden) ist „universalistisch"
gebaut.

Wir kehren zum Zwecke der Herausstellung einer anders akzen-
tuierten Zusammenfassung des in diesem Paragraphen bisher Gesagten
noch einmal zu Hegel zurück, und jetzt zu seinem berühmten (für
viele berüchtigten) Satz: „Das Jetzt ist die Nacht." Dieser läßt sich
nach Hegel — wenn man ihn z. B. aufschreibt — als „Wahrheit" nicht
aufrechterhalten, da er von dem kommenden Tag (bzw. durch den
Satz „Das Jetzt ist Mittag") hinfällig gemacht werde. Wir entnehmen
im Sinne unseres Zusammenhangs auch diesen Ausführungen wiederum
nur, daß auch das „Jetzt" keine Aussage, sondern nur ein Aufzeigen
ermöglicht. Der Satz ist nicht als solcher sinnlos, er setzt aber voraus,
daß wir schon — auf andere Weise — wissen, was Nacht ist; er besagt
dann die Zeitbestimmung: temporale Unmittelbarkeit (Gegenwart)
von dem aus, was wir als Nacht schon jeweils in expliziter Weise
wissen müssen bzw. jedenfalls explizieren könnten. Andernfalls aber
— in der Selbstaufhebung der Sprache an und in der sinnlichen Gewißheit — verlöre das „Jetzt" jede bestimmte Bedeutung. Wir könnten
dann überhaupt nicht wissen, was mit ihm gemeint ist: im Jetzt der
sinnlichen Gewißheit als solchem liegt kein differenzierender Hinweis
auf das, was jeweils „jetzt" ist, es ist indifferent gegen Nacht und
Mittag. Nacht könnte genauso ein anderes unmittelbares Jetzt meinen,
außer wir wissen eben (unabhängig von dem Satz: „Jetzt ist Nacht")
schon, was dieses Wort bedeutet: es muß mehr besagen als selbst wiederum ein „Dies" sinnlicher Gewißheit, da wir sonst aus dieser (Fiktion) gar nicht herauskommen könnten, weder aus ihrem „Jetzt" noch

aus ihrem „Hier". Wiederum erweist sich das Allgemeine der Sprache als das „Wahrhaftere" allem nur einzelnen Dies (hier und jetzt) gegenüber. Mit anderen Worten: jene vollständige Disjunktion von Nominalismus und Realismus (Platonismus) ist immer schon aufgehoben, wenn uns überhaupt etwas als Bestimmtes „gegeben" sein soll, von dem wir dann — allenfalls auch in beliebiger Weise — Allgemeines (post rem) abstrahieren können. Es ist als Allgemeines in bestimmter Weise immer schon (ante rem und in re) vorausgesetzt, damit überhaupt Abstraktion im Sinne des Nominalismus als möglich gedacht werden kann: das angeblich alles Allgemeine als Ideelles und Abstraktes außer sich habende Einzelne, das, was ich das *Nur*-Einzelne nenne, zeigt sich als Fiktion. Das unmittelbar Gegebene als Einzelnes ist vielmehr immer schon ein von Allgemeinem her vermitteltes „Individuelles" als Aufhebung des (mit dem Individuellen nicht zu verwechselnden) Nur-Einzelnen (in seiner vermeintlichen Abgetrenntheit vom Nur-Ideellen und Abstrakten) und des Nur-Allgemeinen (in seiner vermeintlichen Abgetrenntheit von allem Realen und „Konkreten").

An dem Allgemeinen ante rem tritt das Zirkuläre aller „Abstraktion" in Erscheinung: es resultiert dann, wenn man die fundamentalphilosophisch naive Abstraktionstheorie des Nominalismus und ihre Basis, die vollständige Disjunktion von Einzelnem und Allgemeinem, durchschaut und trotzdem seinem „Modell" treu bleibt. Im Konkreten (vom ontologisch relevanten Allgemeinen her verstanden) fallen Allgemeines ante rem und Allgemeines in re in der wahrhaften Einheit wirklicher Repräsentation zusammen: wenn dagegen das Allgemeine ante rem zu demjenigen in re in dem Verhältnis des (abstrakten) Allgemeinen post rem zum „Individuellen" fixiert wird, dann wird das Allgemeine ante rem (zugleich abstrakt und seiend gedacht) zu jener „substantiellen Idee" für sich (= an sich), gegen die sich die Kritik des Aristoteles an den Platonikern richtet. (Vgl. 112 a u. b)

Sprache ist also universalistisch. Ihre Wörter sind, von Eigennamen abgesehen, Universalien. Diese sind „für ihre wesentliche Struktur notwendig" (Leibniz, Neue Abhandlungen, 1. Kap., § 3). Sie wäre sonst dem „Dies, Hier und Jetzt" in einem solchen Maße ausgeliefert, daß sie gewissermaßen über eine lautliche Geste situativer Relevanz nicht hinauskommen könnte. Daher müßte aller konsequente Nominalismus — wenn er nur wüßte, was er sagt — zuletzt in der Geste des Aufzeigens verhallen. Er hat in sich eine Tendenz in der Richtung des Vorgehens jener Weisen in Lagado bei Swift, die alle Dinge, über die sie diskutieren wollten, in einem Rucksack bei sich trugen. Es gibt schöne Stiche in alten Ausgaben, die uns in ebenso köstlicher wie aufschlußreicher Weise die Art dieser angeregten Unterhaltung mit den Dingen selbst vor Augen führen. Jean Paul (Sämtl. Werke 1826, Ausgabe Hempel, Bd. IV, S. 105) spricht von „den närrischen Philosophen in Gullivers Reisen ..., die statt der Namen der Dinge, die Dinge selber in Säcken getragen brachten zum gesellschaftlichen Verkehr; und das heißt doch klar in die Zeiten des Tauschhandels zurückfallen wollen, wo die Römer, anstatt des abgebildeten Ochsen auf ihren Ledermünzen, das Rindvieh selber vorführten". Tatsächlich wäre ein wirklich konsequenter Nominalismus die Aufgabe der Sprache im unmittelbaren Aufweisen der Dinge, d. h. aber der Rückfall in ein vorsprachliches Weltverhältnis. Dabei ist freilich zu berücksichtigen, daß auch im tierischen Weltbezug und der ihn bestimmenden unmittelbar anschaulichen Orientiertheit (in der der Ochse durch die Stalltür findet) das Allgemeine bestimmend ist: auch die tierische Umwelt ist auf dieses hin erschlossen.

Das in unmittelbar anschaulicher Orientiertheit tierische Umwelt erschließende Allgemeine ist von uns (vom Menschen aus) erstaunlich abstrakt. Es zeigt sich an dieser Tatsache, daß zuletzt nur in Sprachlichkeit und in der durch sie möglichen theoretischen Distanz zur Umwelt Konkretes überhaupt faßbar und als Inbegriff der natürlichen Welt herausstellbar wird. Die vergleichende Verhaltensforschung der Tiere bestätigt diese Einsichten. Für die Zecke z. B. reduziert sich der Reichtum der Welt auf zwei, drei allgemeine Bezüge, die freilich völlig ausreichen, diesem Tier die individuelle und artgemäße Selbsterhaltung zu garantieren.

Die Weisen von Lagado legen aber jedenfalls auch eine gesellschaftsphilosophische Interpretation des „Nominalismus" nahe, wie sie mein Sohn (112c, S. 181 f.) in einer eben erschienenen Arbeit aufgezeigt hat. Es heißt in ihr: „Sprache geht mit Sprache ins Gericht, wenn Gesellschaft in ihr nicht mehr ihre Einheit finden kann. Alles ist nun unsicher geworden: die Wörter werden Zeichen, die Sachen Dinge an sich, die Tugenden lehrbar, die Sitten willkürlich auslegbar. Sprache verpflichtet nicht mehr zum Handeln, nur mehr zum Reflektieren; ihre kommunikative Orientierungsfähigkeit ist gebrochen, jedes Individuum hat das Daimonion seiner Sprache gefunden ... In einem solchen Bruch der Gesellschaft tritt in der Sprache das auf, was ich generell Nominalismus nennen würde, eine Haltung von ungeheuer ambivalenter Bedeutung.

Der Sprache wird zunächst jeder Sach- und Handlungssinn genommen, um sie vor sich selbst zu retten, damit sie sich aufs neue wiederherstellen kann. Auf bloß operable, willkürliche oder konventionelle Zeichenhaftigkeit wird Sprache reduziert und dabei der Versuch gemacht, ihren zukünftig möglichen Sinn dem Verlust des gegenwärtigen entgegenzusetzen. Die Gesellschaft hat in dieser Sprache keine Heimat mehr; sie ist etwas anderes geworden und hat dafür ihren Ausdruck noch nicht gefunden; dieser muß vorbereitet werden, indem man die prinzipielle Macht der Sprache gegen ihr Besonderes kehrt, indem man mit ihrer vergangenen Inhaltsverflechtung tabula rasa macht. Die Sprache reduziert sich auf ihr Minimum, um die auftretende Gesellschaft nicht aus dem Sinn ihrer Vergangenheit zu präjudizieren. Jedes in der Substanz der alten Gesellschaft nicht mehr verankerte Individuum wird zu seiner Subjektivität in der Sprache aufgerufen; es soll sagen, wie es sich selbst seine zukünftige Kommunikation vorstellen will, es soll sich aus seiner vorgängigen Substanz befreien. Im Nominalismus wird daher die vergangene Kommunikation der Gesellschaft erst wahrhaft zerstört, weil die Sprache sich nicht mehr für die Kommunikation aktivieren läßt, und ohne diese gibt es keine Einheit. Die Selbstreflexion der Sprache zerstört zuerst immer mehr als das, wozu sie Berechtigung hat; sie muß das Maß in sich allein suchen, und dieser Ort ist noch gar nicht vorhanden, weil die ihm entsprechende Gesellschaft fehlt. Man möge sich daher nicht über die Schrankenlosigkeit des Nominalismus wundern, der maßlos verspottet, was immer er seiner Negation für würdig hält; gerade in dieser ‚Raserei der Negation' konfrontiert er als Selbstreflexion der Sprache die Gesellschaft mit sich: zeigt z. B., wie die inneren Bereiche der Sprache auseinanderfallen, ihr operativ-funktioneller Bereich dem kommunikativen gegenübertritt, in ersterem noch Übereinstimmung, im zweiten aber nur abstraktes Gleichmaß besteht, ohne Lebendigkeit, in starrer floskelhafter Objektivität, zeigt, wie das sprachliche Selbstverständnis allmählich aus der Gesellschaft entschwindet, ihre Einheit nur mehr in einem abstrakten Recht behauptet wird, das freilich kaum interpretiert werden darf, weil sein ursprünglicher Sprachsinn nicht mehr tauglich, ein gegenwärtiger ihm nicht gemäß ist. Kurz: Nominalismus und Sophistik zwingen in der Sprache die Gesellschaft, vor sich hinzutreten zu ihrem Heil und ihrem Verderben."

Wenn wir uns nun von hier aus noch einmal zu der Frage sinnvoller Rede zurückwenden, dann läßt sich jetzt zusammenfassend sagen:

sofern überhaupt inhaltlich sinnvolle Rede möglich sein soll und wirklich ist, sofern geht auch in die einfachste Aussage ein Allgemeines mit ein, ohne das von bestimmter Individualität gar nicht geredet werden könnte. Das anschauliche Reale ist als bestimmtes Individuelles niemals ohne Allgemeinheit, das Allgemeine in dem herausgearbeiteten Sinn geht konstitutiv in die Möglichkeit des Individuellen — sofern es nicht absolut beziehungslos und damit ein „Nur"-Einzelnes sein soll — mit ein. Wir sehen: nicht um den Unterschied im Seinswert anschaulich-individueller und abstrakt-allgemeiner „Realitäten" in der schon konstituierten Welt geht es zuletzt im „Universalienproblem", sondern darum, wie eine Welt bestimmter Individuen in ihrer Bestimmtheit überhaupt möglich und wirklich sein bzw. gedacht werden kann.

Ein schönes Beispiel für die in Scheinprobleme führende Eliminierung der Sprachlichkeit aus unserer Thematik zeigt uns die Kritik Feuerbachs an Hegels Ausführungen über die sinnliche Gewißheit. Für Feuerbach fallen sinnliche Gewißheit und Sprache völlig im Sinne der vollständigen Disjunktion des Nominalismus auseinander. Indem er meint, gegen Hegel die Unmittelbarkeit der sinnlichen Welt retten zu müssen, macht er sie gerade zu einem Abstraktum, nämlich demjenigen der fixierten sinnlichen Gewißheit und ihrer nicht aussagbaren Vermeintlichkeit. Feuerbach zitiert zwar Hegels Grundansicht, daß wir nämlich das sinnliche Sein nur meinen, aber nicht sagen können. Dann aber fragt er: „Ist denn nun aber dies eine dialektische Widerlegung der Realität des sinnlichen Bewußtseins? Ist das Allgemeine dadurch als das Reale bewiesen? Wohl für den, dem das Allgemeine schon im voraus als das Reale gewiß ist; aber nicht für das sinnliche Bewußtsein, nicht für uns, die wir auf diesem Standpunkt stehen oder in ihn uns hineinstellen, und uns nun von der Irrealität des sinnlichen Seins und von der Realität des Gedankens wollen überzeugen lassen!" Diese Sätze sind überaus bezeichnend. Es ist nämlich ganz gleichgültig, ob ich im Rahmen der vollständigen Disjunktion des Nominalismus entweder das Einzelne der sinnlichen Gewißheit oder das Allgemeine der Sprache als real bzw. irreal auffasse. Wie soll von dieser Position her überhaupt noch ein „Realitätsbeweis" für die eine oder andere Seite der in künstliche Abstraktionen zerrissenen Wirklichkeit geführt werden? Auch besteht ja nur von jener ungeklärten Voraussetzung her die Notwendigkeit, daß entweder nur das Einzelne der sinnlichen Gewißheit oder nur das Allgemeine der Sprache real sein dürfte. Das einzige, was aus alledem folgt, kann doch nur sein, daß man das Einzelne und das Allgemeine, die sinnliche Gewißheit und den Verstand, die sinnliche Welt und die Sprache, nicht in jenes Verhältnis bringen darf, das unreflektiert vorausgesetzt werden muß, um den Gedankengang Feuerbachs stringent werden zu lassen.

So wird denn auch dieser Gedankengang sehr rasch oberflächlich und platt. Feuerbach schreibt: „Mein Bruder heißt Johann, Adolph; aber außer ihm sind und heißen noch unzählige andere auch Johann, Adolph. Folgt nun daraus, daß mein Johann keine Realität ist? folgt daraus, daß die Johannheit eine Wahrheit ist?" Typisch ist hier der Rekurs auf den Eigennamen und seine bloß numerische Vervielfältigung. Daraus, daß es viele Hansen gibt, folgt freilich weder, daß der einzelne Hans nicht real noch daß die Hansenheit ein ontologisch relevantes Allgemeines ist. Daß die ganze Argumentation nichts besagt, wenn der Begriff etwas anderes ist als der Eigenname, das fällt Feuerbach — und nach ihm vielen anderen „Philosophen" — nicht auf. Ihm sind für das sinnliche Bewußtsein „alle Worte Namen, Nomina propria; sie sind für dasselbe an sich ganz gleichgültig, sie sind ihm nur Zeichen, um auf dem kürzesten Weg seinen Zweck zu erreichen. Die Sprache gehört hier gar nicht zur Sache." In der Tat: in der schon fertigen Welt bestimmter Gegenstände kann die Sprache lediglich als ein derartiges Zeichen im Sinne eines Namens (Eigennamens) zur Verständigung auf „kürzestem Wege" betrachtet werden. Sie gehört dann selbstverständlich nicht „zur Sache". Daß die Sache aber als ein Dies, Hier und Jetzt überhaupt keine Sache ist, sondern die aus aller Bestimmtheit herausgenommene und nicht aussagbare dürftige Abstraktion der künstlich isolierten sinnlichen Gewißheit (die schon als tierische Orientiertheit mehr ist als dieses Abstraktum), das kommt Feuerbach in seiner Polemik gar nicht in den Sinn. Daß von der numerischen Vielheit (dem Dies, Hier und Jetzt) allein der Name Hans zuletzt *jedem* Dies und damit keinem *sinnvoll* zugeordnet werden kann, spielt ebenfalls keine Rolle, obwohl doch damit sehr deutlich wird, daß der so verstandene Eigenname mit der hinweisenden Geste zusammenfällt. So käme man nie zu der Welt, in der sich auch Feuerbach immer schon bewegt, wenn er im Sinne der platten Disjunktion des neuzeitlichen Nominalismus Sachen und Namen unterscheidet. Wir sind mit seiner Auffassung der Sprache des sinnlichen Bewußtseins, für das alle Bezeichnungen Eigennamen sind, wiederum bei Swifts Weisen von Lagado angelangt. Derselbe Feuerbach hat übrigens in einer früheren Periode

seines Denkens Hegel-Kritiker gelegentlich dadurch abgewiesen, daß
er ihnen eine falsche Gegenüberstellung von Idealismus und Realismus
vorwarf. Es heißt dort, „daß dergleichen Empiriker [wie der Kritisierte einer ist] gerade nur da Idealisten sind, wo sie Realisten sein,
ihre Sinne öffnen sollten, und gerade da nur Realisten, wo allein der
Idealismus die wahre Empirie ist, das einzige Organ, eine Sache in
ihrer Wahrheit und Wirklichkeit zu erkennen" (Feuerbach-Stellen aus:
Sämmtliche Werke, hg. v. F. Jodl und W. Bolin, 1903, Bd. II, S. 184 ff.
und S. 28). Diese wahre Empirie hat W. v. Humboldt besessen. Wenn
wir uns jetzt noch einmal auf einen Teil jenes großartigen Zitates be-
sinnen, in dem von der Sprache folgendes gesagt wird: „Man muß
sich nur durchaus von der Idee losmachen, daß sie sich so von demjenigen, was sie bezeichnet, absondern lasse, wie z. B. der Name eines
Menschen von seiner Person, und daß sie, gleich einem verabredeten
Chiffre, ein Erzeugnis der Reflexion und der Übereinkunft, oder überhaupt das Werk der Menschen (wie man den Begriff in der Erfahrung
nimmt) oder gar des Einzelnen sei. Als ein wahres, unerklärliches
Wunder bricht sie aus dem Munde einer Nation, und als ein nicht
minder staunenswertes, wenngleich täglich unter uns wiederholtes, und
mit Gleichgültigkeit übersehenes, aus dem Lallen jedes Kindes
hervor..."

Wenn W. Anz in der schon zitierten Monographie über die Stellung
der Sprache bei Heidegger kritisch das Bedenken formuliert (S. 34),
ob nicht bei Heidegger „das Moment der Vernunft in unserem Sprechen
über Gebühr zurückgedrängt" sei, dann scheint mir dieser Hinweis
auch mit der eigentümlichen Stellungnahme Heideggers zu Platos
„Idee" zusammenzuhängen. Es mutet einem bei dem Studium der einschlägigen Äußerung Heideggers oft seltsam an, wie er auf seinem
Niveau des Denkens dieses großartige Lehrstück so mir nichts dir
nichts in einen Sammelbegriff „Metaphysik" einordnet, der ohne
Zweifel dem nicht gerecht wird, was hier in Frage steht. Es sei hier
ohne weitere Ausführung die These aufgestellt, daß in unserer Tradition durch nichts so sehr der Gedanke von der „Vernünftigkeit des
Wirklichen" beeinträchtigt wurde wie durch die Eliminierung des
ontologisch relevanten Allgemeinen im Sinne der Idee Platos und des
an ihn anschließenden Ordnungsgedankens des Aristotelismus überhaupt. Doch hat jedenfalls die im späteren Mittelalter sich anbahnende
und die Neuzeit durchgehend bestimmende Auflösung des Universalienproblems im Sinne des Nominalismus unter anderem auch bedeutende

sprachphilosophische Konsequenzen. Zwar finden sich sowohl bei
Heidegger als auch bei Jaspers Hinweise, die ein konkret Allgemeines
von einem abstrakt Allgemeinen unterscheiden, doch versteht Heidegger
alles in allem die Idee Platos als eine überzeitliche Wesenheit, die von
vornherein mit jeder existentiellen bzw. hermeneutischen Auffassung
der Sprache unvereinbar erscheint. In diesem Sinne ist der Hinweis
auf die irrationalistische Auflösung der Sprache nicht unberechtigt: ist
es doch in der Tat sehr fraglich, wie in einer um das ontologisch relevante Allgemeine beraubten Sprache der Mensch (in dem „Haus
des Seins") wohnen kann, ganz abgesehen davon, daß aus diesem
Haus – in typisch neuzeitlicher Problemnivellierung – die Tiere ausgeschlossen werden müßten. Diese Tatsache läßt sich sehr schön an
J. P. Sartre aufzeigen. Nach diesem Denker geht dem Menschen keine
essentia (im Sinne des zur bloßen Possibilität degradierten ontologisch
relevanten Allgemeinen) voraus, da er sich aus Freiheit selbst zu dem
macht, was er spezifisch als Mensch ist. Der Mensch dieser Selbstmache
setzt sich nicht als Natur voraus, sondern schafft sich gewissermaßen
aus dem Nullpunkt formeller Freiheit selbst, einer Freiheit, die von
allem, auch von ihrer eigenen Natur, absehen kann. Der letzte große
Denker, der diese Problematik in ihrem vollem Umfang gesehen hat,
ist Leibniz gewesen, der aus diesem Grunde, nämlich von der Wesen-
haftigkeit der nicht von den Abstraktionen des Menschen her be-
griffenen Natur aus die aristotelische Tradition der „substanzialen
Formen" zu rehabilitieren versuchte. Hätte Sartre diese Problem-
zusammenhänge erkannt, dann hätte ihm auch auffallen müssen, daß
die Problematik der Ontologie der Natur im Zusammenhang mit der
essentia (substanzialen Form) zumindest für alle nur perzipierenden
Monaden (d. h. für jedes Geschöpf außer den Menschen) mit Notwendigkeit aus seiner Position resultiert. Da nämlich nur bei dem
Menschen der existentia keine essentia vorangeht, muß bei allen
übrigen Geschöpfen der existentia die essentia vorangehen. Zieht man
diese Konsequenz nicht, verlöre die menschliche Selbstmache den
spezifischen Sinn des atheistischen Humanismus Sartres; hält man aber
diesen spezifischen Unterschied aufrecht, dann ergeben sich seltsame
Konsequenzen für die Position des atheistischen Humanismus Sartres.
Da er nämlich daraus, daß für den Menschen keine essentia im Sinne
eines Schöpfungsgedankens Gottes vorauszusetzen ist, schließt, daß es
keinen Gott gäbe, müßte er umgekehrt, da bei allen übrigen Geschöpfen
ein solcher Schöpfungsgedanke im Sinne der essentia vorausgesetzt

werden muß, Gott als Schöpfer wenigstens der nichtmenschlichen
Kreatur anerkennen. Sartres Lehre bringt daher für diesen Teil der
Natur gewissermaßen eine Art indirekten Gottesbeweis, wobei es
dem Denken schwerfallen möchte zu entscheiden, in welchem Teil
der Schöpfung man lieber beheimatet sein will, nämlich in der von
Gott her verstandenen Physis oder im Bereich der Selbstmache des
sich aus abstrakter Freiheit bestimmenden Menschen. Gadamer hat
diese Lücke, die von Heidegger her auch in der von ihm bestimmten
hermeneutischen Fundamentalphilosophie besteht, sehr wohl gesehen.
Denn die Seinsweise der Tiere „ist jedenfalls nicht in dem Sinne
‚Existenz' und Geschichtlichkeit, wie Heidegger das für das menschliche Dasein in Anspruch nimmt. Auch mag man sich fragen, was es
bedeutet, daß die menschliche Existenz ihrerseits durch ein Außer-
geschichtliches, Naturhaftes getragen ist. Wenn man den Bannkreis der
idealistischen Spekulation wirklich durchbrechen will, darf man offenbar die Seinsart des ‚Lebens' nicht vom Selbstbewußtsein aus denken.
Als Heidegger seine transzendentalphilosophische Selbstauffassung von
‚Sein und Zeit' zu revidieren unternahm, mußte ihm folgerichtigerweise
das Problem des Lebens neu in den Blick kommen. So hat er im
Humanismus-Brief von dem Abgrund gesprochen, der zwischen Mensch
und Tier klafft. Kein Zweifel, daß Heideggers eigene transzendentale
Grundlegung der Fundamentalontologie in der Analytik des Daseins
eine positive Entfaltung der Seinsart des Lebens noch nicht gestattet.
Hier liegen offene Fragen." (17a, S. 249)

Jedenfalls läßt das Beispiel Sartres sehr gut erkennen, daß die
abstrakte Trennung von existentia und essentia und die damit verbundene Eliminierung des ontologisch relevanten Allgemeinen nicht
zufällig Konsequenzen in der Richtung ziehen muß, die atheistisch
mit Gott (bei Hegel in diesem Zusammenhang immer wieder ausdrücklich als „Vorsehung" ins Treffen geführt) auch die Vernünftigkeit
des Wirklichen in einer Weise eliminieren muß, die für die Vernünftigkeit der Sprache von folgenreicher Bedeutung ist.

W. Anz schreibt mit Recht, daß das „„anfängliche Denken'
Heideggers eine eigene Weise der Kritik am vernünftig Allgemeinen"
ist. „Die mit unserem Sprechen hervorkommende Gleichzeitigkeit von
Anwesendem und Anwesen muß sich als das Ursprünglichere gegenüber der generalisierenden Vernunft erweisen." (1a, S. 312) Als ob
nicht auch schon die Sprache in ihrer Natur universalistisch wäre!
Seltsamerweise bewegt sich Heidegger hier in Bahnen, die eine gewisse

Verwandtschaft aufweisen mit dem Neopositivismus, dem die Eliminierung des Allgemeinen vielfach so viel Kopfzerbrechen macht.
W. Anz sieht sehr gut, wie der Denker der Zeit und des Zeitigens
die eigentümlich innerzeitlich und überzeitliche Weise des Anwesens
der Idee übersieht und dadurch zu einer Gegenüberstellung von
existentia und essentia kommt, in der in der Tat die Idee nur im Sinne
des logischen Geltens, als überzeitliche Vernünftigkeit, gedacht werden
kann: „Durch die zeitlose Vernunft fixiert, tritt, wie Heidegger meint,
ein ursprünglich Zusammengehöriges in zwei Begriffe auseinander,
die dann nachträglich wieder aufeinander bezogen werden. Essentia
ist das durch feste Merkmale bestimmte bleibende Wesen einer Sache
(essentia als realitas oder quidditas), unabhängig davon, ob sie in der
Wirklichkeit vorliegt oder nicht. Existentia ist das pure Daßsein, das
gegen jede inhaltliche Differenzierung des Wesens gleichgültig ist. Diese
begriffliche Unterscheidung verdeckt die ursprüngliche ontologische
Wahrheit beider Begriffe, derzufolge sie aufeinander bezogen sind in
der Weise, daß das eine gleichzeitig mit dem anderen hervorkommt.
Daß Seiendes *ist,* ist gleichzeitig, wie es ist; als was Seiendes sich
zeigt, ist gleichzeitig, daß es sich zeigt." (Ebd. S. 312) Es wäre — wie
ich meine — ohne besondere Schwierigkeiten aufzuzeigen, daß die
herausgestellte ursprüngliche ontologische Wahrheit Heideggers viel
platonischer ist als seine Plato-Interpretation. Die verfehlte Auffassung Heideggers hat über ihre irrationalistische Logosvergessenheit
hinaus folgende Konsequenz, nämlich: „Das von seinem zeitlichen
Ursprung isolierte εἶδος (essentia) führte das Denken zur Metaphysik
und entsprechend das Sagen zur Aussage. Die Aussage ist nur eine
Formalisierung des ursprünglich zeithaften Sprechens (in der Terminologie der existentialen Analytik: der Rede). Sobald wir sie existential
explizieren (transzendentale Reflexion hatte sich ja in existentiale
Explikation verwandelt), zeigt sich, daß auch ihre strenge Einlinigkeit
aus der Mehrdimensionalität des Wortes wesentlich nicht heraustreten
kann und daß es Willkür ist, in der philosophischen Untersuchung
der Sprache allein die einsinnig präzisierbare Form der Aussage oder
des Urteils gelten zu lassen. Philosophische Erörterung ist nicht wissenschaftliche Methode." (Ebd. S. 314) Die Folge davon ist die Nähe
des philosophischen Denkens zur Kunst, die Heideggers Sprachphilosophie in einer bestimmten Epoche seines Philosophierens kennzeichnet. Sie, „besonders die Dichtung, erhält bei Heidegger einen
in der Philosophie ungewohnten Rang" (ebd. S. 315). Wir kommen

damit noch einmal auf die zusammenfassende Stellungnahme W. Anz'
zu Heidegger zurück, die jetzt wohl besser verständlich und in
ihrer Berechtigung ersichtlich ist. Anz schreibt: „Eine kritische Auseinandersetzung mit Heidegger müßte vor allem fragen, ob der
Anspruch zu Recht besteht, die Phänomenologie in ihre von ihr selbst
geforderte Konsequenz gebracht zu haben. Heidegger hat das Gedachte
der Griechen griechischer denken wollen, indem er in allem vernünftig
Gedachten die temporale Implikation hervorhob und Wahrheit als
Geschehen von Unverborgenheit in der Zeit aufwies. Er hat darin
der Sprache ihre wesentliche Stellung zurückgegeben. Zu fragen bleibt,
ob er durch die Schärfe der Gegenstellung von Zeitigung und Vernunft
(Vernunft als solche gedacht, die sich zum ontologischen Prinzip
schlechthin emporsteigert und das ursprüngliche Denken in Metaphysik
verkehrt hat) das Moment der Vernunft in unserem Sprechen nicht
über Gebühr zurückgedrängt hat. Auch das anfängliche Denken muß
einheitlich Geschehenes zusammennehmen und als solches sehen lassen.
Es spricht selbst in Aussagesätzen und gewinnt dadurch Übereinstimmung und Folgerichtigkeit in sich selbst. Als fragendes Denken
bleibt es ausgesetzt dem, von dem her fragende Annäherung möglich
ist; aber ohne den einigenden Hinblick könnte es weder sich selbst in
seinem Vollzuge erfassen noch sein Geschehenes gegenwärtig halten.
Diese Vernünftigkeit mag ‚die Anmaßung des Unbedingten' hinter
sich gelassen haben und im Wissen um ihre innere Bedingtheit selbst
geschichtlich geworden sein, doch bleibt sie in allem Wandel das Vermögen zu gedachter Einheit und insofern auch Allgemeinheit. Die
Frage bleibt, ob im Verhältnis zum ursprünglichen Geschehen solche
Verallgemeinerung ein Mangel ist oder die positive Bedingung dafür,
daß es zusammenhängend mitgeteilt werden kann, und ohne die
das anfängliche Denken Heideggers nicht die Philosophie wäre, die
es ist." (Ebd. S. 317 f.)

13. MENSCH UND TIER, TIERSPRACHE

In seiner Ästhetik (Werke, Glockner XII S. 120) hat Hegel einen Satz formuliert, der uns, obwohl er nicht direkt von der Sprache spricht, rasch in das Zentrum der Problematik der Sprachphilosophie führen kann, die mit dem Thema „Mensch und Tier" zu tun hat: „Der Mensch ist Tier, doch selbst in seinen tierischen Funktionen bleibt er nicht als in einem Ansich stehen, wie das Tier, sondern wird ihrer bewußt, erkennt sie und erhebt sie, wie z. B. den Prozeß der Verdauung, zu selbstbewußter Wissenschaft. Dadurch löst der Mensch die Schranke seiner ansichseyenden Unmittelbarkeit auf, so daß er deshalb gerade, weil er weiß, daß er Tier ist, aufhört Tier zu sein, und sich das Wissen seiner als Geist gibt." Nun hat schon Aristoteles auf seine Art gewußt, daß diese Überwindung der Schranke seines unmittelbaren Daseins durch den Menschen nur durch die Sprache möglich ist, also in der Sprachlichkeit des Menschen fundiert ist. Diese hat also durchaus mit der besonderen Stellung des Menschen, der besonderen Weise seines In-der-Welt-Seins zu tun. Die Welt ist für den Menschen als Menschen immer schon in der Sprache vermittelt. Schon Herder hat an dieser Stelle den Schlüssel zu dem gesehen, was Humanität als spezifische Verfassung des Geschöpfes Mensch, zugleich freilich eine Aufgabe seiner spezifischen Selbstverwirklichung ist. Mag auch in so gut wie allen Einzelfunktionen nur ein gradueller Unterschied zwischen Mensch und Tier festzustellen sein, so ist doch in der Tat für dieses sich in Sprachlichkeit als Tier wissende Tier eine grundsätzlich andere Art des In-der-Welt-Seins in Erscheinung getreten.

In der ganzen abendländischen Tradition der Philosophie wurde von den großen Denkern in der Wendung, die den Menschen als „animal rationale" bestimmt, das Wort „rationale" nicht als ein Prädikat wie andere auch, sondern von der Vermittlung her verstanden. Von Aristoteles an ist es jedenfalls nachweisbar, daß in der Wendung des „Logos-habenden Tieres" (ζῷον λόγον ἔχον) Geistigkeit und Sprachlichkeit in der Weise zusammen gedacht sind, daß sie auf das Subjekt zielen, das die Vermittlung ist und diese nicht außer sich hat, bzw. daß die so verstandene Sprachlichkeit, das spezifische

In-der-Welt-Sein des Menschen im Unterschied zu allen übrigen Geschöpfen aussagt. Wir können hier ruhig von der Einsicht in die transzendentale Differenz in unserer gesamten Tradition sprechen. Diese steht in deutlichem Gegensatz zu jedem Naturalismus mit philosophischem Anspruch, in dem jenes Prädikat „rationale" — wie grundsätzlich in jeder bloß empirischen Betrachtungsweise — zu einem Prädikat wie andere auch wird.

Auch in den einzelwissenschaftlichen Forschungen der Gegenwart bestätigt sich indirekt unsere Einsicht in die transzendentale Differenz. Auch nach diesen Forschungen nämlich kommt Sprechen im eigentlichen Sinne nur dem Menschen zu, obwohl wir heute in die Kommunikationssysteme von Tieren (z. B. der Bienen, die Aristoteles ebenfalls schon erwähnt) über ganz andere Einblicke verfügen als die Griechen. Eine zusammenfassende Darstellung der Probleme der Tiersprache findet man bei F. Kainz ›Die „Sprache" der Tiere‹ (43, vgl. 138). Auch Kainz kommt zu dem Resultat, daß alle Befunde dafür sprechen, daß Sprache nur dem Menschen im Vollsinn des Wortes zukommt, die sich im Rahmen seiner Anlagen auch insofern von den mit den Tieren gemeinsamen Potenzen, z. B. von der Wahrnehmung, dadurch unterscheidet, daß sie eine „Superstruktur" darstellt, die sich nicht im Rahmen der natürlichen Entwicklung und des natürlichen Wachstums des menschlichen Organismus, sondern nur in der menschlichen Sprachgemeinschaft herausbildet. Sie ermöglicht das, was in der Tradition vielfach als die zweite Natur des Menschen seiner ersten Natur gegenübergestellt wird. In ihrem Sinn geht eben der Mensch nicht in der unmittelbaren zeit- und sprachlosen Gegenwart unreflektierter Lebensvollzüge auf, sondern gibt sich — diese Unmittelbarkeit immer schon distanziert habend — ein Wissen von sich selbst in der Welt und im zeitlichen Aspekt Vergangenheit. Sprachlichkeit erweist sich auf diese Art als Voraussetzung der spezifischen Geschichtlichkeit des Menschen, in deren Rahmen er sich über die natürliche Unmittelbarkeit hinaus einen Bereich geistiger Gemeinschaft in Erziehung und Tradition schafft. Er steht also in der zweiten Natur als Vermittlung zugleich in der „aus ihm selbst hervorgebrachten Welt als Geist" (Hegel, Werke, Glockner VII S. 50). Doch ist der Mensch nur als Subjekt, das die Vermittlung ist, Mensch oder er ist überhaupt nicht. Auf diese Einsicht zielt Herders schon erwähnter Satz: „Schon als Tier hat der Mensch Sprache." Der Mensch ist eben nicht aus zwei Naturen zusammengesetzt, vielmehr macht es seine Natur aus, daß er als

Mensch im Gesamtraum seines spezifischen In-der-Welt-Seins nur von der zweiten Natur her begreiflich ist.

Aristoteles zeigt diese Tatsache im ersten Kapitel seiner ›Metaphysik‹ schon am Begriff der Erfahrung auf. Das nämlich, was im spezifischen Sinn menschliche Erfahrung (ἐμπειρία) genannt wird, ist nur unter der Voraussetzung eines durch die Sprache ermöglichten Lernens denkbar. Im Sinne einer bestimmten anschaulichen Orientiertheit kommt auch Tieren Erfahrung zu, nicht aber diejenige, die Aristoteles durch die Kunst (τέχνη) und durch begriffliches Denken (λογισμός) gekennzeichnet sein läßt. Unter Kunst ist hier nicht die ästhetische Kunst im Sinne unseres heutigen Sprachgebrauchs zu verstehen. Das Wort hat bei Aristoteles vielmehr eine sehr allgemeine Bedeutung, etwa in der Richtung, in der wir in unserem Sprachgebrauch das Wort „künstlich" weit über den Bereich der ästhetischen Kunst hinaus verwenden. Dieser weitere Wortgebrauch hat nun durchaus mit unserer Einsicht in das Wesen des Menschen als Sprachwesen zu tun. Zuletzt weist er auf den schon erwähnten (S. 53 ff.) generellen Unterschied in allem Seienden hin, je nachdem dieses von Natur aus oder nur durch den Menschen (von ihm künstlich hervorgebracht) vorhanden ist. In diesem Sinn nun entspricht die Künstlichkeit durchaus der Sprachlichkeit des Menschen und gehört mit zu seiner Wesensbestimmung. Wiederum ist es Herder gewesen, der in diesem weiten Sinn den Menschen als ein Geschöpf der Kunst bestimmt hat. In der Wendung „Geschöpf der Kunst" kann der Mensch ebenso als genetivus subjectivus wie als genetivus objectivus verstanden werden. In letzterer Hinsicht ist er sich selbst ein Gegenstand künstlicher Veränderung in einem weiten Bereich, der etwa von dem kosmetischen Nachhelfen der Natur bis zur Manipulation dieser Natur (etwa auf der Grundlage der modernen Genetik) reicht.

Bei alledem ist es klar, daß das Wort Kunst (τέχνη) bei Aristoteles auch nicht in dem Sinne verstanden werden darf, in dem wir heute von Technik reden, obwohl dieser Terminus natürlich auf das griechische Wort „Techne" zurückgeht. Der heutige Wortgebrauch setzt die Entwicklung neuzeitlicher Naturwissenschaft voraus, durch die erst Technik im heutigen Wortgebrauch, nämlich als „Anwendung" der Resultate dieser Wissenschaft auf die Praxis des Menschen ermöglicht wurde. (70 a)

Kunst im Sinne des Aristoteles als wesentliches Prädikat des animal rationale steht in einem deutlichen Bezug zu dem, was wir Allgemeines

oder auch Begriff nennen. Aristoteles schreibt in dem schon erwähnten
ersten Kapitel seiner ›Metaphysik‹ folgendes: „Kunst entsteht dann,
wenn sich aus vielen durch Erfahrung gewonnenen Gedanken eine
allgemeine Auffassung über Ähnliches bildet. Denn die Auffassung
zu haben, daß dem Kallias, der die und die Krankheit hatte, dieses
bestimmte Mittel geholfen habe, und ebenso dem Sokrates und vielen
anderen einzelnen Menschen: das ist Sache der Erfahrung. Die Auffassung aber zu haben, daß allen Menschen von der und der Beschaffenheit — indem man sie der Gestalt (εἶδος) nach abgrenzt — dieses bestimmte Mittel geholfen habe, als sie an der und der Krankheit litten
(z. B. allen, die an einer Entzündung, an der Galle oder an Fieber
erkrankt waren): das ist Sache der Kunst." Wir sehen an diesem
Beispiel, daß die nur von seiner Sprachlichkeit her mögliche menschliche Erfahrung als Kunst über die Unmittelbarkeit der jeweiligen
Einzelerfahrung und der ihr zugeordneten anschaulichen Orientiertheit
hinausreicht und über das Allgemeine, den Begriff einer Sache,
unabhängig von der jeweiligen Einzelerfahrung, Erkenntnis und
Praxis ermöglicht. (Vgl. 12. Kapitel)

Bedenken wir von hier aus noch einmal das Zitat Hegels von dem
sich als Tier wissenden Tier, das nicht Tier ist. Es ist bei der Interpretation dieses Zitats wichtig, die Einheit des Menschen als des sich
als Tier wissenden Nichttiers zu beachten. Es geht in dieser dialektischen Wendung nämlich nicht darum, daß der Mensch einerseits
als Organismus ein Tier, andererseits und darüber hinaus aber noch
Mensch und insofern kein Tier sei. Hegel hat gelegentlich das Wort
„insofern" in seiner typischen Funktion der Abspannung eines dialektischen Sachverhalts herausgestellt. In der Tat geht es hier um kein
„insofern", vielmehr ist das Tier Mensch gerade im Sichwissen als
Tier in einem kein Tier. Hegel bringt auf diese seine dialektische
Weise zum Ausdruck, was wir schon negativ formuliert haben, daß
nämlich in der Wendung „animal rationale" das Prädikat „rationale"
nicht wie andere Prädikate auch, sondern eben von der Vermittlung
her zu verstehen ist. An diesem dialektischen Angelpunkt formuliert
sich eben die Einsicht, daß es eine Tierart gibt, die sich im Unterschied
zu allen übrigen Tierarten als diese bestimmte Tierart weiß. Nur
deshalb hat sie auch einen Begriff von allen anderen Tierarten, die
sich in der Erfahrung darbieten: „Und der Mensch gab einem jeglichen
Vieh und Vogel unter dem Himmel und Tier auf dem Felde seinen
Namen." (Vgl. S. 53 f. und S. 75)

Alle diese Einsichten sind deshalb so wichtig, weil sie das in der Sprachlichkeit fundierte Wissen als einen grundsätzlichen Unterschied zwischen Tier und Mensch in Erscheinung treten lassen, der so bedeutsam für das spezifische In-der-Welt-Sein des Menschen ist, daß sich an ihm alle bloß graduellen Unterschiede zwischen tierischem und menschlichem Orientiertsein und den diesem jeweils zugeordneten Anlagen als sekundär erweisen; wiederum: schon als Tier hat der Mensch Sprache. Es gilt heute als ein sogenanntes „weltanschauliches" Problem, ob man zwischen Mensch und Tier (zwischen menschlichen und tierischen Fähigkeiten und Vorstellungen) einen grundsätzlichen (qualitativen) oder nur einen graduellen Unterschied ansetzt. Die vom dialektischen Materialismus her bekannte Formel, daß bei einem entsprechenden Anwachsen der Quantität des Unterschiedes ein qualitativer Sprung erfolge, führt in unserer Frage nicht weiter, da diese Formel allenfalls das Problem formuliert, aber keine bestimmten Kriterien seiner Auflösung angibt. „Weltanschauliche" Fragen haben überall dort, wo man noch durchaus sinnvoll unterscheiden und argumentieren kann, etwas Primitives und Affektives an sich. Dann reden die einen von der durch die Gegenhypothese in Frage gestellten Würde des Menschen, der als göttliches Ebenbild über aller sonstigen Kreatur stehe, während die anderen mit breitem Pathos die intellektuelle Redlichkeit und die wissenschaftliche Nüchternheit gegen die angebliche Emotionalität derartiger erbaulicher Bezüge ins Treffen führen. Auf beiderlei Weise ist in diesen Gegenüberstellungen so gut wie nichts gesagt. Gegen die eine Seite ist leicht jener Witz zu mobilisieren, dem zufolge ein Sohn zu seinem Vater sagt, daß wir alle von den Affen abstammen, und vom Vater die Antwort bekommt: „Du vielleicht, ich aber nicht." Die andere Seite sorgt besonders in populären Büchern und in den Massenmedien für eine unfreiwillige Komik, wenn sie auf Grund einiger sehr allgemeiner Kategorien die Tiere fast wieder zu Fabelwesen macht, in denen sich die menschlichen Verhaltensformen spiegeln, während ihre Tendenz doch gerade die umgekehrte ist.

Zunächst ist zu der Sache zu sagen, daß in einer rein biologischen (auch auf vergleichender Verhaltensforschung der Tiere aufgebauten) Betrachtung bei kritischer Haltung kein grundsätzlicher Unterschied zwischen Tier und Mensch angegeben werden kann, im übrigen wird man sich in solchen Betrachtungen und Vergleichen schon aus methodischen Gründen einen Rahmen abstecken, in dem jeweils bloß graduelle Differenzen bestimmt werden können. Allgemeiner ist zu sagen: die methodische Voraussetzung aller biologischen Forschung geht von dem Begriff des Organischen aus, ist also gerade in jenem Allgemeinen fundiert, das Mensch und Tier gemeinsam und durchaus in der Weise zukommt, daß insofern Mensch und Tier unter dieses Allgemeine subsumiert und von ihm her durch spezifische Differenzen unterschieden werden können. Alle in dieser Weise vom Organischen her jeweils angegebenen spezifischen Differenzen können nur Unterschiede innerhalb des vorgegebenen Allgemeinen (organisches Dasein) herausbringen. Innerhalb dieses Bereiches aber finden wir bei strenger Beschränkung auf die zugrundeliegende Methodik tatsächlich nur graduelle Unterschiede von Mensch und Tier. Sogar in Hinblick etwa auf Intelligenzleistungen. In dieser methodischen Einstellung kann in der Wendung „animal rationale" gar nichts anderes aufgefaßt werden als eine spezifische Differenz wie andere auch. Nur von dieser methodischen Voraussetzung her kann — wie wir schon gehört haben — Nietzsche (mit deutlicher weltanschaulicher Tendenz) den Intellekt des Menschen als seine Art von Raubtiergebiß bezeichnen und damit naive Gegner schockieren. Die eigentliche Situation des sich als Tier wissenden Nichttiers kommt in derartigen Betrachtungen überhaupt nicht in Sicht; diese dialektische Einheit ist überhaupt nicht in der Weise äußerer Beobachtung zu beschreiben, nämlich in der Weise, in der vergleichende Verhaltensforschung vorgehen kann und darf, wenn sie methodisch bei der Stange bleibt und nicht unkritisch weltanschauliche Ausflüge unternimmt.

In bestimmter methodischer Abstraktion einzelwissenschaftlichen Vorgehens (in unserem Falle auf der Grundlage des vorausgesetzten Allgemeinen „Organismus") läßt sich eben der Mensch grundsätzlich und notwendig nur im Sinn jener methodischen Abstraktion in Sicht bringen. In der Selbstanwendung muß daher z. B. auch schon der Zoologe, der menschliches Verhalten im Vergleich mit tierischem Verhalten thematisiert, gewissermaßen übersehen, daß er in der Tat mehr ist als ein Tier, weil nur er als Mensch sich und alle anderen Tiere als jeweils bestimmte Tierarten im Zusammenhang des „natürlichen Systems" der Organismen weiß und bestimmt. Wäre der Mensch (auch als Zoologe und Verhaltensforscher) nicht immer schon mehr als tierischer Organismus, dann hätte er ohnehin kein Problem in bezug auf sein Menschsein als Tier: freilich gäbe es dann überhaupt nur den natürlichen Lebensvollzug tierischen Daseins und nicht eine Wissenschaft davon, z. B. auch keine vergleichende Verhaltensforschung. Was immer der Mensch als Mensch ist (z. B. auch als Wissenschaft treibender Zoologe und Verhaltensforscher) sprengt den Begriff bloß unmittelbar sich vollziehenden organischen Lebens und zeigt, daß es bei dem „animal rationale" in bezug auf das Wort „rationale" um ein Prädikat geht, das im Rahmen biologischer Methoden nicht eigentlich Gegenstand werden kann. Im übrigen unterscheidet dieses Prädikat den Menschen von allen Tieren, d. h. nicht in der Weise abgestufter spezifischer Differenzen im Unterschied von Gattung und Art, wie es etwa die Wendung „homo sapiens" in bezug auf den Unterschied von Menschen und den übrigen Hominiden versucht. Freilich stellt uns das Wort „sapiens" trotzdem vor die gleiche Problematik wie das Wort „rationale". Wiederum ergibt sich: schon als Tier hat der Mensch Sprache.

Aus alldem ersehen wir, daß die philosophische Lehre vom Menschen mit Recht gegen eine bloß biologische Betrachtungsweise den grundsätzlichen, nicht nur den graduellen Unterschied zwischen Mensch und Tier betont. Am Ende hat Hegel doch recht, wenn er meint, es sei ein altes Vorurteil, daß der Mensch vom Tier durch das Denken (Sprache) unterschieden ist.

Wir dürfen daher bei aller Anerkennung der vergleichenden Verhaltensforschung niemals außer acht lassen, daß alle für Mensch und Tier gemeinsam verwendeten allgemeinen Begriffe nur „analoge" Begriffe sind, d. h. solche Allgemeinheiten, unter die menschliches und tierisches Verhalten gemeinsam nur dann subsumiert werden kann, wenn ich in der methodischen Abstraktion biologischer Forschung den Menschen immer schon auf die Unmittelbarkeit organischer Lebensvollzüge reduziert habe. Wir mußten diese Tatsache schon einsehen, als von der Tiersprache die Rede war. Man kann zwar bezüglich der Sprache bei genügend weit geführter Abstraktion („Kommunikationsmittel") von einer Mensch und Tier gemeinsam zukommenden Leistung sprechen. Betrachtet man die Dinge genauer, dann ergibt sich freilich, daß von eigentlicher Sprache bei Tieren nicht die Rede sein kann, weshalb die einschlägigen Wissenschaften von der Tiersprache nur in Anführungszeichen reden. Unter dem Allgemeinbegriff „biologisch bedeutsames Kommunikationsmittel" läßt sich Tier- und Menschensprache subsumieren; wird jedoch Sprache — wie es philosophisch gar nicht anders möglich ist — von Vermittlung her gedacht, dann ergibt sich sofort der jenen biologischen Allgemeinbegriff sprengende

Sinn von Sprache, um den es in bezug auf den Menschen geht. Der allgemeine Begriff Sprache erweist sich als fiktiv und gestattet nicht mehr, unter bestimmten methodischen Gesichtspunkten Mensch- und Tiersprache unter ein Allgemeines so zu subsumieren, daß damit das letzte Wort in der Sache gesprochen wäre.

Noch wichtiger sind diese kritischen Hinweise dann, wenn man den Übergang von gemeinsamen Lebensvollzügen bei Tier und Mensch auch auf moralischem Gebiet vollzieht. Moralisch handelt nur der Mensch, ganz einfach schon deshalb, weil moralisches Handeln nur als Selbstbestimmung aus Freiheit möglich ist, diese aber als Naturprozeß nicht gedacht werden kann. Hier wäre von dem alten „Königsberger Chinesen" Kant auch für unsere moderne Wissenschaft manches zu lernen. Auf Mensch und Tier in der moralischen Sphäre angewendete Begriffe können daher immer nur im Sinne jener „analogen" Allgemeinheiten interpretiert werden. Das gilt z. B. auch für die in unserer Gegenwart zum Modewort (und auch zur Modeausrede) gewordene „Aggressivität". Wenn auch die Natur Tiere mit Schutzvorrichtungen versehen hat, die verhindern, daß sich die Repräsentanten einer Art gegenseitig umbringen, dann geht es hier trotzdem nicht um moralische Fragen. An der biologischen Zweckmäßigkeit solcher Einrichtungen läßt sich nicht zweifeln. Doch sind derartige Einschränkungen und Ausschaltungen der natürlichen und in bestimmter Situation auch angebrachten Aggressivität nicht nach moralisch Gut und Böse zu bewerten. Das Raubtier steht moralisch nicht tiefer als das Beutetier — außer in moralisierenden Tierfabeln. Mit Recht hat schon Thomas von Aquin gesagt, daß in der Natur ein Tier vom anderen lebt. Deshalb wird übrigens ein Mensch nicht dadurch moralischer, daß er statt Tierfleisch nur pflanzliche Nahrung zu sich nimmt. Da jedenfalls alle die erwähnten Schutzvorrichtungen nicht auf Entscheidungen des „guten Willens" fundiert sind, sondern wie alle unmittelbaren Lebensvollzüge artgesetzlich ablaufen, kann im ganzen Tierreich von moralisch Gut und Böse nicht eigentlich die Rede sein. Umgekehrt wären Menschen nicht dadurch schon moralisch gut, daß sie solche natürlichen Schutzvorrichtungen besäßen. Ihre Aggressivität ist ein Gegenstand moralischer Bewertung dann und nur dann, wenn dieses Verhalten auf die Einheit spezifisch menschlicher Daseinsführung bezogen wird. Dann aber gilt es eben, sich in Zucht zu nehmen und Aggression nicht als tierischen Lebensablauf geschehen und auf untermenschliche Weise zur Macht kommen zu lassen. Kurz: sieht man nicht, daß der Begriff der Aggression nur ein analoger Begriff ist, dann verfällt man eben einer — scheinbar wissenschaftlich begründeten — Ideologie, einer „spéculation à la baisse" über den Menschen, die dadurch um kein Haar besser wird, daß sie sich ein wissenschaftliches Ansehen gibt. In einem Satz läßt sich das zur Moral Ausgeführte so sagen: Tiere sind nicht „gut", wenn ihre Aggressivität von Natur aus Grenzen hat, Menschen wären nicht gut, wenn ihre Aggressivität nur auf diese Weise Grenzen hätte.

Von der so verstandenen Einheit von Sprachlichkeit und Humanität her erweisen sich übrigens Auswüchse moderner Informationstheorie als in besonderer Weise unkritisch zu bezeichnende Irrwege bestimmter methodischer Abstraktion. In ihnen wird nämlich nicht nur der spezifische Unterschied von menschlicher und tierischer Sprache nivelliert, sondern darüber hinaus menschliche Sprache mit einem physikalischen Vorgang im Rahmen der Nachrichtentechnik gleichgesetzt, wobei die auf diese Weise bestimmte „Information" in erstaunlichem wissenschaftlichem Aberglauben gewissermaßen wieder zurückversprachlicht und zurückhumanisiert wird. An sich ist natürlich nicht das geringste dagegen zu sagen, wenn man ein wissenschaftliches Modell ausbildet, unter das physikalische, biologische und geistige „Abläufe" subsumierbar sind. Beachtet man jedoch dabei nicht das Abstraktionsniveau eines solchen Modells, dann gerät man notwendig in wissenschaftlichen Aberglauben. Begriffe wie „Information", „Sprache", „Bewußtsein" u. a. m. werden dann in der Tat auf das gleiche Abstraktionsniveau reduziert, womit alle Einsichten, daß es sich hier bei den doch kaum abzuleugnenden Unterschieden zwischen Maschine, Tier und Mensch nur um „analoge" Begriffe handeln kann, verlorengehen. Man spricht dann sehr unkritisch von dem „Bewußtsein" oder der „Intelligenz" von „Elektronengehirnen". Auch das logosartige „Bewußtsein" erscheint dann lediglich die notwendige Folge einer Systemkomplexität zu sein. Dann ist es zu dem Bewußtsein der Maschinen nicht mehr weit. Interessant ist nur die dahin führende Argumentation. Man meint nämlich, daß die Frage nach dem Bewußtsein der Maschinen an sich sinnlos sei, da doch fremdes Bewußtsein prinzipiell nicht feststellbar ist. Hier ist es freilich mindestens ebenso rätselhaft, wie man im Rahmen der methodischen Abstraktion der modernen Informationslehre das eigene Bewußtsein feststellen könnte. Davon abgesehen hat man bekanntlich den Versuch vorgeschlagen, eine statistisch hinreichende Zahl von Personen über zwei Kanäle mit einem Menschen und einer geeigneten Maschine in Verbindung zu bringen. Sobald nun allein aus dem Verhalten der beiden Kommunikationsinstanzen ein Unterschied nicht feststellbar sei, sei die Möglichkeit eines Bewußtseins der Maschine nicht mehr abzuweisen. Derartige Gedankengänge zeigen ganz ausgezeichnet, wie sich methodische Einstellungen in wissenschaftlichen Aberglauben verlieren, wenn es ihren Vertretern an der kritischen Schulung der Philosophie fehlt. Aus dem in vielfacher Hinsicht und jedenfalls von der Sprachlichkeit her falschen Satz, daß „fremdes Bewußtsein prinzipiell nicht feststellbar" sei, leitet man schließlich ab, daß es daher ohnehin überall, z. B. als Bewußtsein in der Maschine möglich gedacht werden kann, jedenfalls dann, wenn sich Maschinen und Menschen auf die gleiche Weise „benehmen". Dieses Benehmen ist freilich selbst wiederum durch die vorausgesetzte methodische Abstraktion von vornherein so festgelegt, daß es im Grunde gar nicht jenes Experimentes bedürfte, um zum gewünschten Resultat zu gelangen. Zuletzt ist es freilich schwer, den wissenschaftlichen Aberglauben des Maschinenzeitalters von animistischen Zuständen der frühen Menschheit zu unterscheiden, zumindest was das Niveau ihres intellektuellen „Verhaltens" betrifft.

Wie für Hegel und Nietzsche ergibt sich auch für Kainz der eigentümliche Charakter der Zeitlichkeit der Tiere als „impressionistische Augenblicks- und Gegenwartswesen" (43, S. 233 f.). „Die Zeit ist eine charakteristisch menschliche Anschauungsform a priori, für das Tier präsentiert sich die fundamentale Ordnungsform im Bereich des Nacheinander mit kennzeichnenden Beschränkungen und Änderungen. Für den Menschen ist die Zeit im vollen Sinne dreidimensional: er hat Vergangenheit, Zukunft und echte Gegenwart, wie schon aus dem experimentell gesicherten Begriff der psychischen Präsenzzeit hervorgeht ... Vergangene Erlebnisse sind für ihn nicht abgetan: er vermag sie bei gegebenem Anlaß erinnerungsmäßig zu reproduzieren, die Erinnerungsbilder mit den gegenwärtigen Wahrnehmungen zu vergleichen, Übereinstimmungen herauszulösen und gesondert zu beachten, Gleichförmigkeiten festzustellen und festzuhalten, wodurch dann echte Begriffe entstehen. Tiere dagegen sind impressionistische Augenblicks- und Gegenwartswesen; sie haben wenig erlebte Vergangenheit und Zukunft. Wenn auch manche Tiere triebhaft Nahrungsmittel aufstapeln (Bienen, Hamster, Kleiber) oder durch Nestbau und Höhlenausstattung Vorsorge für die kalte Jahreszeit treffen (Eichhörnchen, Murmeltier), so fehlt ihnen doch ein wirkliches, d. h. ein- und voraussichtiges Planen pro futuro." (Ebenda) Von diesen Einsichten her ergibt sich auch ein

Zusammenhang zwischen der eigentümlichen Zeitlichkeit der Tiere und ihrer Unfähigkeit, „echte Begriffe" zu bilden. Nach Kainz sind „höhere Abstraktionsleistungen nur auf Grund des den Tieren versagten theoretisch-entlasteten Verhaltens möglich. Was innerhalb seiner Umwelt für das Tier lebenswichtig ist, wird von ihm sofort erfaßt, ohne daß es bestimmter Ausgliederungsmittel sowie blicköffnender Akzentuierungs-, Reprimierungs- und Selektionsverfahren bedürfte. Was sich außerhalb derselben ereignet, wird entweder überhaupt nicht beachtet oder nur als unspezifische, undifferenzierte, unabgehobene und damit unprägnant-amorphe Vorgestalt erlebt. Das tierische Bewußtseinsleben verläuft nicht in den Bahnen voll ausgeführter gegenständlicher Auffassung und Deutung ..." (Ebd. S. 234) Ich unterscheide im Sinne dieser Tatbestände die unmittelbar anschauliche Orientiertheit des Tieres in seiner Umwelt von dem stets vermittelten und daher auch sprachlichen In-der-Welt-Sein des Menschen.

Von seinem Modell der sprachlichen Leistungen (S. 98 f.) korrigiert Kainz zunächst die gängige Auffassung, „die Tier‚sprache' dringe über Symptom und Signal nicht zum Symbol vor. Obwohl in erster Näherung richtig, bedarf diese These doch einer gewissen Einschränkung. Die tierischen Expressivlaute haben nämlich nicht nur eine soziale Appellwirkung, sondern enthalten auch sachliche Angaben und Informationen (über die Art einer Gefahr, Ergiebigkeit, Entfernung und Richtung einer Trachtquelle), außerdem sind gewisse Anfänge einer Symbolik den Tieren keineswegs verschlossen. Vor allem aber ist es so, daß der Unterschied, um den sich hier handelt, kein leistungs-, sondern ein wesensmäßiger ist. Die Äußerungen der Tiere sind keine darstellenden Zeichen, sondern Ausdruckslaute, die im Rahmen des sozialen Kontaktes als Appellsignale zu wirken und in bestimmten Einbettungen auch Verständigungsleistungen zu erbringen imstande sind." (Ebd. S. 172) Als Beispiel spricht Kainz vom Murmeltier und vom Rotwild. Bei dem ersten „genügt ein Pfiff, um das auszulösen, was in bestimmten Lagen an Reaktionen erforderlich ist: er sagt ‚Gefahr!' Über die Art derselben braucht er nichts mitzuteilen, denn es gibt nur eine Reaktion: die Flucht. Auch deren Ziel muß nicht angegeben werden, da es nur ein Refugium gibt: den Bau. Aber selbst, wo solche Eindeutigkeit nicht besteht, bedarf es noch keiner Information. Flüchtendes Rotwild folgt einfach dem die Richtung angebenden Leittier, sofern es sich nicht selbst den geeigneten Fluchtweg sucht. Der enge Rahmen der Situationen innerhalb des artspezifischen Biotops

bestimmt die Art des Verhaltens auch ohne genaue Mitteilung."
(Ebenda) Zum Unterschied von allen diesen Verhaltungsweisen ist es
für die Sprache des Menschen eben entscheidend, daß sie „ein Kultur-
werk ist, das einen geringen biologischen Fundamentalbestand reflex-
hafter und triebmäßiger Art durch intellektuell-rationale Schöpfungen,
die nicht als vererbter Instinktbesitz verfügbar sind, sondern tra-
ditionell weitergegeben werden und erlernt werden müssen, über-
formt" (ebd. S. 173). Schließlich ergibt sich für Kainz die Einsicht,
daß Tiere ein so hoch entwickeltes Kommunikationsverfahren wie die
Sprache „nicht nötig haben: weder die Vitalbedürfnisse innerhalb
ihrer Umwelt noch die Struktur ihrer biotopbedingten Sozietäten erfordern das. Ihre Kooperation ist mit instinktiv-triebhaften Kontakt-
mitteln zu steuern, der Instinkt aber versperrt den Weg zu Geist und
Kultur." (Ebd. S. 278) Wiederum (vgl. S. 42 ff.) ist von dem nur der
menschlichen Vollsprache „eignenden Freiheitsspielraum" die Rede.
In ihm kann die nämliche Kontaktleistung „mit verschiedenen Gebilden vollbracht werden, und die gleichen Gebilde können in den
Dienst verschiedener Leistungen treten. So kann etwa der Begriffs-
bedeutungsträger ,Gefahr' in verschiedene Äußerungszusammenhänge
eingebettet werden und dadurch allerhand Abschattungen erfahren;
er vermag ferner zu Kundgabe- und Auslösungsleistungen verwendet
zu werden, aber ebensogut auch zu theoretischen Konstatierungen und
Berichten ohne Appellintention, schließlich kann man ihn ernsthafter
und unernsthafter Weise (z. B. ironisch) gebrauchen. Dem Tier dagegen
steht das analoge Semantem — das es in seinem unendlich dürftigeren
Lexikon ebenfalls gibt — nur in einer Situation, zu einer Leistung,
zu einem einzigen Zweck zur Verfügung. Diese und andere Ver-
schiedenheiten schwerstwiegender Art tun zwingend dar, daß der
Terminus Sprache jedesmal etwas grundsätzlich anderes meint und
bedeutet, wenn er auf die Kommunikationsmittel der Tiere und die
Sprache des Menschen angewendet wird." (Ebd. S. 279) Kainz zeigt
im weiteren in seiner Zusammenfassung der Thematik (ebd. S. 279 bis
282) sehr schön, wie in allen Leistungsaspekten die „Tiersprache" auf
der Artgesetzlichkeit der in Frage stehenden Individuen beruht, auf
einer Gesetzlichkeit also, die niemals in den Freiheits-Spielraum eigentlicher Sprache zu gelangen vermag. Diese Tatsache gilt auch dort, wo
in Primitivformen von „Symbolik im Tierreich" (ebd. S. 204 ff.) die
Rede sein darf. Bei diesen Einsichten ist auch für Kainz „die Durchführung des im evolutionistisch-deszendenztheoretischen Forschungs-

aspekt beschlossenen Programms und die Erfüllung der darin enthaltenen Erwartungen in bezug auf das Problem des Ursprungs der Sprache unmöglich. Wie sie sich aus einem vorsprachlichen Zustand herausgebildet und in immer höher greifenden Entwicklungsschritten zu ihrer späteren Vollkommenheit ausgestaltet hat, läßt sich nicht zeigen, weil gerade der Erwerb des Wesentlichen und damit der entscheidende Schritt im Dunkel bleibt". (Ebd. S. 273) Diese grundsätzliche Einsicht schließt nicht aus, daß es (vergleichsweise) bei den Tieren „Annäherungsformen an den Begriff" gibt: „Ein stubenreiner Hund muß gewisse begriffsnahe Allgemeinvorstellungen von einem ‚Drinnen' haben, wo gewisse Dinge verpönt sind, und einem ‚Draußen', wo er das in jenem streng Verbotene tun darf und soll; denn sowohl unter dem ‚Drinnen' wie dem ‚Draußen' wird jeweils sehr Verschiedenes vereinigt. Dieses befaßt die Straßen, Parks usw. in sich, jenes dagegen sämtliche menschlichen Behausungen. Bemerkenswert ist dabei, daß der Hund in der anerzogenen Weise auch in einer fremden Wohnung das in der eigenen Verbotene unterläßt; es sind also keineswegs bloß die vertrauten Zimmer, die ihn zu seinem Verhalten bewegen. Da die fremden Räume nicht nur anders aussehen, sondern auch anders riechen — was bei der Dominanz des olfaktorischen Moments im hündischen Weltbild, seiner ‚Weltanriechung', sehr ins Gewicht fällt — bedarf es gar nicht geringer Abstraktionsleistungen des Hundes, um den Begriff des ‚Interieurs' wirksam zu erhalten. Darum leiden wohlerzogene Hunde bei Schiffsreisen zunächst auch alle Qualen, weil sie das ganze Schiff in den Allgemeinbegriff des ‚Drinnen' einbeziehen." (Ebd. S. 235 f.) Auch die Ansätze eines Werkzeugdenkens bei den Anthropoiden setzen einen bestimmten Grad an Abstraktionsleistung voraus. Bei alledem aber kommt es zu keiner „Loslösung von konkreten Problemsituationen ... diese Leistungshöhe des abstrahierenden Denkens und theoretischen Verhaltens ist dem Tier verschlossen. Es entbehrt eben nicht nur der Sprache, sondern auch der höheren Begriffe rein logischer Art sowie eines echten Denkens. Für alles das besitzt es nur unentwickelte und über eine bald erreichte Grenze nicht weiter entwickelbare Leistungsvorgestalten. Hat es eine Aufgabe zu lösen, bei der ein gewisses Maß von Überlegung benötigt wird, so ist ihm die Bewältigung dieser Aufgabe nur bei wahrnehmungsmäßigem Gegenwärtigsein des Problems möglich: es muß die Aufgabe vor sich sehen, weil sein ‚Denken' der Anschauungsstützen bedarf. Eben diese sind für das menschliche Denken entbehrlich, das spracherzogene Gehirn kann auf sie verzichten, zumal dann, wenn das Problem verbal formuliert und in sprachlicher Form gegenwärtig gehalten wird." (Ebd. S. 237)

Für unsere Auffassung besteht ein notwendiger Zusammenhang zwischen der Ausbildung von Sprache und derjenigen eigentlicher Begriffe im Rahmen der Sprachlichkeit der menschlichen Weltbegegnung. In bestimmter Richtung ist es daher überhaupt fraglich, wieweit man sinnvoll die auf ihre Art vollkommene, unmittelbar anschauliche Orientiertheit der Tiere auf das Welthaben des Menschen und die für dieses Welthaben notwendigen Leistungen beziehen soll. Vollzieht man in solchen Bezügen im Grund doch immer eine Versetzung der Tiere aus der Welt der Natur in diejenige der Kultur und damit in einen Raum, in dem sich Tiere in ihren unmittelbaren Lebensvollzügen überhaupt nicht bewegen, auch wenn ihnen in der Kulturlandschaft des Menschen und in der Domestikation diese ihnen unmittelbar unzugängliche Welt zum Schicksal wird. Zwar liegt es schon vom Ursprungsproblem der Sprache her nahe, auch im Rahmen biologischer Forschung einen Übergang von der tierischen Kommunikation zur menschlichen Sprache zu finden, obwohl es für eine sich kritisch verstehende Evolutionstheorie zuletzt gar nicht möglich ist, das hier vorliegende Problem im Rahmen ihres Abstraktionsverfahrens auch nur sinnvoll zu formulieren. Interessant bleibt bei alledem der universalistische Charakter der Umwelt der Tiere und der natürlichen Sprache (der sprachlich vermittelten Welt) des Menschen vor aller ausdrücklichen Reflexion auf die Sprache und aller bewußten bzw. methodisch bestimmten Begriffsbildung. Dieser Zusammenhang, der wegen der nicht zu eliminierenden transzendentalen Differenz zwischen unmittelbarem Lebensvollzug und sprachlich vermitteltem In-der-Welt-Sein nicht auf einen adäquaten Allgemeinbegriff gebracht werden kann, formuliert am besten die (dialektische) Problematik des Unterschiedes von Tier und Mensch, aber auch der Frage nach dem Menschen als der (leiblich) daseienden Vermittlung selbst. Da man nun ruhig mit Schelling den Menschen das umherwandelnde Problem der Philosophie nennen kann, zeigt sich hier die Tiefe der fundamentalphilosophischen Frage: „Was ist der Mensch?", über die man sich in allen einzelwissenschaftlichen Aspekten methodisch gelenkter Abstraktion bei einem einigermaßen kritischen Denken nicht hinwegzutäuschen vermag. Alle Reduktionsbasen im Sinne bestimmter einzelwissenschaftlicher Gegebenheiten erweisen sich von hier aus als fundamentalphilosophisch vorläufig und werden dann zu gefährlichen Ideologien, wenn sie den Menschen selbst motivieren. Die Frage nach der Sprache gehört mitten in diesen Zusammenhang des fundamentalphilosophischen Problems Mensch. Auch die in bezug auf sie gängigen, unkritischen und zuletzt naiven Reduktionstheorien stehen damit in einer ihnen häufig gar nicht bewußt gewordenen Verantwortlichkeit. In diesem Sinne verstehe ich das eigentliche Anliegen von B. Liebrucks und seine auch von der „Sittlichkeit" her bestimmte Identifizierung von Sprachlichkeit und Humanität.

Von hier aus sind die sich bei Liebrucks gegen Gehlens „konsequente Biologie" ergebenden Einwürfe verständlich. Man kann nämlich fragen, wieweit die Anthropologie Gehlens in der Tat als biologisch zu verstehen ist, wenn auch für ihn unbestritten der Satz Herders gilt, daß der Mensch schon als Tier Sprache hat, wodurch auch Gehlen gezwungen ist, den Unterschied von Tier und Mensch zuletzt von der Sprachlichkeit des Menschen her so zu verstehen, daß bei den an den Tieren in Analogie zum Menschen herausgestellten Leistungen interessant ist festzustellen, nicht was in diesem Vergleich Tiere tatsächlich erreichen, sondern worin sie in ihm versagen.

In seiner Anthropologie (18, S. 60 ff.) bezieht sich Gehlen unter der Überschrift ›Tier und Umwelt‹ ausdrücklich auf Herder, mit einem sprachlichen Pathos, das man von diesem Denker gar nicht gewohnt ist. Es heißt bei ihm (ebd. S. 79): „In Wahrheit hat Herder das geleistet, was jede philosophische Anthropologie zu leisten verpflichtet ist: die Intelligenz des Menschen im Zusammenhang seiner biologischen Situation, seiner Wahrnehmungs- und Bedürfnisstruktur zu sehen, d. h. ‚die gänzliche Bestimmung seiner denkenden Kräfte im Verhältnis seiner Sinnlichkeit und Triebe'. Die menschliche Intelligenz setzt eine andere morphologische Ausstattung, eine andere Bewegungsfähigkeit, andere Wahrnehmungsleistungen und andere Antriebe voraus, als sie die Tiere haben, eine ‚ganz verschiedenartige Richtung und Auswicklung aller Kräfte', und alle diese Merkmale stehen in wechselseitiger Abhängigkeit, d. h.: man braucht nur diese Urphänomene in klaren Worten nebeneinander zu stellen, und man versteht, was der Mensch ist. Die philosophische Anthropologie hat seit Herder keinen Schritt vorwärts getan, und es ist im Schema dieselbe Auffassung, die ich mit den Mitteln moderner Wissenschaften entwickeln will. Sie braucht auch keinen Schritt vorwärts zu tun, denn dies ist die Wahrheit." Da dieser Rückbezug speziell auf Herders Preisschrift über den Ursprung der

Sprache (1772) sich richtet, ergibt sich auch schon äußerlich der Bezug auf die Sprachlichkeit des Menschen im Zusammenhang des Unterschieds von Tier und Mensch. Für Gehlen ist es „bewundernswert, wie Herder hier die biologische Hilflosigkeit des Menschen, seine Weltoffenheit und die ‚Zerstreutheit seiner Begierden' in ihrem inneren Zusammenhang sieht, wie er dann auf die Frage der ‚Schadloshaltung' kommt und an dieser Stelle dann die Sprache (Vernunft, Besonnenheit) aus diesem neugefundenen ‚Charakter der Menschheit' ableitet, als ein ‚aus der Mitte dieser Mängel' entstehender Ersatz.

Man kann über das Verhältnis des Menschen zum Tier nichts Treffenderes sagen, als daß der Unterschied nicht ‚in Stufen, oder Zugabe von Kräften, sondern in einer ganz verschiedenartigen Richtung und Auswickelung aller Kräfte' liege, so daß also der Verstand des Menschen nicht seiner tierischen Organisation aufliegt, sondern: ‚Es ist die ganze Einrichtung aller menschlichen Kräfte; die ganze Haushaltung seiner sinnlichen und erkennenden, seiner erkennenden und wollenden Natur ... die bei den Menschen so Vernunft heißt, wie sie bei den Tieren Kunstfähigkeit wird: die bei ihm Freiheit heißt, und bei den Tieren Instinkt wird.' Die ‚ganze Haushaltung der Natur' schlägt also im Menschen eine neue Richtung ein." (Ebd. S. 78) Im Sinne dieser Einsichten formuliert Gehlen die „tiefere wissenschaftliche Aufgabe" seines Buches, die auch die Art seiner „biologischen Betrachtung des Menschen" bestimmt. Sie besteht „nicht darin, seine Physis mit der des Schimpansen zu vergleichen, sondern besteht in der Beantwortung der Frage: wie ist dieses mit jedem Tier wesentlich unvergleichbare Wesen lebensfähig?" (Ebd. S. 25) Schon das spezifische In-der-Welt-Sein dieses Wesens, „die Weltoffenheit ist, von daher gesehen, grundsätzlich eine Belastung. Der Mensch unterliegt einer durchaus untierischen Reizüberflutung, der ‚unzweckmäßigen' Fülle einströmender Eindrücke, die er also irgendwie zu bewältigen hat. Ihm steht nicht eine Umwelt instinktiv nahegebrachter Bedeutungsverleihung gegenüber, sondern eine Welt — richtig negativ ausgedrückt: ein Überraschungsfeld unvorhersehbarer Struktur, das erst in ‚Vorsicht' und ‚Vorsehung' durchgearbeitet, d. h. erfahren werden muß. Schon hier liegt eine Aufgabe physischer und lebenswichtiger Dringlichkeit: aus eigenen Mitteln und eigentätig muß der Mensch sich entlasten, d. h. die Mängelbedingungen seiner Existenz eigentätig in Chancen seiner Lebensfristung umarbeiten." (Ebenda) Die Sprache nun ist für Gehlen wohl die wesentlichste Entlastungsleistung des Menschen, auch wenn sie von ihm nicht für sich betrachtet wird, sondern — freilich in den Grenzen seiner biologischen Betrachtung — in den Gesamtraum menschlichen Weltumganges gestellt wird. Kainz (43, S. 228) formuliert im Anschluß an Gehlen treffend die Einsicht, „daß der Gegensatz zwischen tierischen Erbbeständen und menschlichen Lernbeständen ... nicht nur für Sprache und Ausdrucksmotorik gilt, sondern für die Gesamtheit der Bewegungen. Der menschliche Bewegungsapparat ist bei der Geburt und noch lange nachher unfertig. Tiere beherrschen nach kurzer Zeit ihre dann abgeschlossene Bewegungsskala, während die menschlichen Bewegungen ungleich mannigfaltiger sind und einen unerschöpflichen Kombinationsreichtum haben. Sie sind auf Selbststeuerung und unbegrenzt variable, kontrollierte Zuordnungen eingerichtet, nicht auf einen engen montierten Bereich beschränkt. Sie sind plastisch, auf bewußte Führung und Kontrolle angelegt, und deshalb bei der Geburt unfertig, weil sie von Grund auf durch selbstempfundene Bemühung verfügbar gemacht werden sollen." Daher interpretiert Kainz auch die Schimpansenversuche Köhlers durchaus in der Richtung der Auffassung Gehlens. (Ebenda, S. 237 f.) Diese besteht, wie gesagt, darin, daß es bei ihnen „noch belehrender ist, zu sehen, was diese Tiere *nicht* können, als was sie können." (18, S. 69) Gehlen belegt seine Auffassung durch eine Reihe interessanter Beispiele. (Ebenda S. 69 — S. 71 und S. 157 — S. 165) Es ergibt sich die Einsicht, „wie eng die Leistungen von Köhlers Schimpansen an den drastischen Umweltdruck im Jetzt gegebener Reize gebunden waren, wie nur der präsente Reiz die Lernvorgänge hervortrieb, und wie unfähig diese Tiere waren, einen Leistungserfolg als solchen, als sachlichen aufzubauen." (Ebenda S. 70) Von hier aus erweisen sich die Lerngrenzen auch der höchststehenden Tiere im Sinne einer „Artgemäßheit des Lernvorganges ... im Umkreis des lebensnotwendig schon Geübten, [und der] Eingrenzung von artbestimmter Gegenwartinteressen triebnaher Form". (Ebenda S. 70 f.) Diese Leistungsgrenzen nun „gelten für den Menschen grundsätzlich nicht. Wenn ein Flieger den Sturzflug lernt, so muß man entweder sagen, daß er sich außerhalb der natürlichen menschlichen Lebensbedingungen verhält, oder daß es für den Menschen ,natürliche' Lebensbedingungen im Sinne der Zuordnung Umwelt — Organspezialisierung — Organfunktion überhaupt nicht gibt. Die letztere These ist die weitere und richtigere." (Ebenda S. 71)

Der Unterschied von Mensch und Tier ist daher nach Gehlen keineswegs allein von dem Grad der Leistungen der Intelligenz her zu

bestimmen, sondern nur im Gesamtraum des unterschiedlichen Weltumganges einzusehen. Insofern ist für ihn die „„Unfreiheit' und Be-
nommenheit im Triebzwang" (ebenda S. 160) und der Mangel an
echter Motivation bei den Tieren aufschlußreich und eindrucksvoll.
Selbst wo sich „unter der drastischen Erfolgsnot . . . ein echter Moti-
vationsprozeß emportreibt", gelingt nicht „der Akt der Ablösung dieser Resultate vom ,Jetzt' und ihrer Setzung als selbständiges Ziel
neuer Wiederholungen. Köhler sagt, seine Affen hätten bei ihren
Schmierereien mit weißem Ton ,mit Interesse auf das Ergebnis geblickt'
— aber ich behaupte, man wird niemals beobachten, daß sie, am näch-
sten Tage vor diese Malereien geführt, nun beharrlich nach Ton suchen,
um weiterzumalen. Denn die Affen haben kein ,sachliches', d. h. von
dem Funktionswert der Dinge im unmittelbaren Triebinteresse unab-
hängiges Verhältnis zu ihnen, und ich zeigte, was entscheidend ist:
dies ist nicht ein Mangel an ,Intelligenz', sondern ein Mangel ihrer
Handlungsstruktur." (Ebd. S. 161)

Diese Einsicht bestimmt umgekehrt natürlich auch die Betrachtung
der Sprache in ihrer Entlastungsfunktion für den Menschen. Sie ist
von der Gesamthandlungsstruktur des Menschen und insofern auf seine
gesamte Motorik bezogen: „Es ist meine Überzeugung, daß ein tieferes
Verständnis der Sprachanfänge sich nur ergibt, wenn man die Sprache
genau im Zusammenhang der hier eben abgehandelten Leistungen betrachtet, also, kurz gesagt, innerhalb des Systems Auge — Hand. Bis
heute scheint mir alle Sprachphilosophie, vielleicht die von Noiré allein
ausgenommen, noch zu intellektualistisch zu sein: sie betrachtet immer
noch grundsätzlich Sprache vom ,Erkennen' her. Auch wo man das
nicht mehr tut, sondern die ,Darstellung' nur als eine ihrer Leistungen
(neben Kundgabe und Mitteilung) ansieht, übersieht man doch ein-
hellig die mototrische Seite der Sprache, die sie nun einmal hat. Von
dieser Seite gesehen, sind Sprachäußerungen in erster Linie Bewegungen wie alle anderen, und sie sind durchaus in andere Bewegungsarten
transformierbar, wovon die Taubstummenerziehung Gebrauch macht."
(Ebd. S. 201) Im einzelnen führt Gehlen seine Position in seiner Lehre
von den vier Sprachwurzeln (ebd. S. 201—221) aus. In ihrem Raum
bekommt das „menschliche Spiel" als Befreiung von der Unmittelbarkeit der Triebe wesentliche Bedeutung. Es wäre bei diesen und bei einer
Reihe teils schon zitierter Hinweise Gehlens nicht uninteressant, seine
Anthropologie einmal von einer früheren Epoche seines Denkens (etwa
zur Zeit seines Buches über das Freiheitsproblem) zu interpretieren.

Es ließe sich dann vielleicht an Gehlen selbst genauer zeigen, daß trotz seines biologischen Ansatzes für seinen Begriff des Menschen die (transzendentale) Vermittlung – und die Freiheitsproblematik – maßgebend geblieben ist. Zuletzt bleibt nämlich auch bei Gehlen der Zirkel von immer schon vorausgesetzter Sprachlichkeit des Menschen und ihrer biologisch genetischen Erklärung unaufgelöst. Gehlens Absage an die Dialektik (durchaus auch seines früheren Denkens) ist von hier aus erklärlich. Aber auch bei ihm setzen „die höheren Formen der Erfahrung Sprache voraus: also auch die systematisch variierten Handlungen, die in jede solche Erfahrung eingehen" (ebd. S. 229). Interpretiert man diesen Satz nicht biologisch, wie ihn Gehlen ohne Zweifel meint, sondern von der „Erfahrung" als primärer sprachlicher und immer schon vorausgesetzter Vermittlung her, dann läßt sich diese nicht im biologischen Rahmen erklären, womit sich ein Vorrang des transzendentalen Vermittlungsproblems Sprache vor ihrer Einordnung in die spezifische Handlungsstruktur des Menschen ergibt. Auch die Kritik an Gehlen, die sich bei Liebrucks findet, ist insofern an dem orientiert, was ich als „transzendentale Differenz" herausgestellt habe. Liebrucks wendet sich gegen Gehlens, die Philosophie eliminierende, konsequente Biologie in seinem anthropologischen Ansatz, dem er sich freilich in den vorhergehenden Gedankengängen gelegentlich selber angenähert hat. Trotzdem sind die Ausführungen gegen Gehlen äußerst treffsicher. Gehlen spricht nach Liebrucks „eine wissenschaftlich bezaubernde, philosophisch dagegen populäre Sprache. Darin spiegelt sich nur die Situation, in der Philosophie und Wissenschaft heute angekommen sind." (48, I S. 80)

Da auch nach Gehlen der Mensch sich zu sich selbst erhebt und nicht nur lebt, sondern sein Leben führt, kommt heraus, daß „der Mensch auf Grund seiner biologischen Natur keine nur biologische Natur sein kann" (ebd. S. 82). Liebrucks bestreitet zwar nicht die Fruchtbarkeit der Fragestellung bei Gehlen, wie nämlich der Mensch sich überhaupt als Mängelwesen am Leben erhalten könnte. „Diese Fragestellung schließt nicht ein, daß darin sein letztes Ziel gelegen habe. Die Fragestellung des Forschers muß nicht Motiv des Befragten sein." (Ebd. S. 90) Auf diese Weise kann Gehlen nicht dem gerecht werden, was „den Namen Geist" trägt. Von ihm „ist in dieser Anthropologie nicht die Rede, sondern immer von Befunden, wie z. B. der Palágyiischen Bewegungsphantasie. Von diesem ‚Geist' kann nur in der Reflexion über diese Reflexion gesprochen werden, wie wir bei Herder sahen, niemals jedoch in einer ersten Reflexion, die immer Nachahmung der Handlung bleibt, niemals die Sprache von ihr ist." (Ebd. S. 95) Prägnant heißt es: „Eine vom Begriff unabhängige biologische Welt, die vor dem Begriff daseiend angesehen werden muß, gibt es nur innerhalb dieses Begriffes." (Ebd. S. 109)

Schon deshalb verneint Liebrucks auch den Versuch, die Ursprungsfrage der Sprache als eine Entwicklung von Vorsprachlichem zu Sprachlichem zu fassen. Alles Vorsprachliche ist schon sprachlich. Diese Wendung ist freilich zweideutig: sie kann erstens besagen, daß alles, was immer auch der Sprache vorhergeht, selber nur über sprachliche Vermittlung für uns Gegenstand sein kann, sie kann aber auch in anthropologischer Wendung bedeuten, daß alles, was zum Wesen des Menschen gehört, immer schon im Zeichen seiner Sprachlichkeit steht. Liebrucks hält die beiden Sinnebenen nicht immer auseinander, doch geht es ihm zunächst offenbar um die zweite Problematik, und zwar im Anschluß an Herder, dessen Interpretation durch Gehlen er daher — wie wir schon gehört haben — ablehnt. Grundsätzlich kommt bei Liebrucks die von Gehlen ausgeschaltete Dialektik der Sprache als Vermittlung dadurch zum Ausdruck, daß für ihn die Vorordnung des Handlungsbegriffs vor die Sprachlichkeit des Menschen ein Irrtum ist. Gegen den Vorrang des Handelns bei Gehlen wird betont, daß es sich bei ihm um „spezialisierte Sprachlichkeit" handle, nicht aber um ein Abhängigkeitsverhältnis unter dem Vorrang des Handelns im Sinne eines bloß technischen Handelns: „Erst in unserem Zeitalter ist Handlung allein Technik." (Ebd. S. 167) Im Grunde schließt hier Liebrucks an Hegel an, der schon in den früheren Fragmenten seiner „theologischen Jugendschriften" von dem, was in theoretischer und nur angewandter praktischer Intention angesprochen werden kann, jene Wirklichkeit unterscheidet, die nur „dialogisch" (wie z. B. die Liebe, der Glaube, der Geist) zu denken sind. Wie dem jungen Hegel, geht es auch Liebrucks darum, zu jener Wirklichkeit vorzudringen, die wir weder in rein theoretischer Intention („Schrecken der Objektivität") noch in der bloß praktischen Anwendung des theoretisch Fixierten erreichen können. Über diese Differenz eines rein technischen Handelns ist die Sprachlichkeit des Menschen tatsächlich immer und ursprünglich schon hinaus: „Der Kardinalirrtum liegt schon im Prinzip jeder Handlung, das in der Notwendigkeit der Trennung von Plan (in der Seele) und Ausführung (in der Wirklichkeit) besteht. Die Bedingung der Möglichkeit der Sprache liegt in der durchsichtigen Aufgehobenheit dieser

Trennung. Als Sprechender ist der Mensch auf dem Wege zur Theoria. Allerdings einer Theorie, die alle Handlung als Moment in sich hat. Der Gegensatz von Theorie und Praxis, der einer Betrachtung der Welt und ihrer Veränderung, bleibt daher untersprachlich. Er kann auf beiden Seiten in Zukunft nur noch Unheil anrichten. Wir leben nicht mehr in so harmlosen Weltzuständen, daß wir uns solche metaphysische Dummheiten politisch auch nur einen Tag lang leisten können. Hierin liegt der Aufforderungscharakter des Nachdenkens über Sprache und Bewußtsein." (Ebd. S. 502)

Der im Sinne dieses Handelnsbegriffes „nur praktische" Mensch verfehlt nach Liebrucks notwendig auch den Sinn seiner „Institutionen". So ergibt sich eine Kritik Gehlens auch auf diesem Sektor seines Denkens: „Erst in dem Augenblick, in dem der Mensch sich als nur praktisches, d. h. jetzt technisch-praktisches Wesen versteht, entsprachlicht er sich. Damit zerschlägt er im Ansatz dieses Verständnisses alle Institutionen, bevor sie noch erscheinen. Die Institution der Institutionen, die Sprache, verstummt. An dieser Stelle stehen wir heute weltgeschichtlich. Es ist das kein nicht zu verstehendes Fatum, das über uns verhängt wäre, sondern der Prozeß, den wir zu denken versuchen!" (Ebd. S. 167) Weil aber Gehlen die Institutionen aus der Handlung verständlich zu machen sucht, (ebd. S. 132 ff.) hat er sich „in die Marschkolonnen eingereiht, die seit Feuerbach gegen die Dialektik angetreten sind". Da nun Handeln im Sinne menschlichen Handelns nur dort wirklich ist, wo es motiviert ist, kann tatsächlich nur im Rahmen der Sprachlichkeit des Menschen von Handeln die Rede sein, wie ich glaube freilich in einer Dialektik, in der es schwierig sein wird, linear Vorrangverhältnisse anzusetzen. Es neigen im gegenwärtigen Denken viele Philosophen mit Recht dazu, den Begriff der Praxis so zu fassen, daß eine Festlegung auf den technischen Handelnsbegriff vermieden wird.

14. AUSBLICK

„Die Sprache ist die höchste Macht unter den Menschen. — Adam, heißt es, gab allen Dingen (Thieren) ihren Namen. — Die Sprache ist die Ertödtung der sinnlichen Welt in ihrem unmittelbaren Dasein, das Aufgehobenwerden derselben zu einem Dasein, welches ein Aufruf ist, der in allen vorstellenden Wesen widerklingt." (Hegel, Werke, Glockner, III S. 211) Mit den ersten Worten, die er spricht, stellt der Mensch „Welt" ebenso „heraus" (in das Licht der „Schöpfung" und in den „Aufruf" verstehenden und antwortenden „Widerhalls") wie in Frage (die unmittelbare „Wirklichkeitsgewißheit" ungeteilten Daseinsvollzugs weicht dem expliziten, aber auch der Zweifelsmöglichkeit offenen „Gegenstandsbewußtsein"), und nur der Umstand, daß er gewöhnlich in der Sprache so unmittelbar lebt wie in den „Dingen", verbirgt ihm diese grundsätzliche Fraglichkeit seiner Art Dasein, die sein Schicksal ist, noch bevor eigentliche Reflexion und mit ihr auch das philosophische Denken einsetzt.

Eine Rückkehr in das vorsprachliche Dasein des verlorenen Paradieses gibt es nicht. Gerade deshalb ist und bleibt das höchste Interesse des Menschen der Mensch selbst. Die Unsterblichkeit der Philosophie hat ihre Wurzel darin, daß sie zuletzt nichts anderes ist als die denkende Bemühung um die Frage: „Was ist der Mensch?" In der abendländischen Tradition hat sie darauf zwei grundsätzliche Antworten gegeben, die als die Überlieferung des Aristotelismus und diejenige der neuzeitlichen Transzendentalphilosophie in die Geschichte getreten sind. (30 § 1) In ähnlicher Weise kennt auch E. Fink (95, S. 31 f.) „zwei fundamentale Positionen" des abendländischen Denkens: Die aus der antiken Metaphysik sich entwickelnde Position betrachtet den Menschen primär im Rahmen „der kosmischen Ordnung", in die er sich „eingeordnet weiß". In der neuzeitlichen Philosophie wird ein „neues Motiv" geschichtsmächtig: „Das Denken und Wissen wird nicht mehr unbedacht in das allgemeine Sein der Dinge mit einbezogen ... [eine] entscheidende Zäsur wird aufgerissen zwischen Subjekt und Objekt." Mit Kant gelangt diese Entwicklung zu methodischem Selbstbewußtsein, und zwar durch die Unterscheidung von „transzendentalem Ich" und „empirischem Ich". Kant spricht in dieser Hinsicht immer wieder von einem „zweifachen Ich". Das Denken erkennt, daß in der Voraussetzungsproblematik der Philosophie notwendig das zu berücksichtigen ist, was wir „transzendentale Differenz" (4. Kapitel) genannt haben.

Diese Einsicht ist nicht rückgängig zu machen. Doch gerät dadurch der neuzeitliche Transzendentalismus im Rahmen der „philosophia perennis" in eine Aporie, die gerade deshalb besonders interessant ist, weil sie — freilich mit umgekehrtem Akzent — auch diejenige der aristotelischen Tradition ist.

Die neuzeitliche Aporie besteht darin, daß es von dem zweifachen Ich Kants her zu einer Gegenüberstellung von „transzendentalem Bewußtsein" (Vorrang der Vermittlung vor dem Seienden) und „Leib" (Vorrang des Seienden vor der Vermittlung) kommt. Feuerbach gibt für diese Problematik — freilich schon in der Richtung auf die naturalistische Auflösung des Problems hin — eine von dieser Auflösung unabhängige, brauchbare Formulierung. Er sagt: „Allerdings ist das Bewußtsein das erste; aber es ist nur das erste für mich, nicht das erste an sich. Im Sinne meines Bewußtseins bin ich, weil ich bewußt bin, aber im Sinne meines Leibes bin ich bewußt, weil ich bin." (Werke, Bolin — Jodl IV S. 201)

Die naturalistische Auflösung der Problematik unterbietet das mit Kant erreichte Problemniveau der europäischen Philosophie. Die zum Bewußtsein gekommene Voraussetzungsproblematik der Philosophie gestattet es nicht, die „transzendentale Differenz" auszuschalten; auch wäre an sich gegen den Vorrang der Vermittlung nichts einzuwenden, wenn er nicht das Dilemma zur Folge hätte, daß das leiblose transzendentale Ich nicht als wirklich gedacht werden kann. Es wird dadurch zu einer erkenntnistheoretischen Fiktion. Der wirkliche Mensch aber wird sich als „daseiende Transzendentalität" zum Problem.

Andererseits ist es im Aristotelismus nie gelungen, die „Seele" als Lebensprinzip (forma corporis) mit der Seele als geistigem Prinzip der Vermittlung (forma formarum) zusammenzudenken. Von Aristoteles selbst an kommt in der von ihm gestifteten Tradition der Geist „von außen" in den Leib. Dadurch wird im Rahmen der primär von der Natur (Physis) ausgehenden Position die Naturalisierung bzw. Materialisierung der Vermittlung (des Geistes) vermieden. Trotzdem bleibt auf diese Weise der Geist im Aristotelismus dem Leib so äußerlich wie in umgekehrter Akzentuierung im neuzeitlichen Denken das transzendentale Ich.

In dieser perennen Aporie des abendländischen Denkens hat die als fundamental bedeutsam begriffene Sprachphilosophie ihren eigentlichen Ort. Um sie ging es in ihrer neuzeitlichen Ausprägung, z. B. in dem Gespräch zwischen Hamann und Kant, um sie geht es in allen Bemühungen der Sprachphilosophie, die wir — im Anschluß an Wilhelm v. Humboldt — vorgestellt haben. Abweichend von vielen modernen Autoren bin ich freilich der Ansicht, daß auch der Aristotelismus in viel stärkerem Maße der Sprachlichkeit des Menschen verpflichtet gewesen ist, als man gewöhnlich annimmt. Ich meine, daß schon Platos Anamnesis-Lehre und seine Ideenlehre in diesem Aspekt betrachtet und gewürdigt werden müssen. In dem Kapitel über das Universalienproblem wurden auch in dieser Einführung einige hierher gehörende Gedankengänge entwickelt. Die „Bilderreden von der Präexistenz des Menschen", wie sie sich in Platos Anamnesis-Lehre finden, meinen nichts anderes als seine (des Menschen) „weltbezogene Außerweltlichkeit" (96, S. 332). Das besagt für unsere Zusammenhänge folgendes: das In-der-Welt-Sein des Menschen, seine Weltorientiertheit, ist nicht diejenige des Aufgehens in der Unmittelbarkeit des Anschaulichen. Diese unmittelbar anschauliche Welt als Inbegriff alles individuell in Raum und Zeit Erscheinenden ist überhaupt nicht „gegeben". Denn, wo sie als solche, wie in der untermenschlichen Orientiertheit, wirklich ist, besteht gar kein Problem von Anschauung und Begriff, von Einzelnem und Allgemeinem; wo aber diese anschauliche Welt des Individuellen als solche „bestimmt" ist, da ist immer schon das Allgemeine mit zum Zuge gekommen. Die anschauliche Welt des Individuellen ist über die „Idee" vermittelt, die wir aus ihr (jener anschaulichen Welt als solcher) niemals zu gewinnen vermöchten. Wir bringen dieses „Allgemeine" anamnestisch, d. h. von der anschaulichen Unmittelbarkeit und ihren Abläufen her unerklärbar, immer schon mit, wenn wir unsere Art des Orientiertseins in der Welt vollziehen. Diese Orientiertheit wäre freilich keine Orientiertheit in der Welt, analog der Orientiertheit aller übrigen Geschöpfe, hätte das, was wir zum Orientiertsein in ihr immer schon mitbringen, keinen Bezug auf diese anschauliche Welt des Individuellen. Wir könnten in ihr nicht orientiert sein, wäre sie nicht „affin" auf die „Idee", wäre die „Idee" nicht das „Wesen" der Welt. Wir sehen jetzt, welche Funktion das Allgemeine der Anamnesis in der Fundamentalproblematik von Sein und Erkennen einnimmt. Es handelt sich im Universalienproblem eben tatsächlich nicht darum, in der sozusagen schon fertigen Welt einander (real) Einzelnes und (abstrakt) Allgemeines gegenüberzustellen, sondern darum, in der Vereinigung von anschaulichem Einzelnen und „Idee" (in der Anamnesis) erst jene Weltorientiertheit und in ihr jene Welt zu konstituieren, in der es anschauliches Einzelnes als bestimmtes Individuelles geben kann und gibt. Die „Idee" kann daher der Erscheinungswelt überhaupt nicht äußerlich in der Weise des Außereinander erscheinender Dinge gegenübergestellt werden. Vielmehr hat sie, neuzeitlich gesprochen, immer schon einen Bezug zur „ursprünglichen Synthesis" (Kant) von Erkennen und Sein. Im Zeichen der „Idee" ist beides nicht voneinander zu trennen. Nur die das „Wesen" der Welt des anschaulichen Individuellen „formierende" Idee ist wahrhafte „Idee", alle anderen sogenannten Ideen sind tatsächlich *nur* Gedachtes im Gegensatz zum *nicht* nur „Gedachten". Das ist übrigens der Sinn jener Wendung, die besagt, daß wahrhafte Erkenntnis in der „adaequatio intellectus et rei" zum Ausdruck kommt. Wir stehen in dieser „Wahrheit" zuletzt immer schon zumindest in einem solchen Maße der Adaequation, als wir in dieser Welt existieren. Jene Adaequation stellt also nur die auf den Begriff der Wahrheit hin formulierte andere Seite jenes „ontologischen" Satzes dar, daß nämlich der Welt eine gewisse Ordnung und „Harmonie" schon insofern nicht abgesprochen werden kann, als wir in ihr existieren können, auch wenn wir uns von ihr distanzieren. Kurz gesagt: erkennendes, über den „Begriff" orientiertes Dasein in der Welt ist als existierend immer schon eine „Synthese" von Sein und „Wahrheit", Einzelnem und Allgemeinem. Als erscheinende „Bewegung" (Physis) in der Welt selbst ist diese Synthesis die Sprache. Zuletzt haben die Antike und der gesamte Aristotelismus ebenso wie die Neuzeit mit ihrer systematischen Transzendentalphilosophie die „daseiende Vermittlung" Mensch von seiner Sprachlichkeit her gedacht.

LITERATURVERZEICHNIS

I.

1. →Apel, K. O., Die Idee der Sprache in der Tradition des Humanismus von Dante bis Vico (Archiv f. Begriffsgeschichte Bd. 8), 1963.

1a. Anz, W., Die Stellung der Sprache bei Heidegger, in: Heidegger, hg. v. O. Pöggeler (Neue Wissenschaftliche Bibliothek, Philosophie), 1969.

1b. Anzenbacher, A., Die Philosophie Martin Bubers, 1965.

2. Arens, H., Sprachwissenschaft, Der Gang ihrer Entwicklung von der Antike bis zur Gegenwart. (Reihe: Orbis academicus, Problemgeschichten der Wissenschaft in Dokumenten und Darstellungen), 1955.

2a. Barth, H., Erkenntnis und Existenz, 1965.

3. →Bodammer, Th., Hegels Deutung der Sprache, Interpretationen zu Hegels Äußerungen über die Sprache, 1969.

4. Buber, M., Ich und Du, 1936.

5. Buber, M., Werke, Bd. 1, 1962.

6. →Bühler, K., Sprachtheorie, Die Darstellungsfunktionen der Sprache, [1]1934, [2]1965.

7. →Cassirer, E., Philosophie der symbolischen Formen, 3 Bde., 1923, 1925, 1929.

8. Cassirer, E., Die Bedeutung des Sprachproblems für die Entstehung der neueren Philosophie, in: Festschrift Meinhof, 1927.

9. →Cohn, J., Theorie der Dialektik, [1]1923, [2]1969.

9a. Coseriu, E., Teoria del lenguaja y linguistica generel, [2]1967.

10. Derbolav, J., Platons „Kratylos" und das Problem der Sprachrichtigkeit (in: Mewaldt-Festschrift, ungedruckt), 1951.

11. Derbolav, J., Der Dialog „Kratylos" im Rahmen der platonischen Sprach- und Erkenntnisphilosophie, 1953.

12. Derbolav, J., Hegel und die Sprache, Ein Beitrag zur Standortbestimmung der Sprachphilosophie im Systemdenken des deutschen Idealismus, in: Sprache, Schlüssel zur Welt, Festschrift f. L. Weisgerber, 1959.

13. Derbolav, J., Das Problem des Metasprachlichen in Platons „Kratylos", in: Lebendiger Realismus, 1962.

14. Ebner, F., Schriften, 3 Bde., hg. v. F. Seyr, 1963—1965.

14a. Fahrenbach, H., Positionen und Probleme gegenwärtiger Philosophie, Teil II, Philosophie der Sprache, 1. Abschnitt, in: Theologische Rundschau, 35. Jahrg., Heft 4, Dez. 1970.

15. →Fiesel, E., Die Sprachphilosophie der deutschen Romantik, 1927.

15a. Freundlich, R., Sprachtheorie, 1970.

16. Fritz, K. v., Philosophie und sprachlicher Ausdruck bei Demokrit, Plato und Aristoteles, o. J. (1938).

17. Funke, O., Studien zur Geschichte der Sprachphilosophie, 1927.

17a. →Gadamer, H.-G., Wahrheit und Methode, [1]1960, [2]1965.

18. Gehlen, A., Der Mensch, [1]1940, [8]1966.

19. Gratry, A., Was ist die Seele (Stifterbibl. Bd. 26), 1953.

20. Grenzmann, W., G. Ch. Lichtenberg, 1939.

21. Gründer, K., Figur und Geschichte, J. G. Hamanns „Biblische Betrachtungen" als Ansatz einer Geschichtsphilosophie, 1958.

22. Gründer, K., Langage et Histoire, Perspectives de la « Metacritique sur le Purisme de la Raison » de J. G. Hamann, in: Archives de Philosophie, Juillet-Decembre 1961.

23. Hamann, J. G., Sämtliche Werke, Historisch-kritische Ausgabe von J. Nadler, 6 Bde., 1949—1957.

24. Hamann, J. G., Briefwechsel, hg. von Walther Ziesemer und Arthur Henkel, 5 Bde., 1955—1965.

25. →Hamann, J. G., Schriften zur Sprache, hg. v. J. Simon (Reihe: Theorie 1), 1967.

26. Hankamer, P., Die Sprache, ihr Begriff und ihre Deutung im 16. und 17. Jahrhundert, 1927.

27. Heidegger, M., Unterwegs zur Sprache, 1959.

28. Heintel, E., Sprachphilosophie, in: Deutsche Philologie im Aufriß, Bd. 1, [1]1952, [2]1957, Neudruck der 2. Auflage 1966.

29. Heintel, E., Herder und die Sprache, Vorrede und Einleitung zu: J. G. Herders Sprachphilosophische Schriften (Philosophische Bibliothek 248), [1]1960, [2]1964.

30. Heintel, E., Die beiden Labyrinthe der Philosophie, Systemtheoretische Betrachtungen zur Fundamentalphilosophie des abendländischen Denkens, Bd. 1 (Reihe „Überlieferung und Aufgabe", Band VI), 1968.

31. Heintel, E., Einleitung zu: J. N. Tetens, Sprachphilosophische Versuche. 1971 (Philosophische Bibliothek 258).

32. Herder, J. G., Sämtliche Werke, hg. v. B. Suphan.

33. →Herder, J. G., Sprachphilosophische Schriften, hg. von E. Heintel (Philosophische Bibliothek, Bd. 248), [1]1960, [2]1964.

34. →Hoffmann, E., Die Sprache und die archaische Logik, 1925.

35. →Hönigswald, R., Philosophie und Sprache, 1937.

36. →Humboldt, W. v., Werke in fünf Bänden, hg. von A. Flitner und K. Giel, 3. Bd., Sprachphilosophische Schriften, 1963.

37. →Humboldt, W. v., Die sprachphilosophischen Werke, hg. und erklärt von H. Steinthal, 1884.

38. Ipsen, G., Sprachphilosophie der Gegenwart (Philosophische Forschungs-
    berichte, Heft 6), 1930.
39. Jaspers, K., Von der Wahrheit, 1947, II. Teil, 5. Kapitel.
40. Junker, H., Sprachphilosophisches Lesebuch, 1948.
41. Kainz, F., Entwurf eines Systems der Sprachphilosophie, in: Kant-
    studien 41, 1936.
42. →Kainz, F., Psychologie der Sprache, 5 Bde., 5. Bd. in zwei Teilen,
    1941—1969.
43. →Kainz, F., Die „Sprache" der Tiere, 1961.
43a. Kircher, H., Erkenntnis und Sprache, Individualität und Idealität im
    Sprachausdruck der Erkenntnis nach Wilhelm von Humboldt; Inau-
    gural-Dissertation, Breslau 1921.
44. Klemmt, A., Worte und Dinge, Randbemerkungen zur neuenglischen
    Sprachphilosophie, in: Berliner Arbeitsblätter für die deutsche Volks-
    hochschule, Heft XVII, 1962.
45. Knoll, R., J. G. Hamann und F. H. Jacobi (Heidelberger Forschungen,
    7. Heft), 1963.
46. König, J., Sein und Denken, Studien im Grenzgebiet von Logik, Onto-
    logie und Sprachphilosophie, 1937.
47. Lauener, H., Die Sprache der Zerrissenheit als Dasein des in sich ent-
    fremdeten Geistes bei Hegel, in: Studia philosophica, Jahrbuch der
    Schweizer Philosophischen Gesellschaft, Bd. XXIV, 1964.
48. →Liebrucks, B., Sprache und Bewußtsein, bisher 5 Bde., 1964—1970.
49. →Litt, Th., Mensch und Welt, 1948.
49a. Looff, H., Der Symbolbegriff in der neueren Religionsphilosophie und
    Theologie (Kant-Studien Erg.heft 69), 1955.
50. Löwith, K., Hegel und die Sprache, in: Sinn und Form, 17. Jg., 1965.
51. Manthey, F., Die Sprachphilosophie des hl. Thomas v. Aquin u. ihre
    Anwendung auf Probleme der Theologie, 1937.
52. Mauthner, F., Beiträge zu einer Kritik der Sprache, Bd. 1: Zur Sprache
    und zur Psychologie, 1906, Bd. 2: Zur Sprachwissenschaft, 1912.
53. Mauthner, F., Wörterbuch der Philosophie, Neue Beiträge zu einer
    Kritik der Sprache, 2 Bde., 1910.
54. Meinhold P., Luthers Sprachphilosophie, 1958.
55. Metzke, E., Hamann und das Geheimnis der Sprache, in: E. Metzke,
    Coincidentia oppositorum, Gesammelte Studien zur Philosophie-
    geschichte, hg. v. K. Gründer (Forschungen u. Berichte d. evang.
    Studiengemeinschaft, Bd. 19), 1961.
56. Metzke, E., Kant und Hamann, in Metzke, E., Coincidentia opposi-
    torum ... (wie 55).
56a. Nadler, J., J. G. Hamann, 1949.
57. Orth, E. W., Bedeutung, Sinn, Gegenstand, Studien zur Sprachphiloso-
    phie E. Husserls und R. Hönigswalds, 1967.

214 Literaturverzeichnis

58. Otto, E., Sprachwissenschaft und Philosophie, Ein Beitrag zur Einheit
    von Forschung und Lehre, 1949.
59. Otto, E., Stand und Aufgaben der allgemeinen Sprachwissenschaft, 1954.
60. Paul, H., Prinzipien der Sprachgeschichte, 1960 (Nachdruck von ⁵1920.)
61. →Das Problem der Sprache, VIII. Deutscher Kongreß für Philosophie,
    (Heidelberg 1966), hg. v. H.-G. Gadamer, 1967.
62. Saussure, F. de, Grundfragen der allgemeinen Sprachwissenschaft, hg. v.
    C. Bally und A. Sechehaye unter Mitwirkung von A. Riedlinger,
    übers. v. H. Lommel, 1931.
63. Schleiermacher, Th., Das Heil des Menschen und sein Traum vom Geist.
    F. Ebner, Ein Denker in der Kategorie der Begegnung, 1962.
64. Schmidt, S. J., Sprache und Denken als sprachphilosophisches Problem
    von Locke bis Wittgenstein, 1968.
64a. Schrey, H. H., Dialogisches Denken, 1970.
65. Simon, J., Das Problem der Sprache bei Hegel, 1966.
66. →Sprache, Schlüssel zur Welt, Festschrift für L. Weisgerber, hg. v.
    H. Gipper, 1959.
67. Die Sprache, 5. Folge des Jahrbuchs: Gestalt und Gedanke, hg. v. d.
    Bayrischen Akademie der schönen Künste, 1959.
68. Steinthal, H., Geschichte der Sprachwissenschaft bei den Griechen und
    Römern, ¹1863, ²1890/91, 2 Bde.
69. Stenzel, J., Philosophie der Sprache, in: Handbuch der Philosophie,
    Abteilung IV (Staat und Geschichte), 1934.
70. Ulmer, K., Die Wandlung des Sprachbildes von Herder zu J. Grimm.
    Vom Unterschied einer wissenschaftlichen und philosophischen Be-
    trachtung der Sprache, aufgezeigt an der Abhandlung von J. Grimm
    über den Ursprung der Sprache, in: Lexis II (1950/51).
70a. Ulmer, K., Wahrheit, Kunst und Natur bei Aristoteles, 1953.
71. Unger, R., Hamanns Sprachtheorie im Zusammenhange seines Denkens,
    1905.
72. →Urban, W. M., Language and reality, the philosophy of language and
    the principles of symbolism, 1939.
73. Warnach, V., Erkennen und Sprechen bei Thomas v. Aquin, Ein
    Deutungsversuch seiner Lehre auf ihrem geistesgeschichtlichen Hinter-
    grund, in: Divus Thomas, Jg. 15, 1937, Jg. 16, 1938.
74. Warnach, V., Das äußere Sprechen und seine Funktionen nach der
    Lehre des hl. Thomas von Aquin, in: Divus Thomas, Jg. 16, 1938.
75. Warnach, V., Wort und Wirklichkeit bei Anselm von Canterbury, in:
    Salzburger Jahrbuch für Philosophie, Band V/VI, 1961/62.
76. Wein, H., Sprachphilosophie der Gegenwart, Eine Einführung in die
    europäische und amerikanische Sprachphilosophie des 20. Jahrhun-
    derts, 1963.
77. Welterfahrung in der Sprache, 1. Folge, Weltgespräch 4, 1968.

77a. Whorf, B. L., Sprache, Denken, Wirklichkeit. Beiträge zur Metalinguistik und Sprachphilosophie, hg. u. aus dem Engl. übers. v. P. Krausser, 1963.

78. Wittgenstein, L. v., Tractatus logico-philosophicus, 1922.

79. Wittgenstein, L. v., Philosophische Untersuchungen, 1953.

80. [Wünsche, Hg.:] K. C. F. Krause. Zur Sprachphilosophie. Aus dem handschriftlichen Nachlaß des Verfassers herausgegeben von August Wünsche, 1891.

II.

81. Apel, K. O., Die beiden Phasen der Phänomenologie in ihrer Auswirkung auf das philosophische Vorverständnis von Sprache und Dichtung in der Gegenwart, in: Jahrbuch für Ästhetik und allgemeine Kunstwissenschaft, Bd. 3, 1958.

82. Apel, K. O., Sprache und Wahrheit in der gegenwärtigen Situation der Philosophie, Eine Betrachtung anläßlich der Vollendung der neopositivistischen Sprachphilosophie in der Semiotik von Ch. Morris, in: Philosophische Rundschau, 7. Jg., Heft 3/4, 1959.

83. Apel, K. O., Der philosophische Wahrheitsbegriff einer inhaltlich orientierten Sprachwissenschaft, in: Sprache — Schlüssel zur Welt, Festschrift für L. Weisgerber, 1959.

84. Apel, K. O., Die Entfaltung der „sprachanalytischen" Philosophie und das Problem der „Geisteswissenschaften", Philosophisches Jahrbuch der Görres-Gesellschaft, Jg. 72, 2. Halbbd., 1965.

85. Apel, K. O., Heideggers philosophische Radikalisierung der „Hermeneutik" und die Frage nach den Sinnkriterien der Sprache, in: Schriften zum Weltgespräch 3, die hermeneutische Frage in der Theologie, 1968.

86. Biese, A., Die Philosophie des Metaphorischen, in Grundlinien dargestellt, 1893.

87. Blumenberg, H., Paradigmen zu einer Metaphorologie, in: Archiv für Begriffsgeschichte Bd. 6, 1960.

88. Bock, I., Heideggers Sprachdenken, 1966.

88a. Brandenstein, W., Die Vorsilbe „Un-" in Theorie und Anwendung; in: Sprachforum, 21. Jahrg., Heft 3/4, 1957.

89. Bröcker, W., Die Sprache und das Sein, in: Lexis, Bd. 1, 1948.

90. Chomsky, N., Cartesian Linguistics, A Chapter in the History of Rationalist Thought, in: Studies in Language, 1966.

91. Derbolav, J., Das Metaphorische in der Sprache, in: Philosophie der Wirklichkeitsnähe, Festschrift zum 80. Geburtstag von R. Reininger, 1949.

92. Derbolav, J., Das Problem der inneren Sprachform, in: Wissenschaft und Weltbild, 4. Jg., Heft 9, 1951.

93. Fahrenbach, H., Sprachanalyse und Ethik, in: Das Problem der Sprache, VIII. Deutscher Kongreß f. Philosophie (Heidelberg 1966), 1967.

94. Fenz, E., Laut, Wort, Sprache und ihre Deutung, 1940.

95. Fink, E., Alles und Nichts, 1959.

96. Flasch, K., Metaphysik und Skepsis der frühen Neuzeit, in: Philosophisches Jahrbuch der Görres-Gesellschaft, 72. Jg., 2. Halbbd., 1965.

97. Frey, G., Sprache — Ausdruck des Bewußtseins, 1965.

98. Funke, G., Zur Phänomenologie der Sprache, in: Sprachforum, Bd. 3, 1957.

99. Funke, G., Philosophie und Sprache, in: Mainzer Universitätsgespräche, So. Se. 1960 (Die Wissenschaft von der Sprache und die Sprache in den Wissenschaften), 1960.

100. Gellner, E., Words and Things, A critical account of linguistic philosophy and a study in ideology, with an introduction by B. Russell, 1959.

101. Gipper, H., Bausteine zur Sprachinhaltsforschung, 1963.

102. Gipper, H., Muttersprachliche Wirkungen auf die wissenschaftliche Begriffsbildung und ihre Folgen, in: Archiv für Begriffsgeschichte 9, 1964.

103. Gipper, H., Ein Beitrag der inhaltlich orientierten Sprachwissenschaft zur Kritik der historischen Vernunft, in: Das Problem der Sprache, VIII. Deutscher Kongreß für Philosophie (Heidelberg 1966), 1967.

104. Glockner, H., Das Abenteuer des Geistes, [1]1938, [3]1947.

105. Gomperz, H., Über Sinn und Sinngebilde, Verstehen und Erklären, 1929.

106. Habermas, J., Analytische Wissenschaftstheorie und Dialektik, in: Logik der Sozialwissenschaften, hg. v. E. Topitsch, 1965.

107. Heintel, E., Hegel und die analogia entis, 1958.

108. Heintel, E., Gegenstandskonstitution und sprachliches Weltbild, in: Sprache — Schlüssel zur Welt, Festschrift für L. Weisgerber, 1959.

109. Heintel, E., Buchbesprechung von B. Liebrucks, Sprache und Bewußtsein, Band 1, 1964, in: Philosophischer Literaturanzeiger XVIII/3, 1965.

110. Heintel, E., Buchbesprechung von F. Ebner, Schriften I—III, hg. v. F. Seyr, 1963—1965, in: Wiener Zeitschrift für Philosophie, Psychologie und Pädagogik VIII/3—4, 1966.

111. Heintel, E., Buchbesprechung von J. Lohmann, Philosophie und Sprachwissenschaft (Reihe „Erfahrung und Denken", Bd. 15), 1965, in: Wiener Zeitschrift für Philosophie, Psychologie und Pädagogik VIII/3—4, 1966.

112. Heintel, E., Die Sprachlichkeit der menschlichen Weltbegegnung (Buchbesprechung von: B. Liebrucks, Sprache und Bewußtsein, I.—IV. Bd., 1964—1968; in: Philosophische Rundschau, 17. Jg., Heft 3/4, 1971).

112a. Heintel, E., Das Einzelne, das Allgemeine und das Individuelle, in: Rationalität — Phänomenalität — Individualität, Festgabe für Hermann und Marie Glockner, 1966.

112b. Heintel, E., Idee als metaphysische Entität, in: Festschrift für Søren Holm, på 70-arsdagen den 4. marts 1971, 1971.

112c. Heintel, P., Literatur, Sprache und Gesellschaft, in: Wirklichkeit und Wahrheit (Vierteljahrsschrift für Forschung, Kultur und Bildung), Heft 4, 1970.

113. Hofstätter, P. R., Vom Leben des Wortes, 1949.

114. Hornstein, H., Das Haus des Seins, zu M. Heideggers Sprachphilosophie, in: Neues Abendland, 10. Jg., Heft 7, 1955.

115. Hornstein, H., Schicksal der Sprache, in: Zeit und Stunde, L. v. Ficker zum 75. Geburtstag, Sonderdruck. o. J.

116. Hülsmann, H., Zur Theorie der Sprache bei E. Husserl (Salzburger Studien zur Philosophie, Bd. 4), 1964.

117. Jünger E., Geheimnisse der Sprache, Zwei Essays, 1934/39.

118. Jünger, F. G., „Wort und Zeichen", in: Die Sprache, 5. Folge des Jahrbuchs Gestalt und Gedanke, hg. v. d. Bayrischen Akademie der schönen Künste, 1959.

119. Kainz, F., Dialektik und Sprache, in: Studium generale 21, 1968.

120. Kainz, F., Philosophische Etymologie und historische Semantik, (Sitzungsberichte der österr. Akademie der Wissenschaften Phil.-hist. Kl. 262/4), 1969.

121. Kopper, J., Rezension von B. Liebrucks' Buch „Sprache und Bewußtsein", Bd. 1, in: Kantstudien Bd. 56, Heft 1, 1965.

122. Kraft, V., Der Wiener Kreis, die Sprachanalyse, in: Wissenschaft und Weltbild, März 1965.

123. Langer, S. K., Philosophy in a new key, A study in the symbolism of reason, rite, and art, 1951.

124. Liebrucks, B., Zwei Sprachstufen, in: Zeitschrift für philosophische Forschung XV, 2, April—Juni 1961.

125. Liebrucks, B., Sprache und Metaphysik, in: Beiträge zur Einheit von Bildung und Sprache im geistigen Sein, Festschrift für E. Otto, 1957.

126. Liebrucks, B., Sprache und Philosophie, in: Das Problem der Sprache, VIII. Deutscher Kongreß für Philosophie (Heidelberg 1966), 1967.

127. Lipps, H., Die Verbindlichkeit der Sprache, ¹1944, ²1958.

128. Lohmann, J., M. Heideggers ontologische Differenz und die Sprache, in: Lexis, Bd. 1, 1948.

129. Lohmann, J., Philosophie und Sprachwissenschaft (Erfahrung und Denken, Bd. 15), 1965.

130. Lohmann, J., Zeichen, Rede, Schrift, in: Das Problem der Sprache, VIII. Deutscher Kongreß für Philosophie (Heidelberg 1966), 1967.

131. Lotz, J. B., Sprache und Denken, Zur Phänomenologie und Metaphysik der Sprache, in: Scholastik, Vierteljahrsschrift für Theologie, XXXI. Jg., Heft 4, 1956.

132. Löwith, K., Die Sprache als Vermittler von Mensch und Welt, in: Beiträge zur Philosophie und Wissenschaft, W. Szilasy zum 70. Geburtstag, 1960.

133. Lübbe, H., „Sprachspiele" und „Geschichten", Neopositivismus und Phänomenologie im Spätstadium, in: Kantstudien Bd. 52 (1960/61).

134. Marty, A., Psyche und Sprachstruktur, mit Einleitung und Anmerkungen von O. Funke, ¹1940, ²1965.

135. Marx, W., Heidegger und die Tradition, o. J. (1961).

136. Marx, W., Absolute Reflexion und Sprache, 1967.

137. Müller-Schwefe, H.-R., Homiletik, Bd. 1: Die Sprache und das Wort, Grundlagen der Verkündigung, 1961.

138. Mynarek, H., Mensch und Sprache, Über Ursprung und Wesen der Sprache in ihrer anthropologischen Valenz, 1967.

139. Mynarek, H., Mensch und Dialog, Anthropologische Überlegungen über die Grundlagen des Gesprächs, in: Catholica, 22. Jg., Heft 2, 1968.

140. Neunheuser, K., Heidegger und die Sprache, in: Wirkendes Wort, Deutsches Sprachschaffen in Lehre und Leben, 8. Jg., 1957/58.

141. Neurath, O., Soziologie im Physikalismus, in: Erkenntnis II, 1931.

141a. Noack, H., Sprache und Offenbarung, Zur Grenzbestimmung von Sprachphilosophie und Sprachtheologie, 1960.

142. Otto, W. F., Sprache als Mythos, in: Die Sprache, 5. Folge des Jahrbuchs Gestalt und Gedanke, 1959.

143. Pöggeler, O., Der Denkweg M. Heideggers, 1963.

144. Porzig, W., Der Begriff der inneren Sprachform, in: Indogermanische Forschungen, Zeitschrift für indogermanische Sprach- und Altertumskunde, 41. Bd., 3. und 4. Heft, 1923.

145. Porzig, W., Sprachform und Bedeutung, in: Indogermanisches Jahrbuch, Bd. 12, 1928.

146. Porzig, W., Das Wunder der Sprache, Probleme, Methoden und Ergebnisse der modernen Sprachwissenschaft, 1950.

147. Rahner, K., Zur Theologie des Symbols, in: K. Rahner, Schriften zur Theologie, Bd. 4, 1960.

148. Rahner, K., Theologische Prinzipien der Hermeneutik eschatologischer Aussagen, in: K. Rahner, Schriften zur Theologie, Bd. 4, 1960.

149. Reininger, R., Metaphysik der Wirklichkeit, ¹1937, ²1947/48 (2 Bde.).

150. Reininger, R., Nachgelassene philosophische Aphorismen aus den Jahren 1948–1954, hg. v. E. Heintel (Sitzungsberichte der Österr. Akademie der Wissenschaften, Phil.-hist. Klasse 237/5), 1961.

151. Reisiger, J. G., Johann Gottfried Herder, Sein Leben in Selbstzeugnissen, Briefen und Berichten, 1942.

152. Revesz, G., Ursprung und Vorgeschichte der Sprache, 1946.
153. Rossi, E., Die Abhängigkeit des menschlichen Denkens von der Sprache (Abh. zur Philosophie, Psychologie und Pädagogik, Bd. 18), 1958.
154. Rossi, E., Die Entstehung der Sprache und des menschlichen Geistes, 1962.
155. Rossi, E., Neue Grundlagen für den Sprech- und Gesangsunterricht, 1965.
156. Schöfer, E., Die Sprache Heideggers, 1962.
157. Scholz, H., Natürliche Sprachen und Kunstsprachen, in: Blätter für deutsche Philosophie, Bd. 12, 1938/39.
158. Schwepenhäuser, H., Studien über die Heideggersche Sprachtheorie, in: Archiv für Philosophie, Bd. 7/1, 2 (1955) und Bd. 8/1, 2 (1958).
159. Schulz, W., Über den philosophiegeschichtlichen Ort M. Heideggers in: Philosophische Rundschau I/4, 1953.
160. Schwarz, J., Der Philosoph als Etymologe, in: Philosophische Studien 1, 1949.
161. Siewerth, G., Philosophie der Sprache, 1962.
162. Simon, J., Sprache und Raum, Philosophische Untersuchungen zum Verhältnis zwischen Wahrheit und Bestimmtheit von Sätzen, 1969.
163. Simons, E., K. Hecker, Theologisches Verstehen, philosophische Prolegomena zu einer theologischen Hermeneutik, 1969.
164. Snell, B., Der Aufbau der Sprache, 1952.
165. Söhngen, G., Analogie und Metapher, Kleine Philosophie und Theologie der Sprache, 1962.
166. Specht, E. K., Die sprachphilosophischen und ontologischen Grundlagen im Spätwerk Ludwig Wittgensteins (Kantstudien-Ergänzungshefte, Nr. 48), 1963.
167. Stegmüller, W., Probleme und Resultate der Wissenschaftstheorie und analytischen Philosophie, I, 1969.
168. Steinthal, H., Der Ursprung der Sprache, 1851.
169. Strehle, H., Vom Geheimnis der Sprache, Sprachliche Ausdruckslehre — Sprachpsychologie, 1956.
170. Tillich, P., Das religiöse Symbol, in: Blätter für deutsche Philosophie, 1928, Bd. 1, Heft 4.
171. Ulmer, K., Weltverständnis und Sprache, in: Das Problem der Sprache, VIII. Deutscher Kongreß für Philosophie (Heidelberg 1966), 1967.
172. Wagner, H., Weltentwurf und Sprache, in: Zeitschrift für philosophische Forschung, Bd. XVI, 1962.
173. Wandruszka, M., Etymologie und Philosophie, in: Etymologica, Festschrift für W. v. Wartburg, 1958.
174. Warnach, V., Was ist exegetische Aussage?, in: Catholica, Jg. 16, 1962.
175. Weinhandl, F., Über das aufschließende Symbol (Sonderheft der deutschen philosophischen Gesellschaft 6), 1929.

176. Weisgerber, J. L., Muttersprache und Geistesbildung, 1929.
177. Weisgerber, J. L., Von den Kräften der deutschen Sprache, in 4 Bden., 2. Bd. in zwei Halbbden., 1953—1959.
178. Weisgerber, J. L., Das Worten der Welt als sprachliche Aufgabe der Menschheit, in: Sprachforum, Bd. 1, 1955.
178a. Weisgerber, J. L., Die Grenzen der Schrift (Arbeitsgemeinschaft für Forschung des Landes Nordrhein-Westfalen, Geisteswissenschaften, Heft 41), 1955.
179. Weisgerber, J. L., Die vier Schauplätze des Wortens der Welt, in: Erkenntnis und Verantwortung, Festschrift für Th. Litt, 1960.
180. Weisgerber, J. L., Die Erforschung der Sprachinhalte und der Sprachwirkungen, in: Festschrift für K. Arnold, o. J.
181. Wellek, A., Das Laut-Sinn-Problem und die Entwicklungspsychologie der Sprache, in: Phonetica, Suppl. ad. Vol. 4 (Symposion Trubetzkoy), 1959.
182. Whorf, B. L., Collected Papers on Metalingustics, 1952.
183. Whorf, B. L., Language, thought and reality, 1956.
184. Wiplinger, F., Sein in der Sprache, in: Wissenschaft und Weltbild, Jg. 12, Heft 1, 1959.

PERSONENVERZEICHNIS

SACHVERZEICHNIS

(Die Titel des Literaturverzeichnisses sind im Sachverzeichnis nicht berücksichtigt. Ein Pfeil → verweist auf andere vergleichbare Schlagwörter.)